Incansable

Incansable

Mi historia de la fuerza latina que está
transformando a los Estados Unidos

LUIS A. MIRANDA, JR.
CON RICHARD WOLFFE

 hachette
BOOKS

Nueva York

Traducción por Aurora Lauzardo Ugarte

Diseño de portada por Amanda Kain

Fotografía de portada por John James

Derechos de portada © 2024 Hachette Book Group, Inc.

Hachette Books

Hachette Book Group

1290 Avenue of the Americas

New York, NY 10104

HachetteBooks.com

Twitter.com/HachetteBooks

Instagram.com/HachetteBooks

Primera edición en español: Mayo 2024

Publicado por Hachette Books, un sello editorial de Hachette Book Group, Inc. El nombre y logotipo de Hachette Books corresponden a una marca registrada de Hachette Book Group.

El Hachette Speakers Bureau ofrece una amplia gama de autores para eventos y charlas. Para más información, vaya a hachettespeakersbureau.com o escriba a HachetteSpeakers@hbgusa.com.

Los libros de Hachette Books pueden comprarse al por mayor para fines comerciales, educacionales o promocionales. Para información adicional, contacte su tienda de libros local o escriba a Hachette Book Group Special Markets Department al correo electrónico Special.Markets@hbgusa.com.

Diseño del libro interior por Amy Quinn

ISBN 978-0-306-83556-8 (tapa blanda), ISBN 978-0-306-83557-5 (libro electrónico), 978-0-306-83322-9 (tapa dura en inglés), 978-0-306-83324-3 (libro electrónico en inglés)

Impreso en los Estados Unidos de América/Printed in the USA

LSC-C

Printing 1, 2024

A todas las personas en Puerto Rico que me cuidaron, me amaron y me formaron durante los primeros diecinueve años de mi vida, y a las muchas en Nueva York y en todas partes que siguieron apoyándome, guiándome y dándome amor durante los pasados cincuenta.

Tabla de contenido

Tabla de contenido

Prefacio

por Lin-Manuel Miranda

Soy el más vago de mi familia.

Se lo digo a los periodistas y sus rostros se transforman en *emojis* de sorpresa. «¿Tú? ¿Sr. Seis-años-escribiendo-las-20,520-palabras-de-Hamilton? ¿Sr. Banda-sonora-de-una-de-cada-dos-películas-de-Disney? ¿Sr. Acho-Mano, el-tipo-no-para?».

A lo que respondo: «Sí. Soy el vago de la familia. Deja que conozcas a mi papá».

Y si tienen la suerte de conocer a Luis A. Miranda Jr., regresan a mí con cara de asombro y no poca compasión: «Ay, Lin, no eran bromas».

Si están leyendo este libro, están a punto de entender por qué.

Como el típico prodigio que es, en verdad Luis ha escrito tres libros en este. Está la historia de su vida, tan improbable como la de su personaje favorito —la superviviente del Titanic, Molly Brown, interpretada por Debbie Reynolds—, en la que viaja desde el pequeño pueblo de Vega Alta, Puerto Rico, para encontrar el amor, una familia y un verdadero hogar en la ciudad de Nueva York. El segundo libro es un apasionante relato de primera mano sobre el creciente poder político de los latinos en la ciudad de Nueva York en la segunda mitad del siglo XX, cuando comunidades dispares de Puerto Rico, la República Dominicana, México y América Latina encontraron una causa común en la coalición con sus vecinos, y poder en la unidad. De ahí surge un tercer libro, un manual político indispensable sobre el «votante latino», ese creciente electorado, tan preciado y misterioso, que se ha convertido en uno de los temas favoritos de los comentaristas políticos en todo el mundo. Luis desacredita, interroga y separa la realidad de la ficción con la autoridad que le confieren más de cuarenta y cinco años de experiencia política.

Si son adictos a la política y su dieta consiste en grandes dosis de MSNBC, CNN, FOX, PBS, NPR, el *New York Times*, el *Washington Post*, el *Wall Street Journal*, o cualquier combinación de ellos, este tercer libro es una lectura excelente.

Si son aficionados a la historia y les gusta leer sobre cómo el poder, la gente y los movimientos dan forma a las ciudades y viceversa —o sea, si tienen un libro de Robert Caro en alguna tablilla en su casa— este segundo libro es una lectura indispensable.

Luego está ese primer libro, la historia de la extraordinaria e improbable vida de Luis Miranda. Una vida que, gracias a un encuentro fortuito con una futura estudiante doctoral llamada Luz Elaine Towns en la Universidad de Nueva York en 1976, es responsable de mi existencia.

No puedo ser objetivo respecto a este primer libro.

Si sus padres escribieran sobre los muchos años antes y después de ustedes, ¿qué aprenderían?

Yo aprendí mucho.

Que un hombre llamado Bernie Kalinkowitz revolucionó en silencio el sistema de reclutamiento estudiantil universitario y, al ofrecerle a mi padre puertorriqueño admisión en la Universidad de Nueva York, cambió para siempre la trayectoria de nuestras vidas.

Que décadas antes de que yo empezara a crear teatro, mi tío abuelo Ernesto Concepción actuaba con éxito en escenarios por todo Puerto Rico, inculcando en mi padre un amor por el teatro que echaría raíces y florecería de la forma más inesperada una generación más tarde.

Que mi abuelo era aún más santo de lo que yo ya creía.

Que mi madre prepara una langosta criminal, pero la sirve con una ración de humildad por el lado.

Que el éxodo irlandés estadounidense del Alto Manhattan es directamente responsable de la casa de nuestra infancia.

Que mi padre se saltó el primer grado por pura fuerza de voluntad.

También confirma algo que siempre he sabido a nivel celular: que el trabajo de mi padre es el gran amor de su vida. Su trabajo, el trabajo de su vida, es mejorar la vida de los latinos en este país. Está obsesionado con hacer todo lo que el tiempo le permita en esta única y valiosa vida. Se despierta pensando en cómo puede ser más eficaz a la hora de conseguir algo y, una vez realizada la tarea que tenía entre manos, en cuánto más puede hacer.

Cuando uno es joven, esa puede ser una lección difícil de asimilar, incluso a nivel inconsciente: aunque seamos los protagonistas de nuestra propia historia, no somos el centro del universo de nuestros padres. Y, sin embargo, Luis también se las arregla para ser un amigo leal y feroz, un padre comprometido (nunca se perdió una obra de teatro escolar, incluso mientras hacía malabares con múltiples trabajos), y un abuelo alcahuete en su tiempo libre: todo parte del trabajo de su vida.

En sus esfuerzos por mejorar la vida de los demás, me enseñó empatía y humildad hacia el colectivo humano en general. En nuestros viajes a Puerto Rico, nos conectó a mi hermana y a mí con nuestra grandiosa ascendencia. En la persecución de sus sueños, Luis me sirvió de modelo para enamorarme de mi trabajo y perseguir mis propios sueños.

Leer este libro me da ganas de trabajar más. Incluso siendo el Miranda más vago de la familia.

Están a punto de entender por qué.

Siempre,
Lin-Manuel Miranda

CAPÍTULO 1

Llegada

ATERRICÉ EN EL AEROPUERTO JFK CON UNA SOLA PIEZA DE EQUIPAJE: un gran baúl verde lleno de libros que definían mis gustos, desde la psicología hasta la América Latina revolucionaria y el Puerto Rico colonial. Era el fin de semana del Día del Trabajo de 1974, acababa de cumplir veinte años. Tras de mí, en Puerto Rico, quedaba todo lo que había sido mi hogar: mi joven esposa, mi hermoso apartamento, mi carro, mi trabajo en Sears, mis planes de estudiar derecho, mi familia, mi activismo político. El calor perenne del verano caribeño dio paso al clima más fresco de la costa este. En el avión de TWA, una canción sentimental me daba vueltas en la cabeza sin cesar: «The Way We Were», de una película de Barbra Streisand y Robert Redford que trata sobre un activista marxista, un talento desperdiciado y un romance joven condenado al fracaso. En un

1

año me divorciaría de mi novia de séptimo grado, pero en ese momento estaba en negación y solo miraba hacia el futuro.

En el aeropuerto me esperaba mi tía, Myrta, con su pretendiente de turno, que conducía un carrito de dos puertas. Mi tía miró el baúl.

—No me dijiste que ibas a traer esa mierda —dijo exasperada.

Me apretujé en el asiento trasero, intentado hacer equilibrio con el pesado baúl en la falda, mientras nos acercábamos a Manhattan. Era un día claro y soleado, y al pasar por el cementerio de St. Michael en Queens, me sorprendió su enorme tamaño.

—Aquí todo el mundo está muerto —espeté mientras pasábamos por un pequeño pueblo de lápidas. No había ningún lugar en Puerto Rico donde hubiera tantos muertos. Unos minutos más tarde, la silueta de la ciudad se alzó ante mí. Mis ojos se sintieron atraídos por la majestuosa vista del Empire State y el edificio Chrysler. Vi con claridad la grandeza de esta ciudad, su vida y su espíritu, mucho antes de llegar a nuestro destino: el número 234 de la calle Veintiuno oeste, en Chelsea.

El vecindario me pareció muy puertorriqueño, sobre todo donde vivía mi tía. En el sótano había una mesa de billar y dominós para que la gente jugara y compartiera. Estaba abarrotado hasta tarde en la noche, y todos llegaban tan solo para pasar un buen rato. La zona estaba empezando a cambiar (a aburguesarse con vecinos nuevos, más blancos y más ricos), pero en aquel momento era una mezcla vibrante de mi vida pasada y lo que me esperaba.

Había quedado a las diez de esa primera noche encontrarme con algunos amigos, entre ellos varios recién llegados de Puerto Rico.

—¿Cual es tu dirección? —preguntó mi amigo Ismael.

—No lo sé, pero está en la calle Veintiuno después de la Séptima Avenida —le dije—. Hay una escalera de incendios frente al edificio.

Finalmente me llamó, exasperado, desde una cabina en la calle.

—Luisito, ¿entiendes que todos los edificios de la calle Veintiuno tienen una escalera de incendios?

Yo no tenía ni idea, pero aprendería pronto. Mis amigos me ayudaron a reprogramar mis expectativas y mi comprensión del lugar que ocupábamos en esta ciudad: de quiénes éramos y de qué podíamos llegar a ser. Entre esos amigos estaba Nydia Velázquez, nacida en Yabucoa y entonces estudiando en la Universidad de Nueva York (NYU), a donde yo me dirigía. Dos décadas después, Nydia se convertiría en la primera mujer puertorriqueña electa para el Congreso de Estados Unidos. Pero en esa increíble noche de septiembre, ella fue otra razón por la que supe que había tomado la decisión correcta.

En Puerto Rico, se presumía que los puertorriqueños que se iban a Nueva York —los nuyoricans— eran las masas hacinadas, los pobres que no tenían educación y que viajaban para hacer el trabajo manual que otros no querían hacer. Pero ahí estaba yo, en una cafetería con amigos de Puerto Rico y otros latinos, nacidos y criados en Nueva York, estudiando ciencias políticas y psicología, y a ninguno le faltaba educación. Eran geniales y me fascinaban su ambición y su impulso para triunfar en una ciudad con tanta energía. Eran los más inteligentes y aventureros de nuestro pueblo.

Me fascinaba aún más una ciudad en la que había tanta gente en la calle a la una de la madrugada cuando terminamos nuestro café, como a las tres de la tarde cuando llegué del aeropuerto. Regresé a casa de mi tía, donde la televisión aún estaba encendida. A medianoche, en Puerto Rico, las calles estaban desiertas desde temprano y en la televisión no se veía nada más que nieve estática. Así que me quedé despierto para ver una película, *Madame X*, con Lana Turner. Lloré a moco tendido ante la historia de una mujer de clase baja que se casa con un hombre adinerado, pero al final se queda sin su marido, sin su hijo y sin su identidad. Me resulta difícil distanciarme cuando veo alguna película. Puedo llorar viendo a *Batman* porque las películas destapan el dolor contenido que llevo dentro de mí: dolor por la injusticia que veo a mi alrededor, o por haber salido de Puerto Rico hace cincuenta años. En la vida real, se me hace mucho más fácil conectar con mi coraje que con mi tristeza. Al cabo de un día desquiciado, *Madame X* fue una válvula de escape para sentir la pérdida de lo que había dejado atrás y hacerle espacio a la promesa de lo que me esperaba.

A la mañana siguiente, me dirigí a NYU para comenzar mi nueva vida. Mi tía me reveló su ciencia, concisa e ingeniosa, de la geografía de la ciudad de Nueva York, basada en la raza.

—Está el *uptown* y el *downtown* —me explicó—. Sabes que vas rumbo al *downtown* porque se pone considerablemente «más oscuro». Y cuando vas hacia el *uptown*, se va poniendo «más blanco».

También me dijo que la Quinta Avenida divide el oeste del este. Y con ese conocimiento, ya estaba listo para enfrentarme a Nueva York. Por suerte, solo tenía que caminar quince cuadras para llegar a Washington Square, el corazón de la Universidad de Nueva York.

Nueva York no estaba en mis planes apenas seis meses antes. En Puerto Rico, iba a entrar a la Escuela de Derecho de la Universidad de Puerto Rico (UPR) para comenzar lo que, pensaba, sería una carrera política, cuando otra tía, la directora interina del Departamento de Psicología de la UPR, me dijo que un catedrático de NYU iba a entrevistar estudiantes.

—Voy a estudiar derecho —le dije.

—Sí, pero no pierdes nada con ir a la entrevista —respondió ella.

No lo sabía en aquel momento, pero estaba a punto de integrarme a un experimento radical de cuotas raciales. El catedrático de psicología de NYU, Bernie Kalinkowitz, planeaba aceptar a veinte candidatos al doctorado en psicología clínica: diez blancos, cinco hispanos y cinco afroestadounidenses. No entendía muy bien qué significaba eso porque, viniendo de Puerto Rico, no me sentía desaventajado. En Puerto Rico, los puertorriqueños barremos los pisos, pero también realizamos trasplantes de corazón. Las mismas personas lo hacemos todo. La noción de que las minorías étnicas estuvieran desfavorecidas era nueva para mí, no a nivel conceptual, sino en carne y hueso. Sabía de la pobreza y de las clases trabajadoras versus la clases dominantes. Pero la idea de que las minorías, más que las clases, significaran algo peyorativo era desconocida para mí. Había leído mucho sobre la forma en que se trataba a los Negros en Estados Unidos, sobre la forma en que habían conquistado a los mexicanos y sobre cómo los indígenas norteamericanos habían sufrido genocidio y habían sido relegados a reservaciones. Podía entenderlo todo a nivel intelectual, pero no a nivel emocional. Nunca lo había sentido en el corazón.

Mi primer encuentro en NYU fue con la estudiante que me había reclutado, Jeanette Rosselló, quien me recordó que yo era parte de esa política relativamente nueva para diversificar el programa. A los pocos días, fui a mi primera reunión de estudiantes minoritarios. Allí conocí a una joven llamada Kamala. Había llegado a NYU entre el grupo de estudiantes Negros admitidos, pero a mí me parecía blanca. Realmente me voló la cabeza. Junto a mí estaba una amiga nuyorican, Lillian, que era una de los cinco latinos admitidos. Le pregunté ingenuamente:

—¿Por qué Kamala es Negra?

—Creo que su padre era Negro y su madre, hawaiana —me explicó.

Kamala me parecía blanca, pero la consideraban negra por su padre.

—Okey —dije intentado conciliar todos esos nuevos conceptos sobre los que había leído en los libros, pero que, en aquel momento, me costaba entender. La propia Lillian estaba saliendo con un dominicano negro, y otro estudiante de mi cohorte, Javier, también era dominicano. De repente, la realidad era diferente de la experiencia de las primeras dos décadas de mi vida y tenía que intentar descubrir cuál era mi lugar.

No me malinterpreten. Las divisiones raciales existían en Puerto Rico: había blancos y Negros, y muchos colores de piel intermedios. Pero el color de la piel era más importante que la ascendencia a la hora de determinar la raza. En la ciudad de Nueva York, me encontré en un mundo completamente nuevo donde la ascendencia importaba, y donde no conocía las reglas del juego, tan importantes para la gente en los Estados Unidos. Allá en Puerto Rico, mi abuelo por parte de madre era Negro con el pelo ondulado y se casó con mi abuela, que era rubia y de ojos azules. Él era hijo de puertorriqueños adinerados. Ella tenía dieciséis o diecisiete años cuando se casaron y era una más entre un montón de muchachas blancas, bonitas y pobres del campo. Mi madre era blanca, aunque su ascendencia era similar a la de Kamala. De pronto aprendí que, en Estados Unidos, la raza se definía de manera abierta, rígida y permanente.

Como si la raza no fuera lo suficientemente complicada, también tuve que adaptarme para convertirme en un inmigrante hispanohablante en un país del que también era ciudadano. Compartía habitación con mis primos de ocho y cuatro años, mis primeros profesores de inglés. Se divertían muchísimo con mis errores, y me corregían entre risitas. Pero al menos podía oírlos hablar inglés todo el tiempo y podía practicarlo sin miedo con ellos. Ese hogar era un lugar acogedor para aterrizar en la gran ciudad. Mi tía les daba la bienvenida a todos a su apartamento de dos habitaciones, pero insistía en que su habitación era suya.

—Solo mis novios duermen conmigo —dijo.

Sentí el verdadero efecto de la inmigración cuando dos amigas de mi pueblo vinieron a vivir con nosotros. Dormían en la sala de estar. Un día mi tía le hizo una oferta a una de ellas. Un amigo de un amigo estaba buscando a alguien a quien pagarle para que se casara con él y así poder convertirse en ciudadano.

—Tienen que estar casados un año —les dijo—. No es necesario que tengan relaciones sexuales, pero sí tienen que vivir juntos.

Sonaba como Oprah cuando le decía a alguien de su audiencia que se había ganado un carro.

—Así, una de ustedes consigue apartamento. ¿Quién quiere casarse?

Dedicamos una buena cantidad de tiempo a conocer al futuro esposo y luego decidimos colectivamente quién se casaría con él. Esa fue mi introducción a los dilemas de la inmigración.

Cuando salí de Puerto Rico, había un puñado de dominicanos y muchos cubanos que habían llegado como refugiados y pronto ascendieron en las estructuras sociales de la isla. Pero no se hablaba de minorías inmigrantes ni había una estrategia generalizada para encontrar esposas o esposos falsos y poder quedarse.

La comunidad latina de Nueva York estaba pasando de ser, en su mayoría, puertorriqueña a algo mucho más diverso. Los hijos de puertorriqueños, junto con los cientos de miles que habían inmigrado a Nueva York a finales de los cuarenta y cincuenta, empezaban a formar parte de una comunidad verdaderamente hispana.

EN AQUEL MOMENTO, NO TENÍA IDEA DE QUE DEDICARÍA MI VIDA PROFESIONAL a navegar en ese nuevo mundo de raza, etnia, clase e inmigración. No tenía idea de que esta ciudad sería el lugar perfecto para combinar mis instintos políticos y mis conocimientos de psicología para ayudar a los candidatos y funcionarios electos a navegar por sí mismos en ese mismo mundo. Y, ciertamente, no tenía idea de que podía ayudar a construir una comunidad —a través de organizaciones sin fines de lucro, del gobierno y de las artes— para ayudar a mis nuevos vecinos a sobrevivir y prosperar.

Mi carrera a menudo ha estado determinada por una pregunta que suena simple: ¿qué quieren los latinos? Es una pregunta que surge cada vez con más frecuencia y contundencia a medida que la demografía y la política de este país avanzan sin tregua hacia un nuevo futuro. Y se ha vuelto central para la vida en nuestras comunidades, en la medida en que los republicanos utilizan a los inmigrantes y a los latinos como fichas en sus juegos de ajedrez político. La mayoría de esta nueva nación estadounidense será una combinación de minorías dentro de las próximas dos décadas. Gran parte de ese cambio se debe al rápido crecimiento de las comunidades en las que me he enfocado durante décadas. Varios años después de mi llegada a

Nueva York, el censo de 1980 mostró que el 80 por ciento de la población del país era blanca, el 11 por ciento, Negra y solo el 6,5 por ciento, latina o hispana. En dos décadas, los latinos superaron en número a los Negros. Hoy en día, la población blanca representa el 60 por ciento del país y está en descenso, mientras que los latinos y los asiáticoestadounidenses representan casi el 25 por ciento de Estados Unidos. La forma en que percibimos esos cambios se ha convertido en una medida definitoria de si somos conservadores o progresistas. No es coincidencia que un desarrollador de bienes raíces corrupto de Nueva York, formado en la política racial de los tabloides de la década de los ochenta, pudiera aprovecharse de una ola de sentimiento nativista y racista para llegar a la Casa Blanca. La mayoría de los republicanos (59 por ciento) cree que esa mayoría diversa conducirá a más conflictos raciales y debilitará los valores y costumbres estadounidenses. Es por eso que payasos como el gobernador Ron DeSantis de Florida y el gobernador Greg Abbott de Texas han provocado un caos al enviar a solicitantes de asilo a ciudades demócratas.

No se trata de cambios insignificantes, y la pregunta sobre los latinos y los votantes latinos es válida. Sin embargo, en la mayoría de los círculos, y ciertamente en los medios de comunicación, es errónea y está mal formulada. Comprender el por qué, puede ayudar a quienes toman decisiones (en la política y en los negocios) a contestársela a sí mismos. Con demasiada frecuencia, las posiciones políticas de los votantes latinos terminan situadas en algún lugar entre las de los blancos y los Negros. Acabamos siendo el promedio de múltiples variables.

De hecho, y permítanme ser un poco provocador: no hay tal cosa como un bloque de votantes hispanos. Aunque tenemos mucho en común, las comunidades que componen ese grupo son tan variadas en términos de origen, clase y raza como en el resto del hemisferio. Hoy en día existe una enorme diversidad de latinos en Estados Unidos. Ya no somos solo los mexicanos o los puertorriqueños que comenzaron a llegar en la década del cincuenta ni los cubanos que llegaron en la del sesenta. En años recientes, hemos visto nuevas oleadas de inmigrantes latinos que intentan forjarse una nueva vida en un país que cambia con la llegada de cada nueva oleada. El afán de considerarlos un bloque electoral único proviene del legado brutal y rígido de la esclavitud y Jim Crow, que borró de forma deliberada las diferentes identidades de los afroestadounidenses. El sufrimiento generacional compartido ha creado patrones de política que pueden generalizarse para hacerlos parecer más predecibles. No hay nada equivalente en la experiencia latina o hispana, y presumir que existe algún paralelo no significa que lo haya.

No son solo los votantes con vínculos familiares con Cuba; ahora también hay venezolanos que vinieron aquí por las mismas razones que las familias cubanas, con actitudes políticas similares, en busca de asilo. Llegan en un momento en el que el Partido Demócrata se encuentra en una batalla entre la izquierda, el centro y la derecha. Si bien los republicanos son un partido monolítico, alineados con Trump y activos en las guerras culturales, los demócratas tienen diversidad de opiniones y mensajeros. Algunos de esos mensajeros no son ideales para ciertas comunidades latinas. Que Bernie Sanders, una enorme figura del Partido Demócrata, hable con simpatía de Fidel Castro por diez segundos, se convierte en titular.

—Nos oponemos mucho a la naturaleza autoritaria de Cuba, pero ya sabes, es injusto decir, sin más, que todo está mal —dijo Bernie en el programa *60 Minutes* en CBS—. Cuando Fidel Castro asumió el cargo, ¿sabes lo que hizo? Inició un programa masivo de alfabetización. ¿Eso está mal? ¿Aunque lo hiciera Fidel Castro?

Mientras Joe Biden intentaba unificar el partido para que los demócratas pudieran ganar las elecciones, Sanders les dio a los republicanos una oportunidad para decir: «¿Ven?, están enyuntados. El tipo que piensa que Fidel Castro es lo mejor desde que se inventó el pan de molde ahora está metido en la cama con el que dice ser del centro».

Ahora permítanme complicar un poco más el asunto: también podemos comportarnos como un bloque de votantes. Nuestras creencias políticas están determinadas no solo por nuestro origen, sino también por un idioma compartido y nuestra experiencia de inmigración una vez que llegamos aquí. En las campañas se debe hablar de nuestras preocupaciones y esperanzas y de cómo nos relacionamos con otros que estuvieron aquí antes que nosotros, y eso debe hacerse en dos idiomas. Los candidatos y expertos necesitan conocer un poco a esa audiencia antes de abrir la boca, en especial si no han tenido alguna relación con la comunidad latina. El idioma es un indicador de respeto y comprensión, de sensibilidad cultural y de aceptación de nuestra experiencia como inmigrantes. Hablar nuestro idioma de manera apropiada mueve a los latinos a comportarse como un bloque de votantes.

¿Qué pasa con los que nacieron y crecieron aquí? Puede que el inglés sea su idioma dominante, pero vivir en hogares multigeneracionales nos expone a muchos al español, ya sea en nuestra rutina diaria o a través de los medios de comunicación. Mi hogar en Nueva York, por ejemplo, incluye a una madre cuya lengua dominante es el inglés, un padre cuya lengua dominante es el español, una «abuela» que solo hablaba español y tres hijos nacidos en Nueva York. Comunicarse tanto en español como en inglés en una campaña política sería una muestra de respeto y le abriría a cualquiera múltiples puertas para hablar con todos en mi hogar.

Esto también aplica a la cuarta parte de la comunidad latina que son admiradores o partidarios de Donald Trump. Cuando Trump habla de raza y de los inmigrantes, incluso sus seguidores latinos pueden sentirse incómodos. Pero les gusta Trump porque es decidido y entretenido. Proyecta un aura de ser el que manda. Se convierte en el símbolo de lo que muchos teníamos en mente cuando migramos: ¡triunfar! Sus partidarios latinos pueden desaprobar que demonice a los inmigrantes o que diga que los mexicanos son violadores y, aun así, admirarlo porque aspiran ser parte de la riqueza del sueño americano. Cuando habla de ofrecerles un trabajo honesto en lugar de una limosna del gobierno, muchos latinos lo escuchan. Para muchos inmigrantes, los gobiernos no son honestos ni bien intencionados. Algunos latinos están interesados en lo que Trump representa porque provienen de países arruinados por dictadores corruptos. Para quienes huyen del socialismo, cuando escuchan que los demócratas son socialistas, sus experiencias de vida o sus miedos se apoderan de ellos. Advertí a mis amigos demócratas que estábamos perdiendo terreno en Florida en 2020 porque el otro lado estaba retratando al centrista Joe Biden como un socialista y señalando a Bernie Sanders como su representante. Nosotros creemos en el dicho: «Dime con quien andas, y te diré quien eres».

Las campañas deben asegurarse de que sus argumentos resuenen con los votantes. Los latinos consumimos cada vez más información a través de YouTube, Facebook y WhatsApp, y la desinformación inunda nuestras mentes. La mitad de la base de conocimientos sobre la que formulamos nuestras posiciones políticas es falsa. Uno no va al sur de Texas a hablar de fronteras abiertas. Uno va al sur de Texas para descubrir cómo hemos mantenido una relación continua con nuestros vecinos del sur y cómo nuestros nuevos vecinos pueden venir a este país de manera ordenada. Estamos construyendo un país mejor, más diverso, por lo que los candidatos deben armar a sus seguidores con sus mejores argumentos y hacerlos salir a votar. Los latinos necesitan que se les asegure la verdad: que nuestras esperanzas y sueños se verán impulsados por un buen gobierno y por el emprendimiento personal. Las luchas de los trabajadores son las mismas, ya sean blancos, Negros o de otras razas: salir adelante, darles a sus hijos un futuro mejor, pagar las facturas médicas o comprar un carro. Los líderes políticos deben hablar de esas luchas para mostrar el camino a seguir y cumplir sus promesas. Los republicanos no necesitan una mayoría de votantes latinos para ganar las elecciones; solo necesitan obtener suficientes votos para negarles la mayoría a los demócratas. El miedo y la propaganda pueden hacer eso, y la única cura es asegurarse que nuestra comunidad converse con personas confiables; que sostengan una conversación que los mueva hacia el triunfo, que demuestren que nuestros líderes saben cómo los votantes quieren avanzar. A eso nos referimos en Puerto Rico cuando decimos «pa'lante»: ese impulso para seguir adelante, para construir un futuro mejor.

Mi propósito en la vida era político y busqué almas con ideas afines en Nueva York. Lo primero que hice al llegar a Nueva York fue preguntarles a mis amigos si había algún movimiento aquí. Sabían a qué me refería. Habíamos sido parte del movimiento estudiantil para democratizar la UPR, y me pusieron en contacto con otros independentistas que habían venido a Nueva York. Un par de semanas después, estaba vendiendo *Claridad*, el periódico del Partido Socialista Puertorriqueño, en el Lower East Side. Fue allí, en lo que llamamos Loisaida, donde conocí a otros independentistas que habían nacido tanto en Nueva York como en el archipiélago.

Pronto comprendí que el movimiento estaba dividido entre quienes pensaban que nuestro objetivo principal era luchar por la independencia de Puerto Rico en los Estados Unidos y quienes pensaban que los puertorriqueños que se habían ido tenían que unirse a otras minorías para luchar por los derechos civiles y democráticos de los puertorriqueños y otros grupos oprimidos en los Estados Unidos continentales. Mirando atrás, me pregunto por qué no pudimos hacer ambas cosas. Pero en ese momento, esa dicotomía ideológica era parte fundamental de nuestra identidad. ¿Éramos una extensión de la nación puertorriqueña o una minoría nacional oprimida, como los indígenas norteamericanos, los afroestadounidenses y otros inmigrantes? ¿Estábamos luchando por los derechos de Puerto

Rico o luchando mano a mano con otras minorías por la justicia social en el país? Esto ocurría apenas un mes después de la renuncia de Nixon como presidente, pero los demócratas y los republicanos no eran mi mayor preocupación. Pasé innumerables horas debatiendo esos temas puertorriqueños, con el intelecto y la energía de los veinte años, en pequeñas salas del Sur del Bronx, El Barrio y Loisaida, donde le dábamos mil vueltas al asunto.

El mundo real de la política que me rodeaba era más dramático que Watergate. Llegué a Nueva York apenas unos años después de que los Young Lords organizaran sus audaces ocupaciones, y establecieron programas comunitarios a la vez que abogaban por la liberación de Puerto Rico y el fin de la opresión política y económica en los Estados Unidos. Eran la rama puertorriqueña de los Panteras Negras, inspirados en los movimientos estudiantiles de la década del sesenta, así como en el liderazgo de Huey Newton, Bobby Seale y Fred Hampton. Ocuparon edificios abandonados para ofrecer desayuno gratis a los niños y educación a la comunidad. Y, después del asesinato de Hampton en 1969, aprendieron que la policía y el FBI estaban más que dispuestos a acabar con todos ellos. Su momento cumbre en Nueva York fue la audaz toma del Hospital Lincoln en el Sur del Bronx, una institución local con un historial tan deprimente que la llamaban la Carnicería. El 14 de julio de 1970, un grupo de 150 Young Lords pasó doce horas dentro del edificio destartalado, exigiendo la construcción de un nuevo hospital y asistencia médica gratuita. Mientras la policía se preparaba para irrumpir en el hospital, los Young Lords desalojaron el hospital entre los médicos y el resto del personal, sin violencia, durante el cambio de turno. Luego aparecieron con una de las primeras declaraciones de los derechos de los pacientes en el país. Seis años después, el hospital sería demolido y reconstruido.

Aunque el grupo ya no estaba tan activo cuando llegué, pasé muchas noches escuchando sus historias de guerra en nuestras sesiones semanales de educación política. Fue muy gratificante conocer a líderes como Juan González, quien nació en Puerto Rico y fundó la rama neoyorquina de los Young Lords. Habían visto la opresión de sus padres y abuelos inmigrantes en los Estados Unidos y su respuesta fue directa y novedosa. Luchaban por los derechos democráticos de una minoría oprimida: asistencia médica adecuada y viviendas dignas. Con el tiempo, esas serían mis metas también. Pero me tomó varios años llegar allí.

Aun cuando los Young Lords ya estaban pasando a la historia, nuestra causa ganaba nuevas energías y atención. Un mes después de mi llegada, en octubre de 1974, se detonaron cinco bombas en Manhattan: dos en el Rockefeller Center, una en el distrito financiero y otras dos en Park Avenue, al norte del Waldorf-Astoria. Nadie resultó herido, pero sí hubo grandes daños materiales. Las Fuerzas Armadas de Liberación Nacional (FALN) se atribuyeron el atentado. Exigían la independencia de Puerto Rico y estaban más que dispuestos a utilizar la violencia para alcanzar su objetivo. Durante el año siguiente, realizaron una serie de atentados incluidos uno en Fraunces Tavern cerca de Wall Street, donde murieron cuatro personas, y un día de bombardeos simultáneos en nueve ciudades, que, afortunadamente, no dejaron a nadie herido.

Yo estaba totalmente a favor de la independencia de Puerto Rico: éramos un solo pueblo, una sola nación, y nuestro trabajo era estar en las entrañas de la bestia, asegurándonos de que Puerto Rico se independizara. Sin embargo, me oponía del todo a la matanza de personas inocentes. Créanme que esa no era una postura que gozara de mucha simpatía en el movimiento. Sin embargo, nunca me interesó ganar concursos de popularidad. Esa es una de las razones por las que nunca me postulé para un cargo. En mis clases de historia de Estados Unidos había aprendido que las Trece Colonias habían obtenido su independencia mediante la lucha armada, pero creo que, hoy día, un país puede independizarse sin derramar sangre. Nunca sentí la tentación de unirme a un grupo terrorista o participar en acciones violentas. Había pasado la vida leyendo, discutiendo y debatiendo. De hecho, antes de abordar el vuelo a Nueva York, me había imaginado como abogado en el mundo de la política en Puerto Rico.

Poco después del atentado con bomba en Fraunces Tavern, fui a una manifestación a favor de la independencia y los Panteras Negras en Madison Square Garden. Mi tía me dijo que no era una buena idea a tan poco tiempo del ataque terrorista, pero al final vino conmigo a la manifestación. No sé si vino porque quería protegerme o porque la había convencido de que tenía que luchar, si no por la independencia, al menos por una vida mejor para sus hijos. En cualquier caso, el Madison Square Garden estaba abarrotado de gente. Mi único dilema era si un Puerto Rico independiente sería capitalista o socialista. Pensaba que un Puerto Rico independiente que tan solo reemplazara una clase dominante por otra no era atractivo.

Quería asegurarme de que las personas que no tenían voz ni futuro pudieran avanzar hacia una vida mejor.

CAPÍTULO 2

Orígenes

M E PUSIERON EL NOMBRE DE MI PADRE: LUIS ANTONIO MIRANDA
Jr. No me gustaba ser un *junior*. Por eso siempre dije que cuando
tuviera un hijo, no se llamaría Luis. Mi padre era una figura muy querida
en el pequeño pueblo de Vega Alta, al norte de Puerto Rico, donde crecí.
Era bueno en todo: deportes, matemáticas, resolución de problemas. No
era fácil ser como él, entre otras cosas porque nos parecíamos mucho: nariz
grande, piel clara y pelo oscuro. Era un tipo agradable y guapo que probablemente no medía más de cinco pies con siete pulgadas. Me prometí a mí
mismo que no le impondría a mi hijo las expectativas de parecerse a nadie.

A diferencia de mi padre, yo era malísimo en los deportes, sobre todo
en el béisbol. Mi padre era una estrella en el béisbol, primero como lanzador zurdo y luego en todas las demás posiciones que jugó con Los

Maceteros de Vega Alta, nuestro equipo local. Nada le gustaba más que irse de gira por la isla cuando el equipo jugaba en otros pueblos. Cuando era pequeño, me llevaba a todos los juegos. Yo no era capaz de batear la bola, pero se me daban muy bien los fundamentos teóricos. Llevaba la puntuación a mano y podía calcular mentalmente los promedios de bateo de todos los miembros del equipo. No teníamos computadoras ni calculadoras. Mi hermano menor jugaba al béisbol y, años más tarde, aportaría una felicidad muy distinta a la vida de mi padre como ministro pentecostal. Pero yo sabía llevar la puntuación y era bueno en la teoría. Sabía cuándo convenía cambiar de lanzador porque conocía los promedios de todos. Supongo que era sabermétrico antes de que se acuñara el término.

Para distinguirme de mi padre, todos me llamaban Luisito. Al día de hoy, si alguien me llama Luisito cuando voy caminando por las calles de Nueva York, sé que es de mi pueblo.

Mi esposa, Luz, me llama Luisito solo cuando quiere burlarse de mí:

—Luisito, ¿quieres que te traiga la comida?

Fui el primer nieto por ambas partes de mi familia, así que mi vida fue bastante fácil. No tenía que hacer tareas domésticas. No recuerdo haberme servido la comida nunca. Me sentaba y la comida aparecía como por arte de magia. Hasta que me mudé a Nueva York como estudiante doctoral, no recuerdo haber tenido que lavar ropa ni averiguar cómo se almidonaban las camisas.

Una vez, recién casados, Luz preparó langosta para cenar. Agarró el crustáceo y, sin más, lo tiró en un plato de servir y me lo puso delante. Me quedé espantado.

—¿Qué se supone que haga con esto?

—Cómetelo —dijo.

—Luz, no sé qué hacer con esto. Mami me servía la carne en un plato. Y tú me pones este monstruo horroroso delante.

—A partir de hoy, dejarás de ser un inútil —dijo sonriendo.

Tenía razón. Ahora cocino, lavo ropa, almidono camisas e incluso descuartizo langostas.

———

En Puerto Rico, yo era un niño mimado. Sin embargo, eso no significa que no tuviera responsabilidades. La gente esperaba cosas de mí, y pronto aprendí a esperarlas de mí mismo. Mientras que mi papá solo quería que fuéramos felices e hiciéramos lo que nos diera la gana, mi madre y su familia tenían expectativas muy altas. Para ella, sacar una nota de B en la escuela era colgarse. La segunda nota más alta era un fracaso. Así que solo podía sacar notas de A en la escuela, y fui uno de los dos estudiantes que se graduaron con cuatro puntos de promedio. Siempre me esforcé por sacar la nota más alta. Sabía que había compañeros que podían presentarse a clase sin estudiar para un examen, pero yo no era uno de ellos. Mi mamá me regañaba si me atrevía a sacar una B. Pero mi papá le pedía que no lo hiciera:

—Ave María, Evi, por favor. Lo hizo bien.

Eso no hacía que mi madre cambiara de opinión—de hecho, tampoco me hacía cambiar de opinión a mí mismo. Ella quería saber qué me había pasado, en qué había fallado. Podía explicarle que nadie había sacado A en ese examen en particular, por lo que la B era la nota más alta. Pero ella insistía en que quizás no me había esforzado lo suficiente, que tenía que esforzarme más.

Mi madre no esperaba que fuera bueno; esperaba que fuera el mejor. Mi padre, en cambio, entendía el éxito de una forma completamente distinta. Para él, el éxito se lograba cuando uno daba lo mejor de sí, sin importar cómo comparara con los demás. A él le parecía bien si yo regresaba de la escuela, jugaba al ping-pong tres horas y luego hacía las tareas. Pero mi madre quería que primero hiciera las tareas.

Ella venía de una familia de mucho prestigio en la isla. No tenían dinero, pero tenían apellido: Concepción de Gracia. Su tío era el fundador del Partido Independentista Puertorriqueño. Su otro tío era senador por otro partido. Mi madre era Eva Concepción, y con razón estaba orgullosa de serlo.

La familia de mi papá era conocida en el pueblo. Mi tía abuela (a la que yo conocía como mi abuela porque había criado a mi papá) era una empresaria que tenía un negocio y varias propiedades de alquiler. Mi abuelo era profesor y líder cívico. Uno de sus grandes logros fue el establecimiento de la cooperativa de crédito del pueblo, que años más tarde dirigiría mi papá. La casa donde me crié era la casa familiar de mi madre, que pasamos a ocupar cuando su núcleo familiar se trasladó a San Juan.

Mi madre era muy bonita, tenía la piel muy blanca y el pelo largo, oscuro y ondulado. No era la más cariñosa del mundo. Si querías amor, tenías que ir donde su mamá, mi abuela, Mamá Justa. Mi madre se ocupaba de los negocios, literalmente, dirigía su propio negocio y, durante mucho tiempo, una agencia de viajes. Y antes de eso, un salón de belleza. Tenía un sentido práctico de la vida. Un día, mi padre se enfogonó y tiró un plato contra la pared. Estábamos todos sentados a la mesa, preguntándonos qué pasaría después. Mi madre lo miró y le dijo:

—Ahora lo limpias.

Y siguió comiendo, sin hacer más aspavientos.

Todos los domingos, nos montábamos en el carro y viajábamos una hora y media hasta San Juan para ver a Mamá Justa y al resto de mi familia materna. Salíamos de Vega Alta por la mañana temprano, almorzábamos con la familia y después, mi papá y yo íbamos al cine. A veces veíamos algo que nos gustaba a los dos. Pero otras veces me dejaba en el cine, se iba a ver otra cosa y me esperaba a la salida. Así fue como acabé viendo *The Sound of Music* por lo menos ochenta veces. *The Sound of Music* duraba más que cualquier película de John Wayne que él quisiera ver.

Tan pronto como tuve la edad suficiente, viajaba solo para quedarme en casa de Mamá Justa en San Juan y así poder ir al cine y al teatro.

Los viernes por la noche, al salir de la escuela, me montaba en un carro público, luego en un pisicorre en Bayamón y, por último, en una guagua para llegar a la casa de mis abuelos en Country Club, la urbanización donde vivían en San Juan. Mi tío Ernesto se dedicaba al teatro y a mí me encantaba esa vida. Al principio de su carrera en educación teatral, Ernesto me reclutó para participar en una obra de teatro que iba a dirigir en la Universidad de Puerto Rico. Mi padre, o alguna otra persona de mi pueblo, me llevaba por las tardes, después de la escuela, a los ensayos. Así que cuando mi hijo Lin-Manuel triunfó en el teatro, su carrera siguió alimentando mi amor por ese arte que comenzó a una edad temprana.

Mi vida en San Juan giraba en torno al cine y al teatro. Eso significaba una vida llena de historias y representaciones. A mi tío Rodolfo le encantaban el cine y la música. Estaba estudiando medicina, pero esos fines de semana en San Juan, veía películas y escuchaba música conmigo. También íbamos a pequeños locales en el viejo San Juan, donde había cafés-teatro. Mi tío Ernesto tenía uno de esos locales, La Tierruca, que la familia administraba, y donde había poesía y teatro. Durante mi cuarto año de escuela secundaria, me encantaba trabajar en la barra, sirviendo tragos y empapándome de la cultura. Allí actuó Sylvia del Villard, con sus revolucionarios espectáculos sobre la cultura afrocaribeña. Cuando nadie hablaba de la influencia de la cultura africana en Puerto Rico, Sylvia mezclaba teatro, poesía y danza para contar la historia de los Negros en nuestro país. Yo solo tenía quince años y trabajaba de gratis detrás en la barra, mientras mi abuela cocinaba para los clientes. Nos quedábamos hasta las tres o las cuatro de la mañana, inmersos en esta comunidad creativa.

En uno de esos fines de semana en San Juan, conocí al gran Walter Mercado, que era actor y bailarín. Mercado creció en el teatro con mi tío, pero luego se hizo muy famoso como astrólogo en la televisión, con sus capas y atuendos vistosos. Era un personaje fascinante que te leía la palma de la mano y te explicaba lo que te decían las cartas.

Esa cultura fue como otra escuela en la que aprendí que era normal aceptar a diferentes tipos de personas: chicos trans, parejas homosexuales, personas con diferentes tonos de piel. Las guerras culturales de hoy día, lideradas por republicanos racistas, me son totalmente ajenas porque crecí aceptando la diversidad.

En mi último año de escuela secundaria, me presenté a un concurso nacional de teatro en la categoría de monólogos. Gané el premio al mejor monólogo del país, y aún conservo el galardón en mi oficina en casa. Es mi premio favorito. Por un tiempo que quise ser actor. Pero vi lo difícil que era la vida de mi tío Ernesto y cómo lo mortificaba el resto de la familia. Él quería triunfar como actor en un país donde no se valoraba el teatro. Era un actor serio que llegó a ser presidente de la Asociación de Actores, y era fantástico en ese mundo. Pero siempre tenía muchos trabajos a la vez porque tenía que mantener a su familia. Su esposa también fue una gran actriz, pero abandonó su carrera para hacerse maestra de teatro, y la presión sobre él para que hiciera lo mismo era incesante.

Me encantaba ese mundo, pero no quería tener que luchar como mi tío ni lidiar con las críticas que tuvo que soportar durante toda su vida. Si iba a hacer algo, tenía que triunfar. Por eso, nunca me dio por la música. No me gusta hacer las cosas a medias y nunca he tenido la disciplina que requiere un instrumento. Mi padre solía decir:

—Puedes hacer cosas por diversión. No tienes que convertirte en pianista o guitarrista clásico.

Sin embargo, nunca entendí qué significaba eso. Ser bastante bueno no me resultaba atractivo. Tenía que ser el mejor y sabía que no sería excelente como músico. No quería limitarme a tocar una canción.

Cuando entré en la UPR en San Juan, me fui a vivir con mi abuela Mamá Justa. Pasaba horas hablando con ella. Su historia era inspiradora y desgarradora a la vez. Venía de una familia muy pobre y vivía —en mi opinión— como la criada de la familia en la que se casó, en casa de su suegra, mi bisabuela, doña Carmen de Gracia. Toda la parentela —maridos, esposas e hijos— vivían en su casona de San Juan. Mamá Justa me contó que los sueldos de todos iban a Doña Carmen, y que ella repartía lo que le tocaba a cada uno. Estaba decidida a que sus hijos recibieran una buena educación. Fue ella quien envió a mi tío, fundador del Partido Independentista Puertorriqueño, a estudiar Derecho en Georgetown. Decidió que mi abuelo, el hijo mayor, estudiara Educación e insistió en que todas sus hijas fueran maestras porque pensaba que no debían vivir a merced de un hombre. Así que mientras sus hijos estudiaban, mi abuela se quedaba en casa lavando ropa y cocinando para todos. Era la Cenicienta. Su trabajo era servir a los demás. Cuando me contaba esas historias, me indignaba. Pero ella me calmaba diciéndome:

—Todos tenemos un papel que desempeñar en la vida. Me sentí feliz cuando se graduaron. Todos estábamos muy felices. Yo había contribuido a eso. Les lavé la ropa. Hice lo que tenía que hacer para que mi familia triunfara.

—Mamá Justa —le dije—, fuiste la esclava de todos esos niños engreídos.

—No —insistió ella—. Era una gente maravillosa, y yo hice mi parte.

Muchos años después, compartí esa historia con el equipo creativo a cargo del desarrollo de *Encanto* de Disney. Lin-Manuel había sido contratado para componer la música y las canciones de la historia, y yo me convertí en asesor de la película. La historia de Mamá Justa pasó a formar parte de la investigación sobre cómo América Latina depende de la familia extendida, y representa un poquito del ADN creativo de la Abuela Madrigal.

Me gusta pensar que mis primeros recuerdos son memorias familiares. Pero eso puede resultar un poco engañoso porque en el pueblito donde crecí, todo el mundo está emparentado. Mi madre pasaba casi todo el día en su pequeña agencia de viajes en el centro de Vega Alta. Incluso al final de su vida, cuando la internet estaba acabando poco a poco con las agencias de viajes, ella se la pasaba trabajando allí. Estaba en el centro de la acción y sabía lo que hacía todo el mundo en el pueblo. Era un espacio diminuto, pero mucha gente se pasaba por allí solo para charlar.

Mis padres eran parte de la fibra cívica del pueblo: el Club de Leones, los Rotarios, la Cruz Roja, la iglesia. Y, por supuesto, participaban en la política. Mi madre era independentista, pero se lo callaba. Durante un tiempo, mi padre apoyó al Partido Popular Democrático (PPD), que abogaba por el autogobierno de Puerto Rico como un Estado Libre Asociado de Estados Unidos, bajo Luis Muñoz Marín. La política era tan importante en nuestra casa que uno de mis juegos favoritos de niño era hacer caravanas con carritos de juguete y ponerle a cada uno la banderita de un partido, que yo mismo había dibujado. Con el tiempo, mi padre se desilusionó con las ideas del PPD y con los argumentos a favor de la estadidad. Temía que la identidad del país se perdiera bajo la influencia estadounidense y, al igual que mi madre, abrazó la independencia. A mí también me preocupaba. Me horroricé cuando, de adolescente, me enteré de que medio millón de puertorriqueños había abandonado la isla en un año. ¿Qué significaba eso para nosotros como país? Parecía que estábamos perdiendo una gran parte de nosotros mismos, y eso me preocupaba en lo más profundo de mi ser.

Mi padre tenía varios trabajos cuando yo era niño. Pero el que tuvo durante la mayor parte de mi vida adulta fue en la Cooperativa de crédito del pueblo, que su padre, Abuelo Ignacio, había ayudado a fundar, y de la que fue gerente durante mucho tiempo. Antes, había heredado la joyería de mi tía abuela, Mamá Suncha, y con el tiempo abrió su propia pizzería. En un pueblo pequeño como Vega Alta, la Cooperativa de crédito era el banco local, así que, por su trabajo, conocía a todo el mundo. La gente adoraba a mi padre porque se desvivía por prestarles dinero. Mi madre decía que a veces incluso ignoraba las políticas del banco para ayudar a la gente a conseguir un préstamo. Mis propios lazos con la Cooperativa de crédito eran más profundos de lo que pensé durante muchos años. Yo era el tercer o cuarto miembro porque Mamá Suncha me inscribió cuando nací y depositaba tres dólares mensuales en la cuenta sin que yo lo supiera. Solo cuando me hizo falta comprarme un carro como estudiante en la UPR me habló del dinero.

—Ve y pide un préstamo —me dijo.

Así que mi primer carro fue el resultado de lo que ella había ido guardando, poco a poco, a lo largo de mi vida.

En realidad, era más que una tía abuela. Mamá Suncha, como la llamábamos, fue la que crió a mi padre, no su propia madre. En los pueblos pequeños no es raro que otros miembros de la familia críen a niños que no son suyos. Durante mucho tiempo pensé que ella era mi abuela. No fue hasta más tarde que supe que había criado a mi padre porque nunca había tenido hijos propios. También había criado a los hijos de sus hermanas como si fueran suyos, cuidando a varios primos a la vez. Se casó mayor, con un dentista de otro pueblo que ya tenía su propio hijo. También crió a ese hijo como si fuera suyo. Era empresaria, administraba su propia joyería y atendía sus propiedades. Sobre todo, era muy católica. Yo iba a la iglesia todos los domingos por ella. Si no ibas a la iglesia, ella se enteraba de algún modo, y te llamaba durante la semana para hablar del asunto.

Mi abuela paterna falleció de cáncer cuando yo tenía cuatro años. Fue un final traumático. Ella vivía en nuestro pueblo y recuerdo escucharla llorar y gritar hasta que la morfina aplacaba el dolor. La gente iba a la casa a rendir sus últimos respetos, y su pena era sincera.

La casa en la que crecí era muy sencilla, pero a mí me parecía majestuosa. Estaba en el centro del pueblo, y tenía un gran balcón que daba a la plaza del pueblo y a la iglesia católica. Vivíamos en medio de la acción. Era una casa de madera de una sola planta, asentada sobre pilotes, en la que las ventanas eran solo dos contraventanas que nunca cerrábamos. Tenía una sala grande, cuatro dormitorios a los lados, un comedor y una cocina sencilla con una gran encimera que daba al comedor.

La comida ocupaba un lugar central durante mi infancia en mi pueblo, y mi favorita era la carne empanada. Cuando me extirparon las amígdalas, lo primero que pedí después de la operación fue carne empanada, no helado, que hubiera sido más fácil de tragar. Nos encantaba la lasaña, hecha con sofrito puertorriqueño: cilantro picado, cebolla, pimiento verde, tomate y ajo. Cuando probé por primera vez la lasaña italiana auténtica, pensé que debía de faltarle algún ingrediente clave porque la salsa de tomate era bastante sosa.

Crecí con mis padres y mi hermana, Áurea Yamilla, que es casi cinco años menor que yo. Se llama como mi abuela, que murió poco antes de que ella naciera. Así que nadie la llamó Áurea, y se hace llamar Yamilla. Se parece más a mi madre que yo, pero compartimos algo importante: el sentido del humor que utilizamos para comunicar las cosas difíciles de la vida. Nuestro hermano menor, Elvin, llegó mucho más tarde, cuando yo tenía doce años. Vivimos todos en la misma casa solo durante tres años, antes de que yo me fuera a la universidad, así que no pasamos mucho tiempo juntos. Yo era el nieto mayor por ambas partes de mi familia y, con cierto margen, el hijo mayor de nuestro hogar.

En mi casa, lo primero que se veía al entrar era un enorme cuadro de Jesucristo protegiendo a la familia. Mamá Suncha les regalaba a todos cuando se casaban un retrato gigantesco de Cristo, que a nadie le gustaba. Pero por el gran respeto que le profesaban, y tal vez cierto temor, nadie se atrevía a quitar el gigantesco Jesús. El nuestro lo retrataba como el hombre más blanco que se pueda imaginar, con sus estigmas, rezando por nuestras almas. Recuerdo señalarles a mis padres que Jesús no podía ser rubio y de ojos azules, pero daba igual. Mis padres pensaban que debíamos mantener esa imagen en su lugar prominente, incluso después de hacerse protestantes. Después, cuando nos mudamos a una casa de cemento en la última calle del pueblo, el cuadro vino con nosotros, aunque mi madre se preguntaba una y otra vez por qué. La respuesta de mi padre fue sencilla:

—Porque Mamá Suncha nos lo dio.

Nunca supe si el cuadro acabó desapareciendo porque Mamá Suncha falleció o porque mis padres cambiaron de religión.

———

Yo no quería ir a la escuela en primer grado. A los tres años, iba a un centro de cuido privado, de un solo nivel, dirigido por una maestra muy querida de mi pueblo. Me encantaba. Mi tío Rodolfo, que iba a la escuela por las tardes, pasó el año ayudando en el salón de clases. Pero Mamá Justa y su familia, incluido mi tío, se mudaron a San Juan.

Ahora tenía que enfrentarme solo al primer grado. Quería quedarme en casa como cualquier niño de cuatro años de Vega Alta. Mi madre insistía en que fuera, pero yo lloraba y lloraba y lloraba. Mi padre le explicó a mi madre que podía quedarme en casa leyendo, viendo la tele o jugando. Mi madre accedió, pero nunca lo olvidó. Toda la vida me dijo que había desperdiciado un año porque no me habían enviado a la escuela.

Cuando llegó el momento de ir a la escuela, a los cinco años, estaba ansioso y emocionado a la vez. La escuela se convirtió rápidamente en el centro de mi vida. No teníamos muchos libros en casa, así que cuando no estaba con mis amigos, estaba en la biblioteca local. En nuestra escuela primaria había más estudiantes de la cuenta, por lo que nuestros horarios se escalonaban entre un periodo de mañana y otro de tarde. Siempre me gustó el periodo de la mañana porque podía ir a la biblioteca por la tarde y vagabundear, explorando cualquier libro nuevo que hubieran recibido. Mis padres se dieron cuenta de la frecuencia con que iba allí, de lo mucho que me gustaban los libros y de que me fascinaban los datos. La biblioteca era el lugar donde podía fantasear sobre lo que ocurría más allá de mi pueblito, donde todo el mundo ya estaba metido en la cama a las nueve de la noche y, dos horas más tarde, en la pantalla del televisor solo se veía nieve estática.

Un día, cuando tenía ocho o nueve años, alguien vino a nuestra casa a vender una enciclopedia llamada *El tesoro de la juventud*. No era barata, pero les supliqué a mis padres que me la compraran. Me complacieron, o los amedrenté, y la pagaron. Cada semana esperaba ansioso la llegada de un nuevo tomo, que devoraba. Eso significaba que aprendía sobre el mundo en orden alfabético, leyendo cada tomo de tapa a tapa. Primero aprendí todo lo relacionado con la letra A, luego la B, y así hasta llegar al último volumen y la última letra del alfabeto. Lo más fascinante fue aprender sobre tantos países, con sus diferentes culturas y sus banderas. Memorizaba todas las banderas, y podía identificar cualquier país por su bandera, siempre que hubiera existido antes de 1966. Después, cuando algunas naciones africanas obtuvieron su independencia, me perdí. Aun así, esa enciclopedia fue mi primera gran maestra, la que abrió el libro de mi imaginación.

Más que nada, quería sobresalir, hacer mucho más de lo que se me pedía. En séptimo grado, tenía que entregar un proyecto de estudios sociales. Elegí documentar la influencia romana en la arquitectura de Puerto Rico. Mi pobre padre viajó conmigo a más de veinte pueblos donde yo filmaba los distintos tipos de columnas con una cámara Super 8 y declaraba si eran dóricas, jónicas o corintias. ¿Qué me pasaba? Leí *La Ilíada* y conocía todos los clásicos. Mi maestro de entonces dijo que mis expectativas sobre mí mismo estaban deformadas. Aquello era tan innecesario y, sin embargo, para mí era tan esencial.

Me encantaba la escuela. Me encantaba el reto. Yo era el tipo de estudiante que quería a todos mis profesores hasta que llegó mi maestro de física. Me parecía que yo sabía más que él. Sentía que me estaba haciendo perder el tiempo y que no estaba aprendiendo nada. Mi padre se molestó mucho conmigo cuando lideré una insurrección estudiantil para que la escuela cambiara al maestro. Era un amigo de la familia, un tipo normal y corriente del pueblo. Mirando hacia atrás, veo cómo las altas expectativas de mi madre me volvieron impaciente con cualquiera que supiera menos.

Cuando llegué a séptimo grado, me pusieron en un grupo especial de unos veinte estudiantes en un plan de estudios acelerado. A todos los del grupo nos gustaba mucho la escuela, y todos fuimos a la universidad. Los otros niños nos insultaban y se burlaban de nosotros por ser los elegidos. Pero nunca me ha importado un carajo lo que los demás piensan de mí. Otros niños tenían amigos que jugaban al béisbol. Mis amigos eran los niños a los que les gustaba hacer las tareas y jugar al *ping-pong*.

Mi único entretenimiento era el cine, y el pequeño cine de Vega Alta proyectaba una película diferente cada día. Los estrenos siempre llegaban tres o cuatro años tarde, pero eso no nos importaba. Veía todas las películas que mis padres me dejaban ver. A mi padre le encantaban sus Westerns, pero a mí todos me parecían iguales. También le gustaba leer novelas de vaqueros, su equivalente literario. Todas tenían el mismo argumento: siempre había un tipo bueno, como un sheriff, que mantenía el pueblo bajo control matando a más gente que nadie, incluidos todos los indígenas. Yo prefería los clásicos, pero mis gustos eran eclécticos. Debo haber visto *Ben Hur* veinte veces, y me encantó *Cleopatra*. Saboreé todas las películas de adolescentes con Frankie Avalon y Annette Funicello.

Fue en el cine, a una edad temprana, donde me enamoré de Debbie Reynolds y de su valiente interpretación del personaje principal de la película *The Unsinkable Molly Brown*. Ver esa película de niño me transformó. En un momento dado, Molly está en el suelo, la cara en la tierra y una bota presionándole la cabeza, y dice:

—¡Podrán estrangularme, y puede que me maten, pero no me *rendiré*!

Exactamente. Molly Brown soñaba con algo mejor, y yo también.

Me di cuenta de lo diferente que era de los demás cuando vi *West Side Story* en el cine de Vega Alta. Al final de la película, cuando matan a Tony y María empieza a llorar, se me rompió el corazón. Me entristecí tanto. Pero cuando María empieza a cantar, el público se puso a abuchear y a gritar que la película era una mierda, y muchos abandonaron la sala. El concepto de cantar cuando alguien ha muerto era algo desconocido para los vecinos de mi pueblo. Solo tenía diez años, pero recuerdo que aquel día pensé: *¿Por qué soy diferente? ¿Por qué me emociono hasta las lágrimas mientras que mis vecinos detestan la combinación de tragedia y música?*

Me gradué de escuela secundaria con un promedio perfecto a los dieciséis años, un año antes de lo previsto. Al principio pensaba estudiar arquitectura. Parecía la profesión perfecta para mí porque me encantaban las artes y se me daban bien las matemáticas. Siempre pensé que construir cosas cumplía una función social que podía combinarse con un sentido estético de la vida. Podría usar tanto mis capacidades cuantitativas como mi sensibilidad artística. Además, de niño me encantaba construir cosas con el *Styrofoam* que mi padre traía de la fábrica Remington, donde trabajó un tiempo. El reto era que, en aquellos tiempos de agitación social, la UPR era muy política y las facultades de ciencias médicas y arquitectura se consideraban espacios donde tanto estudiantes como profesores apoyaban el *statu quo*.

Se estaban produciendo muchos cambios políticos, pero en las ciencias sociales y las humanidades. Más que estudiar arquitectura, deseaba formar parte del movimiento. No podía decidirme entre las ciencias políticas y la psicología, pero me acechaba la experiencia de mi tío Ernesto, el actor. Las ciencias políticas me parecían demasiado inciertas para mi gusto, pero podía ver la psicología como una profesión. Podía ganarme la vida y tener un trabajo de verdad. También influyó en mí el hecho de que mi tía Abigail fuera la decana del Departamento de psicología. Yo ya sabía que querían crear un programa doctoral e imaginé que hacia allí se dirigía mi vida.

Mi perspectiva de la psicología reflejaba los intereses de mi vida. Durante mi segundo año de universidad, me incliné por la psicología comunitaria, y trabajé como ayudante de una profesora que estaba haciendo su tesis en ese campo. Nos asignaron una comunidad y nos soltaron allí sin más. Yo elegí el reto de cómo organizar una comunidad a través del teatro. La comunidad estaba en Cupey, donde no conocía a nadie. Ese año viajé allí al menos tres tardes a la semana y, siempre que estaba libre, los fines de semana. Nos propusimos crear un grupo de teatro con niños de la comunidad y escribimos una obra sobre los problemas a los que se enfrentaban. El gran reto al que se enfrentaban era la falta de agua potable, así que empezamos a organizarlos para que protestaran. Y ahí fue que cerraron el programa. Una cosa era crear un grupo de teatro y montar una obra con niños. Pero cuando se volvió un medio para que la comunidad luchara por lo que necesitaba, nos convertimos en una amenaza.

Al menos ese tipo de psicología abordaba cambios sistémicos, en vez de atender de forma individual. Me encantaba la idea de intentar resolver los problemas de individuos que se quedaban atascados en la vida por culpa de la mierda que les había pasado. Quería ayudarles a descubrir cómo cruzar al otro lado. Mi lucha con la psicología era saber a cuánta gente podía ayudar. La psicología comunitaria ofrecía una forma de resolver problemas a cierta escala.

Ya conocía San Juan por los fines de semana que pasaba con mi abuela y mis tíos. Pero la universidad me dio una comunidad propia de gente de mi edad, no de la generación anterior. También era una comunidad mucho más diversa, que incluía desde activistas políticos hasta muchachitos conservadores de familias adineradas que no enviaban a sus hijos a estudiar a Estados Unidos. Puede que yo viniera de un pueblo pequeño, pero era un joven bastante cosmopolita que podía ayudarlos con las tareas y llevarlos al bar de mi tío en el viejo San Juan. Todos los estudiantes de Vega Alta se reunían a almorzar con regularidad, pero yo iba cada vez menos a esas reuniones, ya que me codeaba con grupos mucho más diversos, de distintas edades y distintos lugares, que estudiaban distintas disciplinas.

Además de estudiar, tenía un trabajo a tiempo parcial en Sears porque necesitaba dinero. Empecé en el verano de mi último año de escuela secundaria, un fin de semana, cuando en Sears necesitaban ayuda con un proyecto. Tenía que ver con lo que más tarde supe se llamaba «interceptaciones», en las que parábamos a alguien en la tienda y le hacíamos una serie de preguntas. Me gustó y les pedí trabajo a tiempo parcial. Me dieron un puesto en el departamento de crédito. En aquella época no había computadoras, así que nosotros éramos el lugar al que llamaban todas las tiendas Sears para comprobar si un cliente podía obtener el crédito para comprar alguna mercancía, ya fuera ropa o una nevera. Hablábamos por teléfono con el cliente, tomábamos nota de toda su información crediticia y, a base de esa conversación, determinábamos su riesgo crediticio. Una vez que teníamos su historial de crédito, podíamos hablar con el cliente y preguntarle por qué se había retrasado en un pago y qué estaba ocurriendo en su vida en ese momento. La persona nos contaba su historia y nosotros decidíamos si le creíamos o no. Era mucha responsabilidad para un muchacho de diecisiete años, pero yo me sentía mucho mayor porque siempre me juntaba con gente mucho mayor que yo. El departamento de crédito estaba lleno de estudiantes de primer año, pero es probable que fueran dos años mayores que yo. Trabajar hasta tarde no me molestaba por haber pasado tantas noches en el bar de mi tío. Las puertas de Sears cerraban a las nueve de la noche, pero la gente seguía comprando hasta las diez y media, y no podían sacarla de la tienda así porque sí. Como siempre estaba dispuesto a ayudar, al poco tiempo los supervisores me pusieron a coordinar los horarios de todos los demás empleados del departamento. Tenía dieciocho años y estaba a cargo de los horarios de unos doscientos trabajadores a tiempo parcial y de evaluar el riesgo crediticio de miles de puertorriqueños.

Un año después, me trasladaron a la tienda porque me casé con mi novia. Yo había ayudado a conseguirle un trabajo en el departamento, y no estaba permitido que las parejas casadas trabajaran juntas. El departamento de crédito de la tienda era el final del camino para los clientes. Era el lugar al que iban a parar cuando el muchacho del teléfono no podía decidir si tenían un riesgo crediticio lo bastante aceptable como para llevarse la nevera. Todos los que venían a verme llegaban furiosos. Probablemente habían pasado horas en la tienda intentando comprar algo, y ahora tenían que explicar por qué se habían retrasado tres meses una vez, aunque hubieran pagado todo lo demás a tiempo. Nunca me sentí intimidado por la experiencia o los encuentros, por muy furiosos que estuvieran. Siempre adopté la perspectiva de que los grandes almacenes los estaban jodiendo. Muchos casos me parecían injustos: a menudo se trataba de buenos clientes que de repente se habían quedado desempleados porque la fábrica de su pueblo había cerrado. Estaban jodidos, y no era culpa suya. Yo simpatizaba con la gente con la que tenía que tratar. Sabía lo que representaban y me preocupaba la erosión de la economía de Puerto Rico porque la industria manufacturera estaba desapareciendo. Mantenía la calma, al igual que la mayoría de los clientes.

El responsable de Sears en el Caribe se dio cuenta de mi desempeño. Estaban empezando a abrir departamentos de crédito en otras tiendas de la isla y pronto me pidieron que viajara a otras tiendas para entrenar a los demás trabajadores a tiempo parcial. Cuando les dije que quería ir a estudiar a Nueva York, mis jefes de Sears intentaron convencerme de que estudiara en Chicago, donde estaban abriendo una universidad acreditada. Su plan era que estudiara en Chicago mientras seguía trabajando en Sears antes de regresar a Puerto Rico para continuar mi carrera con ellos. Pero yo no quería vivir en Chicago. Quería vivir en Nueva York.

Nos hicimos novios en séptimo grado, un 30 de noviembre. Brunilda Ocasio era una puertorriqueña trasladada de Chicago. Había nacido en la ciudad de los vientos, pero su familia era de Ciales, Puerto Rico. Cuando regresaron, se mudaron a Vega Alta. Todos pensábamos que era única porque hablaba inglés y a veces respondía a las preguntas en inglés o en una especie de español que nos parecía gracioso. La relación de sus padres se rompió cuando estábamos terminando la escuela secundaria, y su madre dijo que quería regresar a Chicago en nuestro cuarto año. Brunilda no quería regresar y convencimos a sus padres de que la dejaran con sus padrinos. Eso significaba que se mudaba a Bayamón, el pueblo vecino, y yo todavía no guiaba a los quince años. Fue complicado, pero descubrí cómo viajar para verla.

Brunilda era bajita, delgada y hermosa, de piel morena. Era muy trabajadora, no solo trabajaba en Sears, sino también como instructora de ejercicios. Era muy dulce y éramos extremadamente compatibles. Habíamos crecido juntos y éramos como hermanos.

Cuando llegamos a la universidad, ella vivía en una residencia y yo vivía con mi abuela. No fue el mejor comienzo para nuestra relación. Brunilda estudiaba educación, y siempre quiso ser maestra de educación especial. Al año siguiente, consiguió su propio apartamento con una amiga, y empezamos a tener relaciones sexuales. En ese momento, me sentí muy culpable. Yo era un buen muchacho católico, y la iglesia me había jodido la cabeza. *Tenemos que casarnos para poder seguir haciendo esto.* Y eso fue lo que hicimos, un año después. Me mudé al apartamento que ella compartía con su amiga, y luego conseguimos nuestra propia casa.

Mi madre estaba indignada porque pensaba que yo era demasiado joven. Quería que acabara mis estudios y trabajara un tiempo. Pero mi padre lo aceptó mucho mejor.

—Tienes tu propio apartamento. Ganas dinero —dijo—. Es posible que ya te estés acostando con esa joven de todos modos. Así que pa'lante, cásate.

Por su parte, los padres de Brunilda estaban encantados con la idea de que nos casáramos porque su hija estaba sola en Puerto Rico. Ahora tendría a alguien con quien compartir su vida.

Convencí a mi madre de que estaba haciendo lo correcto, de que eso era lo que quería hacer. Así que seguimos adelante con dos ceremonias de boda. La primera fue para poder solicitar un apartamento asequible, una boda pequeña para completar el papeleo. Nuestra gran boda fue en agosto, en San Juan. Aunque quería casarme para poder seguir teniendo relaciones sexuales, la elección del sacerdote no fue fácil. Yo estaba muy metido en el movimiento independentista. La idea de una boda tradicional me resultaba imposible. Quería que fuera un monseñor jesuita que abogaba por que la Iglesia fuera un agente de cambio y por que la doctrina eclesiástica ayudara a los oprimidos a rebelarse contra sus opresores. Por su celo revolucionario, este monseñor había sido expulsado de la iglesia. Así que tuvimos que encontrar un lugar donde le permitieran oficiar.

El vestido de novia de Brunilda, confeccionado por una amiga nuestra, era muy bonito y sencillo. Era un traje de dos piezas, abierto por detrás. Se cubrió la espalda mientras estuvimos en la iglesia, pero una vez que terminó la ceremonia, se la descubrió. Tuvimos una gran boda, con unos doscientos invitados, incluidos todos nuestros amigos de Sears. No fue fácil conseguir suplentes ese día para todos los empleados porque hasta nuestros dos supervisores vinieron a la boda. Pasamos la luna de miel en Dorado, apenas a diez minutos de mi ciudad natal.

Un año después, me encontraba rumbo a Nueva York.

No fue solo mi decisión de casarme joven lo que me hizo diferente en la universidad. Adopté una política radical. Desde luego, no me interesaba la estadidad. Nunca me pareció una idea realista. Había leído y seguido lo suficiente la política estadounidense como para saber que Estados Unidos nunca iba a aceptar a tres millones y medio de *spics*, con siete miembros en el Congreso y dos senadores. La gente siempre trae el ejemplo de Alaska o Hawái. Pero Puerto Rico no es Alaska ni Hawái. No es un conjunto de comunidades dispersas de población local. Es un país, con su propia lengua. A pesar de cientos de años de colonialismo, los corazones de los puertorriqueños se conmueven cuando ven su bandera. Nunca pensé que Estados Unidos nos daría representación, y nunca pensé que la querríamos. Había, y sigue habiendo, un movimiento antiestadounidense muy activo en Puerto Rico y una verdadera afirmación de la identidad puertorriqueña en las escuelas y en todo el país.

Cuando era estudiante, la guerra de Vietnam se estaba llevando a muchos de nuestros jóvenes, que partieron como soldados y regresaron en ataúdes. Nos opusimos al alistamiento obligatorio. Viví dos huelgas en la UPR, incluida una que amenazó mi propia graduación porque la universidad estuvo cerrada durante mucho tiempo. Exigíamos los derechos de los trabajadores, el fin del servicio militar obligatorio y el fin del aumento a los costos de matrícula en la universidad. Estábamos en contra del *statu quo*, como deberían estarlo todos los jóvenes. Las huelgas siempre acababan en violencia. La de 1970 dejó una estudiante muerta en las calles de Río Piedras y cerró la universidad. Yo no era un revolucionario. Nunca me bebí el Kool-Aid, y sigo sin hacerlo al día de hoy. Nunca creí que hubiera un movimiento lo suficientemente fuerte como para lograr la independencia. Sí fue lo suficientemente fuerte como para conseguir otras cosas tangibles: democratizar la universidad, permitir que más gente se educara. Pero ¿el objetivo final de la independencia? No me parecía factible.

En aquel momento creía, como ahora, que el principal artífice de la estadidad ha sido el PPD, que aboga por el Estado Libre Asociado desde 1952. En realidad, lo que apoyaba era todo un sistema económico que reforzaba nuestra incapacidad de existir sin Estados Unidos. Lo único que hacía era impulsar la estadidad, aunque esa no fuera su intención declarada. Cada vez que alguien da un discurso y dice que somos ciudadanos estadounidenses y que tenemos derecho a esto y lo otro, está impulsando la estadidad.

Nos esforzábamos por descubrir cuál sería el siguiente paraíso económico para la isla. Si no era la manufactura, era la industria relacionada con el combustible, que traía el petróleo crudo a Puerto Rico para que nosotros nos contamináramos haciendo la parte jodida de la conversión para después enviarlo al continente. O era el turismo, que nos obliga a ser amables con un montón de gente para que regresen. Siempre he pensado que sale más barato ir a la República Dominicana o a Cuba para disfrutar de las playas, las palmeras y el buen tiempo. Las artes nunca han formado parte de cómo vendemos a Puerto Rico, a pesar de que la isla produce mucho arte y tiene artistas brillantes. Tenemos teatros y museos que pasan apuros porque una masa crítica de turistas, incluso los propios puertorriqueños, no los visitan. No tengo nada en contra del turismo como parte integral del desarrollo económico. Pero para construir una economía, hay que incluir todo lo que un país puede ofrecer.

En la universidad me di cuenta de que la independencia no era más que una solución política. Lo que necesitábamos en Puerto Rico era una solución económica. No me interesaba un país capitalista. Lo que el Partido Socialista Puertorriqueño ofrecía era una solución tanto política como económica para los trabajadores. Me salí del Partido Independentista en el preciso momento en que mi padre empezaba a aceptarlo. Me decía que el problema no era nuestro sistema económico, que nuestros problemas empezaban porque todo nos lo dictaba Estados Unidos.

—Así que en el momento en que ya no quieran dar incentivos económicos, nuestra manufactura muere —me decía—. Si fuéramos una república, podríamos seguir dando incentivos económicos a esas empresas.

—Pero papi —le respondía—, yo quiero que los trabajadores manden. No quiero que te hagas cargo de los pobres de tu propio país.

En realidad, yo llevaba tiempo en esa trayectoria. Muchos de mis maestros en la escuela secundaria habían sido miembros del Partido Socialista. Había leído sobre un sistema económico en el que los trabajadores podían mandar. Una vez en la universidad, empecé a leer más, y a ir a mítines políticos. Al principio formé parte del Partido Independentista estudiantil, pero pronto me uní al grupo más radical que evolucionó hasta convertirse en el Partido Socialista.

Sí, trabajé para una gran corporación estadounidense en el departamento de crédito de Sears y también me afilié al Partido Socialista. Vivía las grandes contradicciones del capitalismo y el colonialismo en Puerto Rico. Pero nunca me preocuparon esas contradicciones. Siempre intentaba averiguar cómo podía resolverlas de otro modo. Creo que algo se me pegó de la Iglesia católica: pecas, luego rezas varios Ave Marías, y después vuelves a pecar.

En mi último año en la universidad, por fin tuve edad para votar. Mi propio padre era candidato a alcalde de Vega Alta por el Partido Independentista Puertorriqueño. Pero yo hice campaña por otro candidato a la alcaldía por el Partido Socialista. El candidato había sido mi maestro de teatro y quien me entrenó cuando competí para ganar el premio nacional al mejor monólogo. Mi padre aceptaba que trabajara para derrotarlo. Nunca fue un problema entre nosotros, y él nunca habló del asunto. Mi madre se quejó con mi hermana, pero tampoco me confrontó. Mi padre era un santo.

—Tú eres como eres —dijo—. Yo soy como soy.

Todos en mi familia sabían que el futuro para mí estaba muy claro. Iba a hacer lo mío, a mi manera, en un lugar donde uno podía llorar con *West Side Story,* pero también detestarla. Un lugar donde Molly Brown podía pasar de la pobreza a la abundancia. Un lugar donde pudiera convertirme en la mejor versión de mí mismo.

CAPÍTULO 3

Nuevas raíces

QUERÍA IRME DE PUERTO RICO. NO PARA SIEMPRE. NUNCA PENSÉ, NI por un nanosegundo, que me quedaría en Nueva York. Pero parte de mí quería ir a un lugar más grande para ponerme a prueba. No existía un programa doctoral en psicología en la UPR. Para estudiar Derecho, había una escuela fantástica en San Juan. Pero la psicología era diferente. Lo único que había era un programa de maestría, que ya de por sí tenía que competir por los recursos disponibles.

Me intrigaba la diversidad de Nueva York. El decano de psicología de NYU que me admitió, Bernie Kalinkowitz, hablaba de su visión de una escuela diversa, donde la gente aportara experiencias muy diferentes que enriquecieran el proceso educativo. En Puerto Rico, mi vida era monolítica en cuanto al tipo de gente que vivía allí. Nuestro acceso al poder y las oportunidades económicas estaban limitadas por el estatus colonial de nuestro país. Había leído mucho sobre el crisol de razas, y ahora la gente empezaba a rebelarse contra esa idea. Buscaban la diversidad cultural, y me fascinaba ir a un lugar dispuesto a desafiarse a sí mismo. No había nada mejor que Nueva York. Era el reto definitivo: como nadar en el océano en lugar de bañarse en una laguna en Puerto Rico. John Kander y Fred Ebb tenían razón en *New York, New York*: si puedo triunfar allí, puedo triunfar en cualquier lugar. Entonces regresaría a Puerto Rico y triunfaría allí también. A pesar de ser un adolescente bastante maduro, no era más que un muchacho de dieciocho años que quería demostrar de qué estaba hecho.

No era la primera vez que viajaba a Nueva York. Tenía diez u once años cuando fui por primera vez con mi abuela y mi tío. Vi el letrero de Coca-Cola iluminado en la calle Cuarenta y dos y me quedé hipnotizado por la forma en que el refresco desaparecía como si alguien se lo estuviera bebiendo por el sorbeto. ¿A quién se le habría ocurrido? Me pareció genial. Toda la escena fue una de esas experiencias transformadoras.

Nos quedamos una semana en la ciudad, a la vuelta de la esquina de la Universidad de Columbia, en una habitación que le alquilamos a una amiga de mi tía: un Airbnb antes de que existiera la empresa. El *subway* nos llevó directamente al *downtown*, donde visitamos todas las atracciones turísticas. Fuimos a la Estatua de la Libertad y al Central Park. No podía creer que hubiera un castillo dentro del parque. Vimos un espectáculo de Broadway y subimos al observatorio del Empire State Building. Hasta el día de hoy, se me eriza la piel cuando miro el Empire State. Vengo de un pueblo pequeño. Estar en Nueva York era algo grande. La ciudad era como un imán. Y eso se me grabó en la cabeza para siempre.

Teníamos un presupuesto limitado, así que comíamos en cafeterías. No podía creer que hubiera tantos tipos de restaurantes. En Puerto Rico, había comida puertorriqueña. Conocía un restaurante chino y otro italiano. Pero aquí, en Nueva York, había todo un vecindario llamado Little

Italy y otro llamado Chinatown, donde uno podía ordenar de un menú incomprensible.

Unos años antes, alguien me había regalado una libreta de tarjetas postales de Nueva York. Se compraban en sitios turísticos y las tarjetas se arrancaban de una en una para enviárselas a amigos y familiares. Cuando aún vivía en Puerto Rico, recuerdo con claridad escrutar esas postales y enamorarme de una ciudad que jamás había visto. Hay una escena en *The Unsinkable Molly Brown* en la que Molly habla largo y tendido sobre unas postales de Denver. Podía identificarme con su sentir porque era lo mismo que yo sentía por Nueva York. *¿Existirían de verdad esos lugares o eran escenografías de una película de Hollywood?* Llegar a Nueva York y darme cuenta de que esas escenas existían de verdad fue alucinante.

A pesar de mi amor por Nueva York, cuando me llegó la oferta del programa doctoral de NYU, titubeé. Ya tenía una oferta para estudiar Derecho en la Universidad de Puerto Rico y me repetía a mí mismo que podía estudiar ahí si quería. Mantuve ambas opciones abiertas hasta el último momento, planificando ambas opciones a la vez. Mi papá habló con su hermana, que vivía en Chelsea, y ella empezó a preparar el dormitorio para mi llegada. Al mismo tiempo, mantuve la puerta abierta en la facultad de Derecho hasta julio de ese año, un mes antes de tener que llegar a Nueva York.

Siempre mantenía varias opciones, y las personas que me querían sabían que no tenía sentido que me dieran su opinión. Todos se emocionaron por mí cuando por fin decidí venir a Nueva York.

Me encantaba la ciudad con la que había soñado durante tanto tiempo. Pero les escribía a diario a todos los que había dejado atrás. No tenía dinero para llamar por teléfono, así que le escribía a todo el mundo. Hablaba con Brunilda una vez por semana y le escribía todos los días.

Desde la primera noche que pasé en la ciudad, supe que me quedaría en Nueva York. Pero emocionalmente aún no estaba preparado para dejar atrás a Puerto Rico.

Como estudiante doctoral de psicología, pronto me di cuenta de que algunas de mis experiencias no eran únicas. Había toda una bibliografía sobre los ataques de nervios, o el llamado «síndrome puertorriqueño»: esos arrebatos que nos dan a los latinos, que parece que estamos poseídos por un demonio. No sabía que tuvieran nombre. Hoy es el tipo de término que cancelaría a cualquiera. Pero si se considera como una respuesta a la dislocación, merece un análisis más profundo. Estábamos descubriendo un montón de cosas por nuestra cuenta como estudiantes latinos, pero no teníamos un profesor que nos ayudara a estudiarlas a fondo. No había más que la mierda psicoanalítica de la que todo el mundo hablaba siempre. No había nadie dispuesto a utilizar ese marco psicoanalítico para ayudarnos a ampliar la bibliografía. Nunca pudimos evaluar si el «síndrome puertorriqueño» era una etiqueta racista o una afección real exclusiva nuestra. Luchar y protestar para llamar la atención del poder era una forma de respuesta. Y era algo que yo sabía hacer. Al fin y al cabo, llevaba protestando contra mis profesores por lo menos desde séptimo grado, a causa del profesor de física que no me había enseñado nada.

Los estudiantes pertenecientes a minorías se encontraban atrapados entre las políticas contradictorias de nuestro presidente, Bernie Kalinkowitz, y sus partidarios, que estaban a favor de las cuotas, y los que abogaban por las viejas costumbres. Pronto nos dimos cuenta de que lo que Bernie había logrado era verdaderamente revolucionario. Estaba claro que Bernie llevaba allí tanto tiempo que hacía lo que le daba la gana. Pero para los estudiantes Negros y de otras razas no era más que un experimento a medias porque el programa académico no estaba cambiando para reflejar la nueva población estudiantil. A nadie le importaban los temas latinos; al menos, a ninguno de mis profesores. Los estudiantes no podían conseguir consejeros de tesis, y en las clases no se hablaba de nuestra realidad.

Aparte de admitirnos, nada había cambiado en cuanto al plan de estudios, los materiales o el profesorado. Si uno quería tener éxito, tenía que aceptar el *statu quo* de la educación, y yo no podía. Los estudiantes de psicología de NYU no estábamos solos. Los estudiantes de color de toda la ciudad estaban librando la misma lucha, y yo estaba metido hasta el cuello. El foco de tensión era City University of New York (CUNY), donde las huelgas y ocupaciones estudiantiles habían conducido a una política de admisiones abiertas a cualquier estudiante graduado de escuela superior, con matrícula gratuita. La demografía cambió pronto el perfil de la universidad: había un setenta y cinco por ciento más de estudiantes y la proporción de alumnos Negros y latinos se había duplicado. Las consecuencias estaban en pleno apogeo cuando llegué a Nueva York. Los profesores más veteranos se quejaban de que el nivel de exigencia había bajado. Los políticos conservadores se quejaban de los costos. No había suficientes fondos y el crecimiento era caótico. Las admisiones abiertas confrontaban a una amenaza existencial, y los puertorriqueños estaban en el centro de la lucha por la educación bilingüe, las cuotas, los materiales didácticos y la financiación. Mi lucha contra el lento cambio de cultura en mi programa universitario era parte de una lucha mayor por cambiar la educación en toda la ciudad y el país.

Participé en un movimiento socialista puertorriqueño muy activo en Nueva York. Nuestro grupo se reunía en el Lower East Side todos los sábados. Vendíamos nuestro propio periódico, *Claridad*, y estudiábamos marxismo en el apartamento de alguien. Muchas veces nos reuníamos en mi apartamento para hablar del rol del Partido Socialista Puertorriqueño. Siempre había discusiones entre quienes, como yo, se preocupaban por lo que ocurría en Puerto Rico, y a quienes les importaba menos. Estas discusiones me enseñaron la necesidad de una coalición Negra/latina. Al fin y al cabo, compartíamos las mismas comunidades, estábamos en la misma situación. Los activistas Negros querían luchar por su comunidad aquí en

Nueva York. Si no luchábamos juntos por nuestros derechos, ¿quién lo haría? ¿Cuándo y cómo atenderían los demócratas o los republicanos las realidades a las que nos enfrentábamos? Nadie cuestionaba el *statu quo*, que era la razón por la que vivíamos en las peores viviendas, teníamos las peores escuelas, y nadie invertía en nuestros barrios. Empecé a ver la pureza de las luchas de otro modo.

Podíamos movilizar a miles de personas. Sin embargo, pronto aprendí que no éramos más que una fracción de la izquierda, que también incluía los derechos de los indígenas, algo de lo que yo no sabía nada en absoluto. Sabía algo sobre las luchas de los Negros estadounidenses y, por supuesto, sabía bastante sobre los puertorriqueños en Nueva York. Pero sabía muy poco sobre la difícil situación de los mexicano-estadounidenses y su lucha por la educación bilingüe y los derechos civiles. Para mi vergüenza, lo único que sabía sobre los indígenas americanos era que John Wayne los asesinaba y que no tenían derechos. De las películas que le encantaban a mi padre, había aprendido que vivían en reservas porque John Wayne siempre invadía esas reservas y los mataba. La verdad es que no tenía ni idea. De repente descubrí que la lucha por los derechos democráticos era mucho más abarcadora que acabar con el colonialismo en mi pequeño archipiélago del Caribe.

Me tomó algún tiempo comprenderlo. De los cinco latinos admitidos en nuestro programa, los dos de Puerto Rico sabíamos mucho menos sobre la experiencia de los Negros estadounidenses que los tres latinos de Nueva York. Ellos habían asistido a escuelas Negras y latinas. Comprendían la lucha, aunque los estudiantes Negros no sabían mucho de la lucha puertorriqueña. Tardé un poco en encontrar los puntos en común, pero por fin lo comprendí dos años después, en la celebración del bicentenario de la fundación de la república, cuando me encontré en medio de la mayor protesta de mi vida. Habíamos congregado a decenas de miles de manifestantes en Filadelfia para reclamar el fin del colonialismo, la injusticia económica, el racismo y el discrimen. Las causas que defendíamos —los cambios en la república que queríamos— representaban un progreso para mucha gente. Puerto Rico, como única colonia moderna que queda en Estados Unidos, ocupaba un lugar central en nuestras protestas. Después de doscientos años, ¿no era hora de acabar con el colonialismo?

Esos dos años me cambiaron profundamente. Vi la lucha por los derechos democráticos que muchos puertorriqueños estaban librando aquí mismo, en Nueva York. Hasta entonces, pensaba que todos los puertorriqueños eran como yo, que todos querían volver a la «República de Puerto Rico». Para los puertorriqueños de Nueva York, había cosas más importantes que la independencia de Puerto Rico: educación bilingüe, vivienda digna y asequible, y un buen programa de asistencia médica. Sin embargo, aún me faltaba establecer la conexión con la política electoral como vía para el cambio.

En aquella época, NYU permitía a los estudiantes hacer prácticas en el Puerto Rican Family Institute [Instituto de la Familia Puertorriqueña], una organización sin fines de lucro cuyos servicios incluían cuidado de salud mental. Tuve dos pacientes puertorriqueños, y no creía que debían de tratarse solo con el psicoanálisis freudiano. Argumenté que no podíamos ver a una persona cuatro veces por semana y acostarla en un diván para hablar de toda la mierda que le había ocurrido desde el día en que nació. Mis pacientes tenían muchos problemas inmediatos que requerían atención. Sin embargo, en mis clases en NYU nunca se hablaba sobre el aquí y el ahora. Todo giraba en torno a los traumas con la madre. La mayoría de nuestros supervisores no estaban de acuerdo con que habláramos de los problemas del mundo real a los que se enfrentaban los puertorriqueños en Nueva York. Los profesores argumentaban que resolver el problema de vivienda era importante para la calidad de vida de los pacientes, pero que la «relación terapéutica» no era el lugar adecuado para ello. Yo no podía estar más en desacuerdo.

Cuando llegó el momento de votar, mi cambio de postura se definió. Seguía votando en las elecciones puertorriqueñas porque no había cambiado mi residencia permanente; pero en mis segundas elecciones, no voté por el Partido Socialista Puertorriqueño. Voté por el partido de mis padres y mi tío, el Partido Independentista Puertorriqueño. Ya sabía que no podíamos convencer a los puertorriqueños de cambiar su estatus político y su estatus económico al mismo tiempo. Era imposible. Así que mi padre probablemente tenía razón: había que cambiar el estatus político, que era la causa fundamental de muchos de nuestros problemas como país. La realidad económica la podríamos abordar más adelante. Incluso llegué a pensar que Estados Unidos negociaría un acuerdo para nuestra independencia, ya que nunca habría una revolución total en Puerto Rico.

En cambio, la lucha económica que me preocupaba ya se había trasladado a Estados Unidos. La realidad que ahora me consumía era la de un millón de puertorriqueños que llevaban una vida tan difícil aquí. Me sumergí en el día a día de los puertorriqueños y latinos en Nueva York. Pude ver lo jodidos que estaban los edificios y lo pésimo que era el *subway*, excepto las líneas que pasaban por los barrios ricos. Quería la independencia de Puerto Rico. Pero ¿qué ocurriría mientras tanto con el millón de personas que se habían ido de Puerto Rico? Después de todo, su migración a Nueva York y otras ciudades de Estados Unidos fue fundamental para el cambio en las condiciones económicas de Puerto Rico. Con menos personas a las que mantener, se necesitaban menos recursos.

MI EVOLUCIÓN POLÍTICA OCURRIÓ DE FORMA PARALELA A MI CARRERA. No podía estudiar en Nueva York sin tener otros trabajos. Tenía mis propios gastos y todavía tenía un apartamento que mantener en Puerto Rico. Al poco tiempo de llegar a Nueva York, mi tía me habló de los anuncios clasificados y los «se busca» en los periódicos. Me explicó que había muchas fábricas en la calle Catorce y puesto que yo había trabajado como supervisor en Sears, tal vez podría ser supervisor en una de esas fábricas. Ahora, tenía opciones. En mi tercer día en la gran ciudad, me dirigí a Fordham Road, en el Bronx, para mostrarle mis cartas de recomendación al departamento de crédito de Sears. Luego fui a la calle Catorce, a uno de esos talleres donde explotaban a nuestra gente. El propietario blanco que conocí allí no podía creer que había llegado hacía unos días. Y, por supuesto, no podía creer que estuviera en Nueva York para obtener un doctorado.

—Escucha —dijo—, he oído decir a las mujeres que trabajan aquí que hay un lugar que ayudó a sus hijos. Están metidos en la educación y dan becas. Y ayudan a los jóvenes con problemas como tú.

Según su análisis, pensaba que mi problema era que mentía sobre el doctorado o que quería trabajar en un taller como el de él siendo estudiante doctoral.

Regresé donde mi tía y le conté la recomendación que me había hecho el dueño. Mi tía se dio cuenta de que, con toda probabilidad, se refería a un grupo llamado Aspira. Así que saqué la guía telefónica y empecé a buscar. Había tres números: uno en la calle Catorce, otro en Brooklyn, en la calle Court, y otro en la Quinta Avenida. Una vez más, prevaleció mi conocimiento cinematográfico de la ciudad de Nueva York. Pensé que no quería ir a Brooklyn, pero la Quinta Avenida me hacía sentir como si estuviera ascendiendo en el mundo.

Llamé para comprobar que el grupo existía realmente, y luego me presenté sin más. Fui a la recepción y la mujer que estaba ahí me hizo algunas preguntas antes de enviarme al edificio de al lado. En el cuarto piso había un departamento de investigación recién creado. Fue allí donde conocí a la mujer que se convertiría en mi madre adoptiva en Nueva York, la Dra. Norma Stanton. Norma era una argentina que acababa de trasladarse desde Boston para dirigir el nuevo departamento de investigación de Aspira. Me contrató en el acto. Más tarde me explicó que le recordaba a ella misma: había llegado a Estados Unidos con poco inglés y menos miedo de entrar en cualquier lugar y abrir la boca. Todavía conjugaba mal los verbos cuando la conocí, pero eso no importaba. Éramos almas gemelas, muy testarudas.

—Solo puedo pagarte tres dólares la hora porque tengo que contratarte como becario —me explicó. Pero en cuanto surja la oportunidad, te haré empleado.

Recuerdo que llamé a mi esposa conmocionado.

—De veras que las calles están pavimentadas con oro en Nueva York —le dije.

Había trabajado en Sears durante más de tres años, y cuando me fui, solo ganaba $1.85 la hora. Ahora estaba en una ciudad nueva, comenzando un trabajo nuevo en el que podía ganar mucho más. Obviamente, no estaba en Nueva York; ¡estaba en el paraíso! *¡Tres dólares!*

Apenas llevaba dos semanas en la ciudad y ya había encontrado el trabajo perfecto. Al salir del edificio, miré hacia arriba y vi el Empire State Building, igual que en las postales. Podía hablar español con mis compañeros de trabajo, pero también practicar el inglés. La gente hablaba las dos lenguas y se contestaban en ambas, cambiando de una a otra.

Nuestra primera tarea fue luchar por las admisiones abiertas, y mi trabajo consistía en hacer acopio de las municiones para presentar los mejores argumentos. No lo podía creer. Ganaba casi el doble de lo que ganaba en Sears mientras aprendía sobre las luchas de los puertorriqueños en Nueva York. Realizaba mi investigación en la gran Biblioteca Pública de Nueva York, en la calle Cuarenta y dos, donde dos magníficos leones de piedra me daban la bienvenida cada vez que subía las escalinatas. Estaba a solo siete cuadras de la oficina. Cuando no, investigaba en la majestuosa biblioteca de NYU, donde me maravillaba el tamaño del atrio. *Este es un país desarrollado, mira todo este espacio desperdiciado.* De niño me encantaba ir a la biblioteca. Ahora me pagaban por ir a las bibliotecas más increíbles que jamás había visto. Además de todo eso, la lucha por las admisiones abiertas era claramente una lucha por los derechos civiles de los puertorriqueños y los latinos. Antes había admisiones abiertas para todo el mundo —incluidos los irlandeses y los italianos— para abrir las puertas de las oportunidades. Pero cuando nos tocó a nosotros, decidieron insistir en las pruebas, las medidas y los requisitos. Yo tenía una misión y un sueldo.

Aspira fue mi introducción al mundo de las organizaciones sin fines de lucro, donde trabajaría varios años y entablaría amistades duraderas. Era un grupo de gente fantástica: algunos eran apasionados de la identidad y la política puertorriqueñas, otros solo querían seguir adelante y ascender. Políticamente, fue transformador, pues me demostró que no hacía falta ser independentista para luchar por los derechos de los pobres. Hasta ese momento, a mi entender, eran una y la misma lucha. Aspira había comenzado dos décadas antes, cuando un grupo de líderes puertorriqueños se comprometió a desarrollar a la siguiente generación de líderes puertorriqueños. Creían que la mejor manera de liberar a la gente de la pobreza era mediante la educación, las destrezas de liderazgo y el orgullo cultural. Aspira pretendía representar nuestras propias aspiraciones a una vida mejor. Había capítulos de Aspira en escuelas y universidades, que reclutaban a jóvenes para pasar por lo que llamaban el proceso Aspira de liderazgo, historia y cultura puertorriqueñas. Realizaban una mezcla de poner a los jóvenes en contacto con sus raíces y desarrollar en ellos cualidades de liderazgo para cambiar las circunstancias de su propias comunidades. Nos llamábamos Aspirantes y nuestro objetivo era formarnos y devolver a través de la política, la enseñanza, el gobierno y la organización comunitaria. Me integré a un movimiento en cuyos valores ya creía: educación, oportunidades, comunidad.

Aspira me introdujo al mundo del desarrollo de programas, la redacción de propuestas para conseguir fondos externos, la elaboración de presupuestos y la gestión, habilidades todas ellas que abrirían nuevas vías en mi vida. Recuerdo pasar horas intentando definir y cuantificar el proceso de Aspira. Era una forma de obtener recursos de entidades gubernamentales y privadas para formar líderes, transferir la cultura a una nueva generación y garantizar que nuestros hijos tuvieran oportunidades educativas.

El hecho de que me gustara tanto ese trabajo compensaba en parte mi incertidumbre respecto a mis estudios de psicología. El análisis individualizado del comportamiento me parecía aburrido, absurdo y muy de clase media. Dedicaban sesiones interminables a tratar de averiguar cómo uno quería acostarse con su madre y cómo resolver ese conflicto para poder disfrutar de un equilibrio saludable entre el superego, el ello y el yo. Me parecía todo muy freudiano e inverosímil. En esa época, pasaba horas aprendiendo cómo sobrevivían las comunidades en esta ciudad mientras estudiaba en una institución de élite sobre cosas que no sabía cómo utilizar en la vida real. En un extremo, había gente intentando averiguar cómo cambiar las condiciones de vivienda; en el otro, gente preocupada por la relación con sus madres. La primera frase psicológica compleja que aprendí fue «disonancia cognitiva». Eso era lo que estaba viviendo. Las únicas dos cosas que me atraían de mis estudios eran mi amor por las estadísticas y los números, y mi afición a las pruebas psicológicas. Siempre he sido un maniático del control, y las estadísticas eran una buena forma de intentar medir el comportamiento. Podía intentar dar sentido al comportamiento de la gente de forma cuantitativa en lugar de escuchar sus estupideces hasta la eternidad. No es que eso estuviera mal, es que me parecía irrelevante. Tomaba clases que me mataban de aburrimiento.

Con el tiempo me convertí en profesor adjunto de CUNY en lo que llamaban las miniversidades: recintos de CUNY en distintos barrios. Al mismo tiempo, un grupo de puertorriqueños dirigidos por el Dr. Víctor Alicea había creado el Boricua College, y yo me convertí en uno de sus primeros profesores de psicología social y estadística.

Las miniversidades y el Boricua College me acercaron a vecinos latinos reales. Los estudiantes eran mayores y se estaban dando una segunda oportunidad después de trabajar duro en Nueva York para criar a sus hijos. Aprendí sobre los peligros y los retos de la inmigración. Aprendí lo que significaba para las familias puertorriqueñas dejar sus campos por la babel de hierro, como llaman a la ciudad de Nueva York. Me enteré de que muchos de los que llevaban tiempo en el país aún no formaban parte de la estructura del Partido Demócrata. Todos y cada uno de ellos sabían más de la política en sus países de origen que en Nueva York. De nuevo, había una tremenda disonancia cognitiva entre mis sesiones políticas con los jóvenes del movimiento independentista y los residentes de la comunidad que intentaban echar pa'lante en la ciudad de Nueva York.

Mi interés por la psicología se desvanecía tan rápido como mi primer matrimonio. Brunilda no me esperó en Puerto Rico, donde se había quedado para ser maestra de educación especial. Se había trasladado a Nueva York en enero de 1975, transfiriéndose de la UPR a Lehman College para terminar su último semestre de estudios. Nos mudamos a un apartamento en el Bronx, en una calle llamada Mount Hope Place. Lo llamábamos Moho (como una cosa «mohosa») que era en lo que se estaba convirtiendo nuestro matrimonio. Cinco meses después de llegar, me dijo que sentía que en realidad no había experimentado a nadie en su vida salvo a mí. Eso era cierto, pues estábamos juntos desde séptimo grado.

Comprendí que ella quería tener otras relaciones, así que le propuse que nos divorciáramos. Una semana después, me mudé de nuestra casa. Llamé a mi amiga Nydia Velázquez, que me habló de un apartamento junto al suyo —un estudio frente a Cooper Union, en el East Village— y aproveché la oportunidad.

Cuando Brunilda les contó a sus padres lo de nuestra separación, se alarmaron mucho. Me pidieron que fuera a Chicago para ver si podíamos reconciliarnos, y lo hice. Acordamos hacer terapia juntos. Aquello duró solo dos sesiones. Estaba en el segundo año de mis estudios doctorales y tenía un trabajo fuera de la universidad que me encantaba. Mi vida era maravillosa, excepto por mi matrimonio, y no quería cambiar nada. Llevaba un año y medio en terapia y eso me ayudó mucho porque había alguien que podía ayudarme a superar la situación. No pasábamos horas interminables hablando de mi madre (aunque probablemente debimos de haberlo hecho), sino que hablábamos de lo que yo quería hacer aquí y ahora. Así que me mudé, me divorcié enseguida y nunca miré atrás.

ENCONTRÉ UN NUEVO RUMBO EN ESOS PRIMEROS AÑOS EN NUEVA YORK, y eso incluyó conocer al amor de mi vida. El primer encuentro no fue muy auspicioso a decir verdad. Llegué tarde porque me había quedado pillado en una protesta frente a las Naciones Unidas, así que llegué un poco histriónico y nervioso. La policía nos había acordonado y nos habíamos quedado atrapados. Me recordó mis días de protestas en la UPR. En fin, que llegué tarde a una entrevista grupal con una nueva aspirante al programa doctoral llamada Luz. La conocí brevemente, escuché solo un poco de su historia, y luego el comité de estudiantes se reunió para recomendar a los candidatos.

Luz había asistido a Livingston College, que formaba parte de la Universidad Rutgers. Era un programa experimental en el que no se usaba el sistema de calificaciones tradicional. La transcripción de créditos solo decía si el curso había sido aprobado o no aprobado. Así que para una universidad donde los estudiantes blancos venían de Harvard, Yale o Princeton con muy buenas calificaciones, ella no tenía nada. No tenía promedio. Los estudiantes consideraron que no había forma de recomendarla al comité de admisiones más amplio.

Recuerdo haber dicho algo por lo que hoy me cancelarían:

—¿Alguien la vio? Es una de las mujeres más hermosas que he visto en mi vida. Creo que debería estar aquí. La necesitamos.

Me temo que aún hoy día, habría dicho lo mismo. Mis argumentos siempre vienen acompañados de un poco de terapia de choque. Quiero que las personas me presten atención, que salgan de su zona de confort. A veces incluso puedo decir algo escandaloso que otros podrían estar pensando, pero no quieren decir. Después, puedo interesarlas a nivel cognitivo y emocional con argumentos convincentes.

Seguí insistiendo en que muchas universidades estaban experimentando con el cambio. Sin duda, era importante que Luz hubiera trabajado con migrantes puertorriqueños en Nueva Jersey para atender sus necesidades de salud mental. Su currículum era muy interesante y aportaría una nueva perspectiva al enfoque monolítico de la salud mental en nuestro plan de estudios de NYU. Afortunadamente, el comité de estudiantes y la facultad estuvieron de acuerdo. Fue admitida. Más tarde me enteraría de que, además de bella, era brillante y perspicaz.

Ese era un tipo de participación estudiantil —con votaciones sobre quiénes debían ser sus compañeros— increíblemente vanguardista. Era un laboratorio impresionante de cómo debía de ser la educación. Y no tengo que decir que en aquel momento no me daba cuenta.

La siguiente vez que vi a Luz fue en su fiesta de estudiantes de primer año. Yo estaba en tercer año y seguía pensando que era la mujer más hermosa que había visto en mi vida. Seguí mi camino, pensando que estaba fuera de mi liga. Después tomamos una clase juntos, una serie de sesiones empíricas en las que no afloró lo mejor de mí. Detestaba esa clase porque eran sesiones empalagosas en las que la gente tenía que expresar cómo se sentía. Me parecían una pérdida de tiempo. Desafiaba a la gente sin cesar y les cuestionaba sus pendejadas. Ahora que lo pienso, era terrible, pero siempre creía que tenía la razón. En una clase, poco antes de la noche de Halloween, tenía que prepararme para una fiesta, así que provoqué una discusión en clase solo para poder salir y buscar mi disfraz con tiempo.

Una semana después, vi a Luz.

—¿Qué fue eso? —preguntó.

—Tenía que irme temprano —dije—. Tenía que conseguir un disfraz.

—Pero hiciste sentir mal a todo el mundo.

Me leyó y me cuestionó mi propia mierda.

En realidad, pensaba que Luz no estaba disponible. Sabía que tenía una hija pequeña, e ingenuamente pensaba que si tenía una hija, estaba casada. Tal vez, si no hubiera llegado tarde a su entrevista, habría sabido la verdad. Además, en ese momento, me estaba separando de una mujer muy guapa e ingeniosa con la que había estado viviendo porque me regresaba a Puerto Rico. Había terminado mis cursos y, aunque no había escrito la tesis, había conseguido un trabajo en mi país enseñando psicología. Incluso había encontrado una casa a la que mudarme.

Mi vida estaba a punto de cambiar de rumbo una vez más. Solo que no lo sabía en ese momento. Anita Soto, la esposa de mi mejor amigo y estudiante de NYU, me invitó a la fiesta de cumpleaños de su hijo Sebastián. Yo no era aficionado a las fiestas infantiles, pero Anita fue muy persuasiva. Habíamos ido juntos a la Universidad en Puerto Rico, y era en extremo perspicaz.

—Es una fiesta típica puertorriqueña, con gente de todas las edades —explicó—. ¿Y sabes quién viene? Luz. Y yo sé que te gusta.

Luz también tenía una hija pequeña, así que tenía una razón para estar allí. Pero Anita recordaba que Luz me parecía la mujer más hermosa que había visto en mi vida, aunque solo lo hubiera dicho una vez, dos años antes.

Así que fui a la fiesta de los niños y me pasé todo el rato conversando con Luz. Me enteré de que había decidido tener a su hija, aunque no estaba casada, nunca se había casado y no tenía intenciones de casarse. Había tenido cáncer a los diecinueve años y se embarazó cuando estaba en remisión porque en realidad quería ser madre. Me daba golpes en la cabeza contra un muro imaginario por haber dejado pasar dos años sin invitar a salir a esa mujer bella, inteligente y fuerte. Y ahora me regresaba a Puerto Rico.

Un par de semanas después, invité a Luz a nuestra primera cita: una marcha en Washington D.C. frente al Tribunal Supremo para protestar por el caso Bakke, según la cual las universidades no podían utilizar cuotas raciales para las admisiones. Puede que no haya sido una cita romántica en el sentido estricto, pero la política siempre ha formado parte de mi ADN. Pensaba bajar en autobús desde el Lower East Side, pero Luz tenía carro, así que fuimos juntos y nos quedamos en casa de un primo suyo en Baltimore. Dormimos en habitaciones separadas y no pasó nada, aparte de que nos sentamos en la hierba frente al Tribunal Supremo y yo recosté la cabeza en su falda. Me rascó la cabeza y me dijo que le encantaba hacerlo. Más tarde descubrí que no era cierto. De hecho, era una mentira absoluta. Pero me encanta que me rasquen la cabeza, y he llegado incluso a pagarles a mis hijos para que lo hagan. ¿Que me enamoré de alguien bajo falsos pretextos? No importaba. No podía sacármela de la cabeza.

La semana siguiente, la invité a un concierto de música de protesta con el grupo Haciendo Punto en Otro Son en la Washington Irving High School, cerca de la calle Catorce. El nombre del grupo significa literalmente que hacen una música diferente, que era lo que todos queríamos hacer. Después fuimos a bailar a un local latino llamado El Corso, en la calle Ochenta y seis con Tercera Avenida, donde yo solía ir siempre. Pasamos esa noche juntos.

La semana siguiente, Luz me ayudó a enviar mis muebles a Puerto Rico para mi regreso a la isla. Dos semanas después, llamé a mi madre para decirle que regalara todas mis cosas, que no iba a regresar. Por el contrario, iba a casarme, apenas cuatro semanas después de nuestra primera cita. Y que pronto se convertiría en abuela.

¿Cómo estaba tan seguro? Simplemente lo sabía. Es la forma en que vivo la vida. Cuando estoy seguro de algo, lo hago. Después brego con los arrepentimientos. Pero busco la forma de hacer que funcione. Y si no funciona, no me quedo dándome cabezazos contra la pared.

———

ESTÁBAMOS ENAMORADOS, AUNQUE EL COMIENZO DE NUESTRA VIDA JUNtos no fue nada fácil. Había dejado mi apartamento y enviado mis posesiones a Puerto Rico, así que me mudé con Luz a Somerset, Nueva Jersey, donde vivía cerca de su familia. Todos los días me desplazaba a Williamsburg, a través del temido túnel Holland, a un nuevo programa de Aspira en Brooklyn donde realizaba pruebas psicológicas.

Ya había decidido que adoptaría a la hija de Luz, Lucecita o Cita para abreviar. Cita no tenía mucha relación con su padre biológico. Estaba casado cuando concibieron a Cita, e imaginé que su matrimonio se estaría desmoronando en aquel entonces.

Al segundo o tercer día en casa de Luz, Cita no sabía cómo hablarme. Solo me decía «tú» esto y «tú» aquello. Así que le dije:

—Cita, tengo un nombre. Me llamo Luis, y puedes llamarme Luis.

—Pero yo quiero llamarte «papá» —me dijo—. Nunca he tenido un papá como tú lo eres para mí.

—Puedes llamarme «papá» si quieres —le contesté.

—No puedo —dijo—. Porque Mimi me dijo que no me acercara a ti.

Mimi era la abuela de Cita y llevaba cuatro años ayudando a Luz a criarla. Yo era un intruso en una dinámica familiar muy estructurada. Fue un comienzo muy, muy escabroso.

Las leyes de adopción de Nueva York exigen que los padres renuncien a su patria potestad, aunque no tengan ninguna relación con el hijo y este no use su apellido. Así que tuve que reunirme con el padre biológico de Cita para pedirle que renunciara a sus derechos. Le dije que podía involucrarse en la vida de Cita tanto o tan poco como quisiera. No me molestaba en absoluto; sabía que iba a tener una relación tan sólida con ella que no me sentiría amenazado por su papel. Pero, poco a poco, se fue alejando.

No era el caso de la abuela de Cita, que quería ejercer un control total sobre Luz y Cita. Había estado cuidando de su nieta para que su hija, que vivía de préstamos estudiantiles y cupones de alimentos, pudiera hacer su doctorado. Le molestaba perder el control sobre ellas. Cada vez que yo entraba en su casa, todo el mundo miraba para otro lado. Me quedaba solo en una habitación y nadie me hablaba. Incluso llegó a reunirse en secreto con el padre biológico de Cita para convencerlo de que detuviera la adopción, a lo que él se negó.

No podía decirles a mis padres que estaba teniendo tantas dificultades con la familia de Luz. Mi madre nunca olvidaba y nunca perdonaba. Le recordaba a mi padre que no debía de ayudar a la gente que lo había despreciado hacía décadas. Yo sabía que quería pasar el resto de mi vida con Luz. No quería que mi madre resintiera para siempre a la familia de mi esposa.

Poco después, recuerdo ir en el carro y tomar la decisión. Llegué a casa y le dije a Luz:

—Te amo. Quiero casarme contigo. Pero no puedo bregar con esta mierda. O nos mudamos a Nueva York y ponemos distancia geográfica entre nosotros y tu familia para ver si nuestra relación funciona. O regreso a Nueva York, y fue muy lindo pasar este tiempo contigo. No voy a vivir así.

Ella respondió sin dudarlo:

—Nos mudamos a Nueva York.

A la semana siguiente, estábamos viviendo en Nueva York.

La situación no mejoró con la familia de Luz, que ese año accedió a pasar Acción de Gracias en nuestro apartamento de Nueva York. Aun así, se negaron a hablarme. Por fin dije en voz alta lo que me había estado callando:

—O me incluyen en lo que está pasando aquí en mi casa, o se van todos p'al carajo de aquí y celebramos Acción de Gracias solo con la gente que esté dispuesta a ser civilizada.

La mayoría se fue. Me resulta muy difícil no decir lo que pienso. Pero también sé que no soy fácil, y estoy seguro de que no fue fácil para ellos cuando aparecí y, de repente, hubo boda.

Nos casamos tres meses después de empezar a salir. El padre biológico de Cita se presentó con alguien que acababa de conocer. Los padres de Luz llegaron en el último momento, justo a tiempo para la ceremonia. Pasarían otros tres años antes de que la madre de Luz me pidiera perdón por pensar lo peor de mí. Luz me contó que aquella fue la primera y la última vez que su madre le pidió perdón a alguien por algo. Así que debo considerarme muy afortunado. Como escribió Rubén Blades en su canción «Pedro Navaja»: «La vida te da sorpresas». Una de esas sorpresas fue que acabaría cuidando de Mimi en nuestra casa durante sus últimos dieciocho meses de vida. No soy rencoroso. La vida es demasiado corta.

A PESAR DE LO MARAVILLOSA QUE FUE NUESTRA BODA, LUZ TODAVÍA NO se sentía a gusto. Se había educado en escuelas de monjas católicas y había crecido en un hogar privilegiado de clase media. Su padre era un ingeniero mecánico exitoso y el primer mexicano-estadounidense que se graduó de la Merchant Marine Academy [Academia de la Marina Mercante] de Kings Point. Para ella era importante casarse por la iglesia, pero yo era divorciado y no podía hacerlo. Aun así, era implacable y se disfrazaba de novia cada Halloween. Incluso cuando estaba embarazada de Lin-Manuel, se disfrazó de Miss Piggy con un vestido de novia.

Yo le decía que era una tontería porque eso significaba que tendría que pedir la anulación de mi matrimonio anterior. Me había encantado esa parte de mi vida con Brunilda. Y, aunque había acabado mal, no quería fingir que no había existido. Pero, para Luz, era importante. Inicié el proceso años más tarde, cuando trabajaba para el alcalde Ed Koch, que era buen amigo del cardenal O'Connor, arzobispo de Nueva York. Cada vez que se reunían, traían a algún personal católico, y yo siempre era uno de ellos. Un día le pregunté al cardenal por el proceso de anulación y le conté mi historia. Uno de sus empleados me llamó para iniciar el proceso. Pero implicaba hablar con Brunilda. Llamé a sus padrinos, que aún vivían en Puerto Rico, y me dieron su número. Hacía años que no hablábamos.

—Necesito anular nuestro matrimonio —empecé—. Te van a enviar unos papeles. Estoy seguro de que no tendrás ningún problema porque te volviste a casar. Me voy a casar con la única persona con la que quiero casarme en la vida.

Nunca accedió a la anulación. Sin embargo, yo había hecho un esfuerzo de buena fe y, con el tiempo, eso fue suficiente para la Iglesia.

Luz y yo nos casamos finalmente en la Capilla de Nuestra Señora en la Catedral de San Patricio en una ceremonia oficiada por el mismísimo Cardenal O'Connor. Para entonces, Cita tenía dieciocho años y Lin-Manuel doce. Fue a finales de marzo y acababa de caer una gran tormenta de nieve. En la locura de planear la boda, en medio de nuestras ajetreadas vidas laborales, se me olvidó reservar un carro que nos llevara de la catedral a la recepción. Así que caminamos casi doce cuadras desde la calle Cincuenta hasta la recepción. Toda la comitiva nupcial, encabezada por Luz vestida de novia —con el vestido que había pertenecido a su madre—, caminó por el centro de la Quinta Avenida hasta la fiesta. Tomamos la calle y nos cruzamos con una mujer que nos miró incrédula y dijo:

—Ahora ya lo he visto todo.

CAPÍTULO 4

Escolarización

ABANDONÉ LA PSICOLOGÍA A LOS VEINTITRÉS AÑOS CUANDO ME DI cuenta de que no tenía paciencia para la lentitud del proceso terapéutico. Un día estaba con una persona a la que había estado viendo en terapia todas las semanas durante dos años. Yo creía que estábamos adelantando. Él trabajaba para el gobierno de la ciudad y decía vivir una existencia miserable. Tenía serios problemas de intimidad y le resultaba difícil acercarse a sus amigos y a las mujeres. Era una lucha para él. Lo escuché semana tras semana. Por fin empezó a salir con una mujer, y la atracción era mutua. Durante las sesiones previas a su primera cita íntima, yo estaba encantado con su progreso. Me contó cómo se metieron en la cama y estaban a punto de tener relaciones sexuales. Era la primera relación íntima que el hombre tenía en mucho tiempo. Había estado con prostitutas, pero esto era diferente. Me dijo que, al acostarse con ella, le notó un vello en el pecho. Eso desencadenó todo tipo de temores homosexuales; un asunto con el cual habíamos lidiado durante dos años. Entonces no logró una erección y el encuentro terminó fatal.

Al finalizar la sesión, pensé: *No puedo hacer este trabajo por el resto de mi vida.* Incluso durante la sesión, me levanté y le dije:

—¿No podías arrancarle el vello y seguir adelante?

Todos mis temores de adolescente sobre la atención individualizada, sobre no poder cambiar el mundo, cristalizaron en ese paciente y ese vello. Todavía estaba en NYU, completando mis estudios doctorales, pero supe que mi carrera en psicología había terminado porque, con toda sinceridad, no era lo que quería hacer con mi vida.

Por supuesto, sabía que gran parte del problema era yo. Había estado en terapia desde el momento en que llegué a Nueva York. Siempre había reflexionado sobre mi vida y mis problemas. Cuando vivía en Puerto Rico, había hablado con consejeros siempre que estaban disponibles. Pero una vez que llegué a Nueva York y comencé mi doctorado, en menos de un mes ya estaba en terapia. Era recomendable para cualquiera que estudiara psicología clínica y encontré a un tipo fantástico que se parecía mucho a mi padre. Llevaba cuatro años yendo a terapia dos veces por semana cuando me di cuenta de que la psicología no era el trabajo de mis sueños. Además, todos estábamos bajo supervisión para garantizar que nuestros propios problemas no interfirieran en nuestra relación con los pacientes.

En realidad, no debió sorprenderme. Un profesor ya me había dicho durante una supervisión individual:

—No estás hecho para esto.

No reaccioné bien. Le dije que era un racista, pero ahora que lo pienso, fue la única persona que me dijo la verdad. Todos los demás profesores me seguían la corriente porque yo era inteligente y me esforzaba. Pero ese profesor sabía que yo no era bueno para ese tipo de psicología. Decía que yo siempre quería acelerar la relación terapéutica, y presionaba a mis pacientes para que hicieran más de lo que podían. *¿Por qué no?* Esa era la historia de mi vida: seguir pa'lante, ser el mejor, procesar rápido.

—¿Por qué quiere que les escuche sus pendejadas semana tras semana? —pregunté—. Mi trabajo debería de consistir en ser un agente de cambio.

—Esto no se hace para ser un agente de cambio —respondió—. Esto se hace para ayudar a las personas a mejorar a su propio ritmo. No el tuyo.

—Eso es una pérdida de tiempo —dije—. Una jodida pérdida de tiempo.

Pensaba que las personas agradecían que se les acelerara el ritmo del cambio. Él tuvo el valor de decirme que la única persona que lo agradecía era yo porque podía terminar con un paciente y pasar al siguiente.

Tenía razón. Pero me tomaría años entenderlo.

Nunca terminé mi doctorado, aunque llegué a escribir tres capítulos de la tesis, creé un comité, recopilé los datos y los puse todos en tarjetas perforadas para que las leyera una de las primeras computadoras. Todo para terminar diciéndome a mí mismo:

—No quiero hacer esto.

Mi tesis trataba sobre los mismos problemas con los que me enfrentaba en la vida real: ¿qué tipo de identidad tiene alguien que está atrapado entre dos culturas? El tema oficial era el efecto de la aculturación en el concepto que tenían de sí mismos los puertorriqueños. Medimos la aculturación según los conocimientos y gustos de los puertorriqueños, adjudicando a las personas una puntuación tanto por esas variables como por la noción de autoconcepto. La medida de la aculturación puertorriqueña la tomé prestada de otro estudiante de NYU unos años más adelantado que yo. El grupo de control estaba en Puerto Rico.

Lo que descubrí fue que, cuanto más cerca se encontraran de uno de los extremos del espectro de la aculturación (ya fuera un poco o mucho), mayor era su autoconcepto. Dicho de otro modo, cuantas menos dudas tuvieran sobre quiénes eran, mejor se sentían consigo mismos. Reuní todos los datos, realicé todas las pruebas, escribí varios capítulos e incluso tomé el examen para graduarme. Completé todo el trabajo difícil. Pero no era lo que quería hacer con mi vida. Terminar era como una farsa, decepcionante.

Nadie tiene idea de cuántas veces Luz intentó convencerme.

—Termina el doctorado —decía—. Escribe un capítulo más y defiende tu tesis.

—Mi amor —le contestaba—, tal vez algún día me den un doctorado *honoris causa*. Si quieres llamarme doctor, puedes llamarme doctor en ese momento. Pero esto es una farsa. Yo no quiero un doctorado en esto.

Y, así, cerré ese capítulo de mi vida.

LIN-MANUEL NO FUE PLANIFICADO, COMO CASI NADA EN NUESTRA VIDA. Pero su llegada se produjo en un momento complicado porque Luz acababa de ser admitida a un internado en la Jewish Board of Children and Family Services [Junta Judía de Servicios para Niños y Familias], que atiende a diversas comunidades necesitadas en toda la ciudad y tenía un programa para infantes. (Dos años después, volvió a solicitar y terminó su internado).

—Es tu decisión —dije—. Vamos a estar casados por mucho tiempo. Podemos tener más hijos.

—No, no —dijo—. Sé que tengo esa opción.

Llevábamos apenas dos años de vida matrimonial. Cita cumplía seis años en noviembre. Sin embargo, Luz decidió seguir adelante con el embarazo a pesar de que era de alto riesgo. Había sufrido cáncer de tiroides ocho años antes y la cirugía le había dañado las glándulas paratiroides. Tomaba medicamentos desde entonces y yo estaba cambiando de trabajo, por lo que no teníamos seguro de salud. Eso nos obligó a entrar en un programa de parteras en el Hospital Roosevelt porque era asequible.

Lin-Manuel nació el 16 de enero de 1980, sin complicaciones ni para la madre ni para el bebé. Luz tenía veintiocho años y yo veinticinco.

Con dos hijos, me di cuenta de que tenía que decidir qué iba a hacer con mi vida, ya que durante mucho tiempo había definido mi vida como aspirante a psicólogo. Fue entonces cuando comencé a realizar diversos trabajos, empezando por el Departamento del Trabajo de Nueva York. Una de las personas más importantes de Aspira había sido nombrada comisionada adjunta para el empleo juvenil, y la ciudad había obtenido una buena cantidad de dinero de la Youth Employment Act [Ley de Empleo Juvenil]. Me pidió que me fuera a trabajar con ella.

—Queremos realizar una gran cantidad de investigaciones con todos estos fondos y programas nuevos que estamos recibiendo —dijo.

Creía que las únicas destrezas que había desarrollado durante mi doctorado, y de las que disfrutaba, eran la investigación y las estadísticas.

Me pareció una transición cómoda desde la psicología. Aspira era como una familia para mí. Ahora me encontraba en un espacio con cientos de escritorios en el gran edificio gubernamental donde se ubicaba el Departamento del Trabajo en Church Street. No podía contratar a nadie externo porque había que realizar pruebas de servicio civil. Así que me encontré con un montón de gente que nunca hubiera contratado de haber tenido algún poder real. Era un trabajo difícil, pero tenía que emplear entre los que ya trabajaban en el lugar. También estaban despidiendo a muchas personas en ese momento, así que también sabía que las personas que no contratara probablemente serían despedidas. Yo tenía veintiséis años. Tomar esas grandes decisiones que impactaban directamente la vida de esas personas era algo nuevo para mí. Tenía pesadillas recurrentes.

Mi equipo era promedio y todos eran mucho mayores que yo. Pero pronto aprendí que todos podían desempeñarse mucho mejor si los retaba y los trataba de la forma correcta. Si les mostraba respeto cuando los supervisaba, si esperaba que los trabajos se completaran y que la gente se esforzara, no serían de esos funcionarios públicos que dicen: «No me pueden despedir». Trabajaban de verdad, y las cinco de la tarde dejó de ser la hora en que todos se iban a su casa porque aún quedaba trabajo por terminar. Era increíble.

Nuestro trabajo consistía en descubrir los componentes de esos nuevos programas, en especial todo lo que tenía que ver con el cumplimiento. Eran programas muy regulados y había que rendir cuentas de lo que se gastaba. La ciudad estaba saliendo de una crisis fiscal, por lo que se prestaba mucha atención a cómo se gastaba el dinero, qué hacían los contratistas, y cuáles eran los resultados. Todas esas destrezas las había aprendido en Aspira. Aquello no era una investigación social como había aprendido en NYU, con grupos de control y experimentales. Teníamos que asegurarnos de que se lograran los objetivos programáticos y ayudar a establecer protocolos para proveer datos sobre los objetivos. Era el trabajo técnico de una burocracia. También el de un adulto. Con dos hijos y viviendo en un apartamento de una habitación, teníamos que seguir pa'lante.

Ahora la ciudad de Nueva York era nuestro hogar. Trabajaba en el gobierno de la ciudad y comencé a asistir a las reuniones del Partido Demócrata solo para escuchar lo que estaba pasando. Empecé a seguir las campañas para la alcaldía por primera vez en mi vida. Y enseñaba cuatro noches a la semana en la miniversidad de CUNY y en el Boricua College. Seguía la política puertorriqueña e incluso vendía *Claridad* de vez en cuando. Sin embargo, el Partido Socialista Puertorriqueño había perdido sentido. Mi trabajo ni siquiera estaba centrado en los latinos, sino que implicaba garantizar que las personas desfavorecidas pudieran adquirir las destrezas que necesitaban para ingresar al mercado laboral.

Pronto me ofrecieron un nuevo trabajo al que le veía mucho más sentido, pero que también suponía un sacrificio mayor de parte de nuestra familia. Mi nueva misión era dirigir las investigaciones del National Action Council for Minorities in Engineering [Consejo de Acción Nacional para Minorías en Ingeniería]. Era una organización sin fines de lucro muy bien financiada y respaldada por empresas que querían contratar más ingenieros de las minorías. No había muchos ingenieros de color, y eso incluía a más latinos que afroestadounidenses porque las grandes empresas iban a Puerto Rico a contratar personal en el colegio de ingeniería de Mayagüez. Por eso hay una gran comunidad puertorriqueña en Rochester: porque Kodak solía contratar a veinticinco o treinta graduados del colegio de ingeniería de Mayagüez todos los años.

El puesto implicaba una investigación mucho más sofisticada que la del Departamento del Trabajo. Pagaba más, pero también requería que viajara mucho. Conllevaba ir a universidades, establecer protocolos de investigación sobre destrezas matemáticas y científicas, recopilar datos por todo el país, reunirme con decanos y medir las tasas de retención. Estábamos proveyendo recursos verdaderos para enviar a estudiantes de minorías a esos programas y queríamos saber si eran exitosos. Una de las mayores dificultades que frenaba a los estudiantes de escuela secundaria, tanto latinos como Negros, era que, en el mejor de los casos, su escuela ofrecía álgebra. Pero sin trigonometría ni cálculo, no tenían la base para el colegio de ingeniería. Algunos programas comenzaban en noveno grado para que los estudiantes pudieran seguir la secuencia de matemáticas y llegar a cálculo en su último año. Era un trabajo interesante y la organización era ambiciosa. Acababan de obtener una enorme subvención y querían duplicar la escala de lo que estaban haciendo.

Eso fue antes de que los GPS nos mostraran cómo navegar alrededor del mundo. El trabajo me ayudó a echar raíces aún más profundas en Estados Unidos porque viajaba a lugares que nunca hubiera visto o comprendido de otro modo. Pero también era un reto enorme alquilar un carro en el aeropuerto e intentar averiguar con un mapa impreso hacia dónde me dirigía. La mayoría de esos lugares no tenían taxis y en aquel entonces tampoco existía Uber. Empacaba un gran atlas de las áreas metropolitanas de Estados Unidos y pasaba horas tratando de descubrir cómo llegar desde el aeropuerto a mi destino.

Cuando nació Lin-Manuel, no sabía cuánto tiempo más podríamos sostener mis viajes. Podía dividir los viajes en un par de días tomando vuelos nocturnos desde la costa oeste. Organizaba el doble de reuniones que una persona normal para regresar más pronto a casa y pasar más tiempo con mi bebé y mi hija de siete años. Pero teníamos que buscar otra solución, y su nombre era Edmunda Claudio, o Mundi, como la llamaban todos.

Mundi había sido mi niñera en Vega Alta. Mi madre la contrató cuando nació mi hermana. Un día, poco antes de que Lin-Manuel llegara a nuestras vidas, Mundi estaba visitando a su hija en Connecticut y decidió que no quería seguir viviendo en Puerto Rico. Le habíamos conseguido un trabajo con una amiga cuando Luz empezó a tener problemas en su embarazo. Lin-Manuel descendió en las últimas dos semanas y le pilló un disco, por lo que Luz no podía moverse y necesitaba ayuda para ir a cualquier parte. Así que Mundi se mudó con nosotros y luego, cuando llegó Lin-Manuel, se enamoró.

Le dijimos que solo podíamos pagarle cien dólares semanales y darle alojamiento y comida. Pero ella insistió en que no necesitaba el dinero ni le importaba. Fue parte de nuestra familia hasta que murió, un día de Navidad

El personaje de Abuela Claudia, que cría al joven Usnavi y al resto de los muchachos del barrio, en *In the Heights,* está inspirado en ella. Cuando fue a ver el espectáculo, le dijo a Lin-Manuel con su habitual mezcla de ingenio y sarcasmo:

—¡Me mataste! Me gano la lotería y luego me matas.

Era una parte importante de la trama, pero ella no lo apreciaba.

Mundi era de la vieja guardia. Me conocía desde que tenía cuatro años y pensaba que Luz no era una esposa lo suficientemente buena para mí.

Luz era una buena mujer y una gran madre, sin duda. Pero no era un ama de casa de los cincuenta. Mundi creía que su trabajo era hacer todas las cosas que Luz debía de hacer, como vestir a Lin-Manuel para ir a la escuela o atender todos mis caprichos. Un día llegué a casa y le vi la cara de enfado a Mundi: estaba fulminando a Luz con la mirada, lista para atacar.

—¿Vas a servirle la cena a tu esposo? —le preguntó a Luz.

—Yo no le sirvo la cena a mi esposo porque él tiene dos manos muy hábiles y puede servirse solo —contestó Luz—. Pero yo sí me ocupo de esto.

Acto seguido, avanzó hacia mí y me agarró las bolas. Mundi se rio y le dijo:

—Fresca.

En seguida se levantó y me sirvió la cena.

Mundi había alcanzado la mayoría de edad en una época en la que las mujeres vivían para cuidar a los hombres. Sin embargo, esa no era la filosofía de Luz. Con el tiempo, Mundi aprendió a amar a Luz y me dijo muchas veces (aunque nunca se lo dijo a Luz):

—Cuídala.

Era como tener una abuela en casa, excepto que ahora éramos cinco en un apartamento de una habitación. Mundi dormía en una litera con Cita, mientras que Luz, Lin-Manuel y yo dormíamos en la sala-dormitorio. No había una línea definida entre la sala y el dormitorio. Cuando Lin-Manuel empezó a caminar, llevaba a cuestas un pequeño futón y se quedaba dormido donde quería. Si quería dormir en la cocina, ponía su colchoncito y se acostaba a dormir. Cuando mi madre vio eso por primera vez, en broma amenazó con llamar a servicios sociales. Pero tuvimos mucha suerte de tener a Mundi en nuestras vidas. Luz y yo éramos jóvenes y trabajábamos mucho para forjar nuestras carreras. Yo estaba aceptando muchos trabajos de consultoría para probar cosas diferentes una vez que la psicología se había convertido en cosa del pasado. Luz tuvo que interrumpir su carrera cuando tuvo a Lin-Manuel. Todo era posible si trabajábamos un poco más.

Si bien mi posición en el Departamento del Trabajo me había puesto en contacto con la política local de la ciudad de Nueva York, el trabajo de ingeniería amplió mis horizontes a nivel nacional. Poco a poco aprendí sobre los estados azules, rojos y morados. Por trabajar con tantos distritos escolares, pude ver de cerca la desinversión en la educación pública para los niños Negros y de otras razas en todas partes.

Luz estaba desesperada por comprar una casa para nuestra familia. Yo hubiera preferido un apartamento más grande, pero Luz había crecido en una casa. Ahora teníamos la presión de mudarnos y buscar un espacio más grande. En 1981, la sección de bienes raíces del *New York Times* anunciaba las casas en venta en la ciudad de Nueva York. Después de leer un artículo sobre los vecindarios más asequibles en la ciudad, Luz vio una oferta de una casa en Inwood, en el Alto Manhattan, por $75,000. Incluía un apartamento de alquiler controlado en el segundo piso. La criminalidad allí era alta, aunque más baja que en algunas partes de Nueva Jersey, pero en ese momento no me interesaban las estadísticas. Solo sabía que los trenes A y 1 pasaban por ahí y podían llevarme a cualquier lugar de la ciudad que amaba. Podía quedarme en la ciudad de Nueva York en lugar de mudarme a Nueva Jersey.

No fue fácil reunir el dinero para el pago inicial de $25,000; le pedimos prestado a muchos familiares. Los tipos de interés estaban por las nubes: al 19,25 por ciento. Sin embargo, reunimos el dinero y compramos la casa, que necesitaba reparaciones. No nos importaba. Viniendo de un apartamento de una habitación, era un paraíso. Al día de hoy, todavía vivimos en esa casa.

El vecindario no nos recibió con mucha alegría que digamos. Desde luego, no la señora que estaba a punto de convertirse en nuestra inquilina. Hasta ese momento, Luz había sido el contacto principal, y usaba el nombre Towns en lugar de Towns-Miranda. Como no tiene acento, la gente pensó que yo era el señor Towns. Cuando me presenté en la puerta de la inquilina irlandesa, escuchó mi acento.

—¿De dónde eres? —preguntó.

Le expliqué que habíamos estado viviendo en una vivienda universitaria en el Village.

—No, no —dijo—. ¿De dónde eres? No eres del Village.

—Soy de Puerto Rico —contesté con orgullo.

—No tienes que preocuparte —respondió ella al instante—. No voy a tener a un *spic* de casero. Nos vamos.

Quizás pensó que la íbamos a sacar de todos modos. Pero nuestra intención no era sacarla de su apartamento de alquiler controlado. No se daba cuenta de que estaba tratando con gente decente. Tampoco quería creer que hubiera puertorriqueños decentes. Así que nos mudamos al piso de arriba, que era un apartamento más grande donde cada uno podía tener su propia habitación, y Luz convirtió el piso de abajo en su consultorio privado.

Nuestra fortuna cambió con un golpe de mala suerte. Un día iba de camino al médico para hacerme el chequeo anual, y un carro chocó contra mi taxi. Fue un accidente grave. Me golpeé dentro del taxi y el conductor quedó atrapado entre el guía y el asiento. No estaba prestando atención cuando ocurrió el impacto, así que reboté de un lado a otro dentro del carro. Caí mal y me rompí la pierna. Esperamos a que llegara la policía y el oficial quiso llamar a una ambulancia. Pero estaba a unos pocos dolorosos pasos de distancia del consultorio de mi médico. Él me dijo que había tenido mucha suerte y me puso un yeso por tres meses. Intentaba viajar en el metro con muletas, pero muchas veces Luz me llevaba al trabajo.

Un día vi un anuncio con un número 1-800 para abogados y los llamé. Demandaron a la compañía de taxis de mi parte, ya que yo era el único involucrado en el accidente que no tenía ninguna responsabilidad. Al final, ganamos $75,000 de compensación y el abogado se quedó con una tercera parte. Con el resto pudimos pagar a todos los que nos prestaron dinero para el pago inicial de $25,000. Como dicen en mi pueblo: «No hay mal que por bien no venga».

Mudarme a los Heights fue como regresar a Vega Alta. Era una comunidad, aunque la mezcla de personas era diferente.

Uno caminaba por el vecindario y en todas las tiendas había música a todo volumen. Iba a un restaurante y había música a todo volumen. Era difícil encontrar un restaurante en nuestro vecindario donde se pudiera hablar. La música estaba entretejida en nuestras vidas. Cita tomaba lecciones de piano y Lin-Manuel también. Ni Luz ni yo sabíamos tocar, pero a los dos nos encantaba la música y nuestra casa siempre estuvo llena de melodías. Escuchábamos música de espectáculos y salsa; Mundi escuchaba boleros; Cita escuchaba hip-hop.

Nuestra comunidad también se forjó en torno a la política local. Conocía a un muchacho del vecindario que trabajaba en Aspira y le dije que me iba a mudar allí y que quería comenzar a involucrarme con la comunidad. Me dijo que estaban formando una plataforma de padres candidatos para derrotar en la junta escolar local a los de la United Federation of Teachers (Federación Unida de Maestros, UFT por sus siglas en inglés). Los padres de nuestro distrito eran inmigrantes y solo podían registrarse como padres votantes. En esa época, las juntas escolares contrataban y despedían a los líderes escolares y tenían acceso a cientos de puestos de trabajo no relacionados con el servicio civil. Sin embargo, nuestras escuelas no servían. Cita ya iba a Mott Hall, una escuela local, y Luz y yo asistíamos a las reuniones de padres. Nuestro vecindario, el Distrito 6, tenía las puntuaciones más bajas de la ciudad en matemáticas y lectura. También había hacinamiento; las escuelas funcionaban al 180 por ciento de su capacidad.

Después de un año y medio de viajar por todo el país, volví a cambiar de trabajo y conseguí algo mucho más estable. Estaba cansado de pasar tanto tiempo fuera de casa y extrañaba a los niños. Me estaba perdiendo mucho por estar ausente durante períodos tan largos y quería participar más en nuestra familia y nuestra comunidad. Comencé a trabajar en la Community Service Society [Sociedad de Servicios Comunitarios], investigando y promoviendo el empleo juvenil. Combinaba mi experiencia en el Departamento del Trabajo con lo que había hecho con las minorías en ingeniería. Ahora mis únicos viajes eran a Albany, la capital del estado porque teníamos que elaborar una legislación a nivel local para todo lo que hacíamos. Fue mi primera inmersión real en la política partidista local.

Estaba más que preparado para la lucha política por el control de la junta escolar. En la primera reunión a la que asistí en una de las escuelas, había tal vez diez o doce padres. Hablé como un político, movilizando a las masas a la acción. Después, mi esposa y yo comenzamos a reunirnos con los presidentes de todas las asociaciones de padres del distrito y a organizar a los padres. Conocimos a líderes como Guillermo Linares y su esposa, Evelyn. Nuestro mensaje era claro: hasta que no nos organizáramos y eligiéramos a las personas adecuadas, nuestros niños no serían una prioridad. La UFT se asustó por lo que estábamos haciendo. La junta escolar ejercía un poder real en aquel momento: nombraba a los directores y al superintendente, aprobaba los presupuestos y creaba las estructuras del sistema educativo. La UFT quería asegurarse de que su propia gente ocupara posiciones de poder.

Empezamos a llenar los auditorios y las reuniones de las juntas directivas. Nada de lo que he hecho en mi vida me ha parecido más poderoso y eficaz que movilizar a cientos de padres para que se hicieran cargo de sus escuelas. La oposición solo tenía que conseguir que los votantes acudieran a las urnas. Nosotros teníamos que registrar a los padres no ciudadanos que sí podían votar en las elecciones escolares, independientemente de su estatus migratorio. Estábamos organizando a la gente para algo que era muy tangible. Y nuestro mensaje a la comunidad era urgente: habían venido a este país porque querían una vida mejor para sus hijos. No podían quedarse en casa. No importaba si no tenían documentos. No los iban a arrestar en una reunión de la junta directiva.

Formamos consejos de padres y colocamos padres presidentes en todas las escuelas. La UFT nos odiaba. Luz y yo éramos personas no gratas para el sindicato. Luz se convirtió en la presidenta de la asociación de padres de la escuela de Cita, y yo era uno de los agitadores. Los niños de educación especial recibían servicios individualizados en clósets. Eso estaba mal, y lo documentamos y tomamos fotografías. Los padres se entrevistaron en privado con el personal y obtuvimos las grabaciones. Llevamos toda esa evidencia a las reuniones.

Incluso nuestra vida social giraba en torno a esa misión. A menudo nos reuníamos en la Asociación Comunal de Dominicanos Progresistas e íbamos todos los fines de semana a sus actividades. Cita y Lin-Manuel jugaban con niños de su edad en el vecindario.

La superintendente del distrito se mostró empática con nuestra difícil situación. Pero estaba tratando de ser justa y cautelosa, de cubrir todas las bases. Cuando me reuní con ella le dije:

—La van a despedir. La única manera de que conserve su trabajo es ayudándonos. Sabe que cuando ganen, la despedirán. Así que puede empezar a hacer las maletas o puede empezar a ayudarnos. Usted sabe que la ayudaremos a hacer su trabajo y ofrecer los servicios que nuestros niños necesitan y merecen.

—¿Que quiere que haga? —respondió.

—Nombrar a un padre representante en todas las escuelas. Ya tiene esos puestos en el presupuesto. Pongamos a una persona en cada escuela. El trabajo de esa persona será ayudar en la cafetería de la escuela y toda esas pendejadas. Pero, también, inscribir a los padres. Ese será su trabajo. Y cuando lleguen las elecciones, su trabajo será asegurarse de llamar a los padres. No les dirá por quién votar, pero sí les dirá que vayan a votar. A usted le toca descubrir cómo compaginar el trabajo y el activismo. Tenemos excelentes padres candidatos para que los contrate en cada una de las escuelas.

Nos llamábamos la plancha o plataforma de candidatos Community First y nos convertimos en una fuerza verdadera. Nuestro objetivo era simple: representación para que los padres estuvieran encargados de la educación de sus hijos. No había un solo director dominicano en el distrito, a pesar de que los dominicanos representaban el ochenta por ciento de la población estudiantil. Creamos una red de trabajadores escolares que organizaron a los padres. Ese año, registramos a más padres en el Distrito 6 que los que se registraron en toda la ciudad de Nueva York. Registramos a diez mil padres para votar en esas elecciones e hicimos amistades con vecinos que luego se postularían para cargos públicos.

Las elecciones de la junta escolar se decidieron mediante votación por orden de preferencia. Se votaba poniendo un número uno al lado de un nombre, luego un número dos, y así sucesivamente. Eso significaba que, además de tener nuestros propios candidatos, agregábamos a nuestra papeleta los nombres de otros candidatos que también se habían postulado, aunque no fuera en nuestra propia plancha. Cuando los candidatos de la oposición se eliminaban en una ronda inicial del conteo, sus votos iban a nuestros candidatos. Confiamos en los padres organizadores, que sentían una gran pasión por lo que hacían. Una amiga mía, Felicia Peguero, la madre presidenta de la escuela PS 132, era capaz de encaramarse en una mesa y organizar a doscientas personas. Su esposo, Viterbo, era el dueño de la bodega de la comunidad y operábamos desde su tienda. Éramos parte del sistema del barrio.

Al concluir las elecciones, terminamos con una junta escolar dividida y tuvimos que negociar un sendero a través de las complicadas subculturas de la política de Nueva York. Elegimos a cuatro miembros del consejo escolar, y la UFT eligió a otros cuatro. El escaño restante fue electo por el Consejo de la Comunidad Judía, que solía votar con la UFT. Durante mucho tiempo hubo una comunidad judía ortodoxa en Washington Heights, con una sinagoga en la calle Ciento ochenta y siete. Sus hijos no asistían a las escuelas públicas, sino que iban a sus propias escuelas de yeshivá. Aun así, la UFT los protegía nombrando a miembros judíos de la comunidad en puestos de poder.

Nuestro objetivo siempre fue claro: crear mejores escuelas, reducir el hacinamiento, nombrar educadores para puestos de poder y abrazar la diversidad. Para hacer todo eso, sabíamos que necesitábamos involucrar al Consejo de la Comunidad Judía. Yo estaba tratando de generar consenso, así que me reuní mil veces con el consejo. Me esforcé para ganarme a mi concejal local, Stan Michels, quien nos vio mudarnos al vecindario y llenar las reuniones escolares, algo que nunca antes había sucedido. Aprendí a querer a Stan. Vino a una de nuestras reuniones y dijo:

—Quiero reunirme contigo.

—Yo también quiero reunirme contigo —dije.

Nos hicimos grandes amigos y Stan convenció al miembro del Consejo de la Comunidad Judía de que nos apoyara en la junta escolar. Renunció enseguida. Ahora teníamos un puesto vacante, lo que significaba que en las votaciones seríamos cuatro contra cuatro. Era un adelanto, pero también fue una pesadilla. El poder estaba dividido y teníamos un estancamiento total. Los miembros de nuestra junta protegieron a nuestra solidaria superintendente, pero la UFT comenzó a hacerle la vida imposible.

El cambio sistémico solo es posible cuando se lucha por entrar en el sistema y trabajar desde dentro para cambiarlo y hacerlo más justo. Las elecciones de la junta escolar fueron una lucha, pero al final, elegimos a la mitad de los miembros de la junta, trabajamos con una superintendente establecida y comenzamos a hacer los cambios que estimábamos necesarios para que los niños inmigrantes fueran vistos y atendidos.

Ya no era posible lograr acuerdos. Cambiamos nuestra estrategia y demandamos a la junta escolar con la ayuda de nuestro abogado, Michael Rebell. Mi hija y yo éramos los demandantes y fuimos a ver al canciller del Departamento de Educación. Le dijimos que queríamos eliminar a la junta. Los cuatro miembros que habíamos elegido estaban a favor y el canciller destituyó a toda la junta. En su lugar, nombró a tres síndicos para que purgaran las escuelas.

Así fue que la alcaldía de la ciudad Nueva York se fijó en mí. Por ser un problema.

Al final, ganaron los niños; conseguimos construir nueve escuelas en el distrito. Salí con excelentes relaciones, incluso con mis oponentes, como Sandra Feldman, la directora de la UFT. Le dije que podíamos trabajar juntos, y lo hicimos durante años.

Si la comunidad judía ortodoxa se quejaba, la escuchábamos. Cuando llegó el momento de construir una escuela cerca de su yeshivá, objetaron que estaba enfrente de su escuela. Supongo que temían que los niños dominicanos interactuaran con sus hijos. Eso no tenía sentido. Pero la gente tiene miedos, e incluso los miedos infundados pueden parecer reales. ¿Qué se suponía que hiciéramos? ¿Psicoanalizarlos para que sus miedos desaparecieran? No, la respuesta era negociar algo que fuera aceptable. No podíamos vivir en una guerra perpetua con personas que tenían tanto derecho como nosotros a vivir en el vecindario. No podíamos luchar por nuestros derechos y, al mismo tiempo, ignorar los derechos de los demás. Finalmente, la solución fue sencilla. Construimos las puertas de entrada de la escuela en el costado del edificio, en lugar de en el frente. De ese modo, los niños entraban y salían por diferentes calles, y el patio trasero, donde jugaban, era lo que realmente daba a la yeshivá. Para algunos, eso era venderse. Sin embargo, la escuela se construyó, y los líderes judíos quedaron contentos.

———

NAVEGAMOS POR DIFERENTES CULTURAS A LO LARGO DE LA CIUDAD, NO solo en nuestro activismo, sino también con nuestros propios hijos. Cuando Luz y yo estábamos en NYU, Cita iba a una escuela Montessori en Greenwich Village con amigos del barrio cuyos padres eran los dueños de sus propias casas. Allí aprendí el concepto de «citas de juegos», del que no sabía nada. En Vega Alta, uno se presentaba a jugar en la casa de alguien y ya. El círculo social de Cita se transformó de una manera drástica cuando cambió de escuela a Mott Hall en Washington Heights y, más tarde, a Stuyvesant High School, en su antigua ubicación en la calle Quince. Lin-Manuel tuvo una vida muy diferente en las escuelas del campus de Hunter College en el Upper East Side. La logística de escoger escuelas siempre fue complicada.

En Stuyvesant, Cita se mezclaba con niños que provenían de toda la ciudad. En lo académico era excelente, pero las admisiones se basaban en pruebas, así que escogían a estudiantes de muchos vecindarios diferentes. Solo unos pocos niños del Alto Manhattan eran admitidos y ella se sentía un poco aislada. Los amigos de Cita eran el puñado de niños Negros y latinos de la escuela, y el lugar le parecía mucho menos agradable que su escuela en el Village.

El mundo de la paternidad es complicado, en especial criar adolescentes. Luz había crecido en los suburbios de Nueva Jersey y era una madre muy protectora. Su palabra favorita es «no». De adolescente, Cita aprendió a pedirme permiso a mí para ir a algún lado. Yo era el padre que decía que sí. Hasta un viaje de la escuela secundaria, que aprobé a pesar de las objeciones de su madre. Iban con acompañantes y profesores, así que pensé que estaría bien. Por supuesto, ocurrió un incidente: un grupo de jóvenes se puso a beber y a vomitar en el autobús. Después de eso, perdí la autoridad moral para siempre. Luz todavía me saca en cara el incidente.

La situación de Lin-Manuel era muy diferente en Hunter, donde fue muy feliz con el mismo grupo de amigos durante años. Los niños eran muy inteligentes. Debían pasar un prueba de admisión tras la cual se admitirían solo a cuarenta estudiantes. Lo más sorprendente era escucharlos hablar entre sí; eran muy articulados, lo negociaban todo como si fueran pequeños adultos. Hablaban sobre cultura y política, y sobre sus sentimientos. Siempre me sorprendió que esos niños tan pequeños pudieran expresarse así.

Lin-Manuel era un niño tan bueno que los padres lo llamaban para invitarlo a citas de juegos. No sabíamos si los niños también querían que fuera, pero los padres lo adoraban. Lo recogían en la escuela para llevarlo al East Side o el West Side. Nadie quería venir al Alto Manhattan. Pasábamos a las seis de la tarde a recogerlo de camino a casa desde el trabajo. En una fiesta de pijamas, Lin-Manuel se cayó de una patineta y perdió un diente frontal. La madre de su amigo nos llamó para contarnos lo sucedido, y decirnos que ya iba de camino al dentista. Era sábado y el dentista iba a abrir la oficina expresamente para ellos. Lin-Manuel regresó a casa con cinco dólares del Ratoncito Pérez del Upper East Side, que era mucho más que la peseta que recibiría después del Ratoncito Pérez del Alto Manhattan. La primera vez que fuimos a los Hamptons fue con la familia de otro amigo de Lin-Manuel, que vivía en el West Side.

A Lin-Manuel todavía le gusta contar la historia de las Navidades que fue a Macy's y se hizo una foto con un Santa Claus blanco, y luego vino al *uptown* donde se encontró a un Santa Claus de piel oscura celebrando con los niños en la esquina de la calle Ciento setenta y cinco y Amsterdam. Hunter era una comunidad muy diferente, pero nos encantaba esa gente y nos apoyaron mucho. Cuando Lin-Manuel comenzó su carrera con el primer show de Freestyle Love Supreme en Ars Nova en 2001 —antes de todo el bombo publicitario y antes de *In the Heights*—, seis o siete mamás de sus amigos de Hunter asistieron a su primera presentación. Me emocioné tanto que me escondí en el baño para llorar. Todavía es amigo de todos esos niños que compartieron su clase desde el kindergarten hasta la escuela secundaria.

Lin-Manuel era un niño muy particular. Era muy inteligente y ya leía a los tres años. Mundi y yo hablábamos español con él, mientras que Luz y Cita le hablaban inglés. A los cuatro años, podía leer tanto en español como en inglés. Esa era una de las razones por las que no le gustaba la escuela Montessori de Cita en Greenwich Village: los otros niños estaban celosos de que pudiera leer. No le iba bien, así que Luz encontró un centro de cuido local donde lo adoraban. Lo dirigía una mujer llamada Connie, que vivía en nuestra misma calle. A diario recogía diez o doce niños y los llevaba a un local donde se pasaban todo el día. Lin-Manuel era el único niño que sabía leer, así que los demás niños se sentaban a su alrededor mientras él les leía cuentos. Se convirtió en ayudante de la maestra a los cuatro años. A mí me parecía que estaba desperdiciando un año de aprendizaje y, a menudo, expresaba mi sentir. Ahora me doy cuenta de que sonaba igual que mi madre cuando me pasé un año en casa. Pero a Lin-Manuel le encantaba ese lugar.

La familia de Luz no nos apoyó mucho en esos primeros años, pero sí teníamos una red de amigos que nos adoraban y a quienes adorábamos. Veíamos a la familia de Luz en Acción de Gracias, Navidad y poco más. Yo tenía claro que Luz podía verlos cuando quisiera y mi relación con Cita era sólida, así que no me importaba que pasara unos días con su abuela. Pero, más tarde, las animé a tener una relación más cercana. Recuerdo ser muy feliz de niño en una casa donde siempre había mucha gente. Quería que mis hijos tuvieran primos, y había muchos primos por el lado de la familia de Luz. Mi hermana no tenía hijos y mi hermano estaba en Puerto Rico con hijos mucho más pequeños. De adolescentes, Cita y Lin-Manuel pasaban al menos una semana al año con la familia en Nueva Jersey. Pasaban un mes en Puerto Rico con mis padres. Hasta el día de hoy, cuando Lin-Manuel va a Austria a visitar a la familia de su esposa, Vanessa, también visita a su primo por parte de los Towns, Robby, que ahora vive en

Alemania. Aunque dejé atrás mi comunidad en Puerto Rico, esa conexión familiar ha viajado con nosotros a Nueva York y más allá.

Nuestras vidas sobrecargadas no impidieron que Luz planteara la cuestión de tener más hijos. En lo que a mí respectaba, ya habíamos terminado. Sus embarazos eran de alto riesgo y ya teníamos dos hijos. ¿Por qué arriesgarnos? Éramos muy felices con Cita y Lin-Manuel.

———

TODO ESO CAMBIÓ DE FORMA INESPERADA CUANDO LANDA, LA SOBRINA de Luz, se metió en problemas. Tenía apenas diecinueve años y estaba embarazada. Alguien a quien amaba y en quien confiaba la había convencido de transportar drogas en su equipaje en un vuelo internacional. Eran los tiempos de penas mínimas obligatorias, así que iría directo a la cárcel. Luz tomó el control de la situación y movilizó a la familia para apoyar a su sobrina. Yo estaba en la junta directiva de la Legal Aid Society [Sociedad de Ayuda Legal] y les pedí que nos recomendaran a un abogado especializado en casos de drogas. El consejo que le dieron a Landa fue inequívoco:

—Tienes que hacer tres cosas. Tienes que conseguir un trabajo. Tienes que ir a terapia. Tienes que trabajar de voluntaria en una organización. Tenemos que establecer que tienes raíces en tu comunidad.

Luz le pidió que viniera a vivir con nosotros, y lo hizo en 2001. Siguió los consejos del abogado: trabajó a tiempo parcial en la Federación Hispana, hizo terapia con una trabajadora social con experiencia forense y trabajó de voluntaria en la Asociación Comunitaria de Dominicanos Progresistas. El día de la sentencia, la jueza preguntó si Landa podía seguir viviendo con nosotros si se libraba de ir a la cárcel. Por supuesto, dijimos que sí. Y así nuestra sobrina fue sentenciada a vivir con nosotros, teniendo que cumplir con un toque de queda que le permitía trabajar y estudiar. Al segundo año, le iba tan bien que su oficial de libertad condicional recomendó levantar el toque de queda. El tribunal estuvo de acuerdo.

Miguel nació en 2001 y yo me hice cargo de todo su cuido. Estaba claro que tenía algunos problemas de función ejecutiva y necesitaba apoyo adicional. Aunque su madre estaba presente y todo lo consultábamos con ella, yo era quien me ocupaba de él y lo llevaba a la escuela. Cuando Miguel cumplió cuatro años, le dije a Landa que era muy difícil hacerse cargo de su educación sin tener ningún derecho legal. Acordamos que ella y yo seríamos sus tutores legales.

Encontrar la escuela adecuada para Miguel no fue fácil. Cuando fuimos a la escuela de nuestra zona, la maestra nos dio su opinión sincera.

—Soy una buena maestra —dijo—. Ustedes no quieren que su hijo venga aquí. Este no es el lugar adecuado para él.

Contratamos a un abogado para solicitar una ubicación alternativa, algo que se puede hacer en Nueva York. Por fin le encontramos un espacio en una pequeña escuela privada en el Upper West Side llamada West End Day School. Había seis niños por salón con una maestra y un asistente, además de especialistas en lectura y terapia ocupacional. Muchos de los niños tenían algún tipo de trastorno por déficit de atención. Era una escuela pequeña y agradable con un componente de salud mental muy, muy fuerte, que incluía un psiquiatra y trabajadores sociales. Era la escuela perfecta para Miguel y aún es un lugar que visita.

Miguel era un niño feliz: muy dulce y dinámico. Pero le costó trabajo hacerse de amigos verdaderos una vez que terminó la escuela primaria. Al pasar a la escuela intermedia, se encontró en un lugar más grande donde le fue bien, pero se sentía aislado y extrañaba aquel otro ambiente más reducido y estimulante. York Prep fue una buena escuela para él, y el personal hace grandes esfuerzos para que sus chicos ingresen a la universidad, ya sean estudiantes de educación regular o que tienen estilos diferentes de aprendizaje. Lo ayudaron a ir a Skidmore College, donde conoció buenos amigos. Disfrutó de su libertad y de toda la experiencia, a pesar de sentirse un poco torturado por la sensación de que el mundo es un lugar grande e inhóspito.

Para Luz y para mí fue difícil volver a ser padres. Miguel exigía de un nivel de atención que nuestros otros dos hijos no habían necesitado. Pero también llegó a nuestras vidas en un momento en el que disfrutábamos de una flexibilidad que antes no teníamos; nuestras finanzas comenzaban a mejorar y nuestros hijos adultos requerían menos tiempo. Yo era dueño de mi propia empresa y podía llevarlo a la escuela todos los días.

Creo que fui un mejor padre y estuve más presente para Miguel que para Cita y Lin-Manuel. Son sus padrinos, con toda la intención. Yo quería que nuestros hijos aceptaran y se comprometieran con ese nuevo hermano que les había tocado, lo cual, de por sí, suponía una situación bastante complicada. Pero creo que funcionó y hoy tienen una buena relación con Miguel.

Landa siguió viviendo con nosotros en nuestra casa hasta que se graduó de universidad hace unos años, y consiguió su propio apartamento. A menudo discrepábamos sobre la crianza de Miguel. Con frecuencia no le quedaba más remedio que darse por vencida porque a veces no vale la pena pelear conmigo. El resto del tiempo, encontrábamos una forma de seguir adelante.

Acogimos a un niño adicional cuando pensábamos que ya habíamos terminado de criar. Pasamos algunos momentos difíciles en una situación no planificada de paternidad compartida, pero son gajes del oficio. A mí no me corresponde contar la historia de Miguel, pero hice lo mejor que pude para proveerle todo lo que necesitaba. No es diferente de lo que hice con Cita, cuando de repente me convertí en padre, o con Lin-Manuel de una manera más convencional. En todas esas situaciones de crianza, una cosa ha estado clara: ser padre es mi trabajo más importante.

―――――

PARA LA ÉPOCA EN QUE MIGUEL LLEGÓ A NUESTRAS VIDAS, HABÍAMOS emprendido una lucha política aterradora sobre un asunto que significaba mucho para nosotros como familia: las oportunidades educativas. Cuando compramos nuestra casa en Inwood, no teníamos dinero para enviar a Cita a una escuela privada. Todas eran inasequibles. Entonces comenzó nuestra lucha en el movimiento de padres para mejorar las escuelas de nuestro distrito, que tenían las puntuaciones más bajas en matemáticas y lectura de toda la ciudad. Buscar alternativas educativas para nuestros hijos era muy importante. Pronto logramos crear una escuela especializada, Mott Hall, a la que Cita asistió en séptimo y octavo grado.

En ese momento, el debate sobre las escuelas chárter estaba en pleno apogeo y las nuevas escuelas chárter eran vistas como un instrumento de los ricos para destruir la educación pública. Los inversionistas financieros comenzaron a invertir en estas escuelas autorizadas y el debate ya se había vuelto tóxico. Sin embargo, yo no creía que el movimiento chárter fuera cosa de republicanos. Después de todo, el presidente Clinton lo apoyaba. Pensé que, si creábamos alternativas educativas públicas, a las que pudieran acceder los padres de la clase trabajadora, podríamos crear un poco de competencia dentro del sector público, lo cual nunca venía mal. Esa es una de las razones por las que evolucioné de ser socialista a ser capitalista: la competencia conduce a un mejor producto. Teníamos que crear también juntas locales que se hicieran cargo de las escuelas, algo por lo que yo había luchado.

No tenía idea de que me estaba adentrando en un campo minado. Por un lado, me enteré enseguida de que los sindicatos estaban en contra de la idea; su razonamiento era que si enviaban a sus hijos a una escuela autónoma, la escuela pública perdería el dinero asignado a sus hijos. Por otro lado, no quería que los niños fueran peones en una lucha política. Había toda una generación de niños que no estaban aprendiendo en muchas escuelas de la ciudad.

Mi relación con Roberto Ramírez, quien ha sido mi socio en negocios durante veinticinco años, fue clave para la aprobación de las escuelas chárter en Nueva York. Era una figura política en ciernes, joven e influyente, que también dirigía el Partido Demócrata del Bronx. Asumió el riesgo de nuestro concepto y una vez más descubrí que luchar desde dentro produce resultados.

Yo quería hacer algo diferente: crear una escuela chárter bilingüe y traerme a la UFT, la unión de maestros más grande de la ciudad de Nueva York.

La creación de la Amber Charter School fue intensa porque la política era feroz. Yo entendía por qué. Buena parte de las críticas eran acertadas, como lo ha demostrado la historia. Eva Moskowitz, fundadora de Success Academy, dirige buenas escuelas. Pero la crítica dice que dejan de lado a los niños con necesidades especiales. Succionan los recursos del sistema público exigiendo que se les dé un espacio. Nosotros tomamos un camino diferente con Amber: compramos nuestro propio edificio.

Amber fue la primera escuela comunitaria chárter dirigida por latinos en Nueva York y una de las pocas con un capítulo del sindicato de maestros. Convencí a mi amigo Michael Stolper de que se sumara a la junta directiva y por años ha estado negociando todos los contratos de la escuela. Había cuatrocientos niños cuyo futuro educativo dependía de que hiciéramos bien nuestro trabajo. Regresaba a casa todos los días con el temor de estar arruinando la educación de esos cuatrocientos niños, como lo hacían las escuelas públicas de nuestro distrito. Fui presidente de la escuela por doce años, que pasé tratando de obtener recursos adicionales, contratar gente buena y negociar con las uniones de maestros. Yo veía a esos niños. Su futuro dependía de que invirtiéramos bien los recursos, lográramos una buena mezcla de maestros y creáramos un plan de estudios adecuado. Pasé por tres directores ejecutivos antes de encontrar a la Dra. Vasthi Acosta. Ella se preocupaba por las mismas cosas que yo y trabajaba sin tregua por los niños. Luchamos contra las agencias reguladoras, pero nos obligaron a ser mejores. Entendían nuestros retos: ¿cómo cumplir con sus estándares y al mismo tiempo enseñar a niños con necesidades especiales o que hablaban menos inglés? ¿Cuáles son las herramientas educativas necesarias para llevar a los estudiantes hasta donde deben llegar?

No era fácil tener nuestro propio edificio escolar para evitar peleas con el Departamento de Educación por un espacio. En aquellos primeros días, necesitábamos un préstamo para comprar nuestro espacio, pero los préstamos tenían una vida de siete años. El reto era que las escuelas chárter tenía una duración de solo cinco años. Existía la posibilidad de que hubiéramos cerrado la escuela dos años antes de saldar el préstamo. Por tanto, el prestamista exigió una garantía y no me quedó más remedio. Garanticé el préstamo con mi casa sin decírselo a mi esposa.

Luz se enteró cuando renuncié a la presidencia de la junta. La presidenta entrante de la junta directiva, Soledad Hiciano, hizo un brindis y me agradeció por poner nuestra casa como garantía para que la escuela obtuviera su primer edificio. Cuando nos montamos en el carro para ir a casa, Luz preguntó:

—¿Qué quiso decir?

—Mi amor, fue hace tanto tiempo que ni me acuerdo de a qué se refería.

—¿Firmaste algo? —preguntó Luz.

—He firmado muchas cosas a lo largo de mi vida.

Ella sabía la verdad: había puesto nuestra casa como garantía para la escuela. No se lo dije porque confiaba en nuestras apuestas. También porque sabía que todo saldría bien y que podría vivir con menos agitación.

Ahora Amber es un sistema de tres escuelas charter que imparten una enseñanza excelente a los niños Negros y de otras razas, de nuestros vecindarios. No éramos, como solía decir la gente, la escuela creada por inversionistas que se involucraban en la educación pública. Éramos la respuesta de la clase trabajadora al desarrollo de nuestras escuelas públicas. No intentábamos destruir el sistema de educación pública. Queríamos hacerlo mejor por nuestra comunidad.

Amber fue un recurso más a desarrollar en mi afán por crear alternativas para los vecinos desfavorecidos y de clase trabajadora, esos inmigrantes que llegaron a este país para asegurarse de que sus hijos pudieran forjarse una vida mejor.

CAPÍTULO 5

La alcaldía

L AS PELEAS ME ENCUENTRAN. YO NO LAS BUSCO. AL MENOS, ESO ES LO que me digo a mí mismo. Y la pelea por la selección del nuevo canciller de Educación de la ciudad de Nueva York en 1985 fue épica. Muchos activistas por la educación en nuestra comunidad se indignaron al ver que Robert Wagner Jr, hijo del exalcalde, era el candidato a ocupar el puesto. No tenía experiencia directa en educación y pensé que sería un desastre. Así que empezamos a promocionar a Tony Alvarado, un superintendente escolar de East Harlem que, de ser seleccionado, sería el primer canciller latino. No lo conocía personalmente, pero alguien me pidió que lo ayudara a prepararse para un debate programado entre los candidatos a canciller. Cuando ganó el puesto, me nombró responsable de nuevas iniciativas, un elemento central de su promesa de reformar las escuelas de toda la ciudad.

Sin embargo, Tony no sobrevivió mucho tiempo en el puesto. Renunció en desgracia cuando el *New York Times* reveló que había pedido dinero prestado a sus empleados para financiar sus propios negocios de bienes raíces. Todos los que estaban alrededor suyo temían ser despedidos por su sustituto, Nat Quiñones. Nat había ascendido dentro de la burocracia: tenía buen corazón y buenas credenciales, pero no era un agente de cambio. Además, era latino, y yo lo había defendido en el círculo interno cuando Tony era canciller y algunos querían despedirlo. Cuando tomó el control, me llamó a su oficina y me preguntó qué trabajo quería realizar.

—No soy educador —dije—. Vine a este lugar porque Tony iba a iniciar una revolución educativa. Usted tiene que mantener el *statu quo*. Pero yo no quiero quedarme aquí. Solo deme un tiempo para encontrar otro trabajo.

Estábamos pasando el fin de semana en las montañas Catskills con uno de nuestros mejores amigos cuando surgió la idea de asumir un papel destacado en la alcadía de la ciudad de Nueva York. Nuestra anfitriona era Lorraine Cortés-Vázquez, comisionada de programas del Departamento para Adultos Mayores (DFTA, por sus siglas en inglés) y me dijo que se iba a abrir una vacante al puesto de asesor especial del alcalde para asuntos hispanos.

—Por Dios, no —dije—. Es un puesto ceremonial. Lo único que hace el asesor es presentar proclamas por toda la ciudad. Yo no aceptaría esa mierda de puesto.

Lorraine no se inmutó.

—Los puestos son lo que uno haga de ellos —dijo—. Podrías conseguir ese puesto y, si ves que es una mierda, siempre puedes irte.

Corría el año 1987, y Ed Koch acababa de ganar la reelección con el ochenta por ciento del voto latino. Era una cifra astronómica, y como fue una parte tan importante de su coalición ganadora, prometió crear una Comisión Hispana para ver qué más podía hacer por la comunidad. Yo conocía al vicealcalde, Stan Brezenoff, de mis años en el Departamento del Trabajo. La carrera de Stan había despegado a medida que pasaba de un puesto importante a otro en la ciudad. Lo llamé y le pregunté qué pensaba. Stan dijo que creía que yo sería fantástico para el puesto, así que solicité.

Por supuesto, mis luchas en Washington Heights habían molestado a alguna gente, y el capítulo local de la UFT se opuso a mi nombramiento. Difundieron la idea de que yo era antisemita para intentar sacarme de la carrera, aunque mis relaciones con los líderes de mi propio distrito sugerían lo contrario. Stan Michels, el concejal representante de mi barrio, se había hecho buen amigo mío. Solíamos conversar sobre los tapices medievales que quería restaurar en los Cloisters, una colección extraordinaria del Metropolitan Museum of Art en Washington Heights. Sé más de esos tapices de lo que nadie debería saber. Stan fue a ver al alcalde Koch y me respaldó.

—Señor Alcalde, no hay nadie más judío que yo —dijo—. Luis Miranda no es antisemita. Es amigo de la comunidad judía y nos encantaría verlo en ese puesto.

Llegué a mi entrevista con Ed Koch con un poco de actitud. Le hablé de todos los temas en los que no estaba de acuerdo con él. Eran muchos. No estaba de acuerdo con la lentitud del programa de vivienda. No estaba de acuerdo con su decisión de nombrar a Wagner miembro de la Junta de Educación, y eso me hacía pensar que no estaba realmente interesado en la educación. No estaba de acuerdo con su postura respecto a los hospitales en nuestras comunidades. Y quería ver que se construyeran las nueve escuelas en nuestro distrito.

—Escucha, tenemos un tomo entero sobre todo lo que hay que hacer en la comunidad latina —dijo—. He nombrado a uno de mis asistentes, Jeremy Travis, para que se ocupe. Deberías trabajar con él. Muchas de las cosas que mencionas se solucionarán. Pero, cuando estés ahí, vas a apoyar mis políticas. Trabajas para mí.

Nunca pensé que me ofrecerían el trabajo, pero lo hicieron. Y enseguida pasé de ser el tipo que entregaba proclamas a ser el tipo que ayudaba a Ed Koch a desenvolverse en la comunidad latina. Enviaba a mi personal a entregar las proclamas, mientras yo recorría la ciudad y regresaba donde Koch para informarle cómo movilizar su apoyo en la comunidad. Los escándalos de corrupción comenzaban a florecer en la alcaldía y, aunque Koch no estaba implicado en ellos, le hacían daño.

Hasta el día de hoy, la radio y la prensa escrita son importantes para los votantes latinos. Así que empezamos a hacer programas de radio en español todos los meses; yo era el intérprete. Uno de los periódicos de Nueva York escribió que el alcalde sonaba mejor en español porque yo le corregía los errores en la traducción. Empezamos a escribir columnas para periódicos en español, entre ellos *El Diario*. Pasaba mucho tiempo con Koch y salíamos a almorzar con frecuencia.

Me encantaba la libertad con la que el compartía lo que pensaba sobre cualquier asunto. Los periodistas lo paraban y él les concedía entrevistas ahí mismo. Recuerdo una vez que empezó una respuesta diciendo:

—En verdad no sé nada de eso, pero creo que...

Solo Ed Koch era capaz de admitir su ignorancia antes de editorializar sobre algún tema que no conocía.

En otra ocasión, dijo que Estados Unidos debía de bombardear Medellín, Colombia, para combatir a los cárteles de la droga. Eso fue justo después de que el alcalde de Bogotá, Andrés Pastrana Arango, estuviera de visita en la ciudad. El comentario de Koch se convirtió en un incidente internacional: el alcalde de Nueva York pedía al ejército estadounidense que bombardeara Medellín. Para ayudar a deshacer el revolú, me pidieron que organizara una conferencia de alcaldes de ciudades latinoamericanas para debatir cómo hacer frente al narcotráfico. En primer lugar, yo no sabía nada sobre el tráfico de drogas. En segundo lugar, ¿qué hacía yo metido en medio de ese lío internacional? Porque era el asesor especial para asuntos hispanos. Así que organizamos la conferencia con una docena de alcaldes de grandes ciudades de toda América Latina. Y, por supuesto, invitamos a los alcaldes de Bogotá y Medellín. A pesar de los comentarios incendiarios de Koch, todos querían venir a Nueva York a ser agasajados. La ciudad de Nueva York tiene un atractivo increíble para la gente de todo el mundo. Koch se disculpó por sus comentarios y explicó que cuando habló de bombardear esos lugares, lo que en realidad quiso decir era que quería que se «limpiaran». Como es natural, todos los alcaldes estuvieron de acuerdo en que había que limpiar sus ciudades.

Cuando terminó la conferencia, el alcalde de Bogotá me regaló un par de yuntas de oro en forma de granos de café. Le dije que, como empleado público, no podía aceptarlas, con todo y lo bonitas que eran. Se las devolví. Cuando perdimos las elecciones en 1989 y salimos de la alcaldía, me las envió por correo con una nota muy simpática: «Ya no eres un empleado público. Ahora puedes aceptarlas».

Logré extraer un beneficio aún más duradero del incidente: la introducción de reformas en el departamento de la policía, que eran parte de las recomendaciones de la Comisión Hispana. Mi puesto no me daba acceso a la policía de Nueva York, pero los comentarios de Koch y la planificación de la conferencia me abrieron las puertas. Le dije a Koch que teníamos que empezar a aumentar el número de latinos en el departamento de la policía porque tomaba tiempo ascender en rango. Si no comenzábamos a reclutar policías latinos, la policía de Nueva York seguiría siendo totalmente blanca. Me había adelantado un poco a los tiempos. Era la década de los ochenta, y lo que hoy es una práctica aceptada, en aquel momento parecía radical. Al comisionado de la policía Ben Ward —el primer afroestadounidense en ocupar ese puesto— no le impresionó que este chatito latino viniera a decirle cómo dirigir su departamento. Por muy simpático que parezca, siempre he sido incansable. Jamás me rindo. Intento trabajar con la gente, pero, si no puedo, doy un codazo y a Dios que reparta suerte. Para su eterno crédito, Ben Ward favorecía los cambios reales y nos hicimos grandes amigos. Estábamos en el mismo bando y todos queríamos que la policía de Nueva York se pareciera a la ciudad de Nueva York. Si el departamento no funcionaba bien, todo el equipo quedaba mal. Así que empezamos a dar clases para el examen de ingreso en la policía; hoy en día, alrededor de un tercio de la fuerza es latina, y recientemente se nombró al primer comisionado de la policía latino.

———

MIS VIEJOS AMIGOS DE LA IZQUIERDA ME ACUSARON DE VENDERME, PERO enseguida me di cuenta de que era una oportunidad de oro para completar el trabajo que habíamos empezado en Washington Heights. El alcalde Koch se comprometió a construir las nueve escuelas que queríamos, y yo colaboré con otros miembros de la administración para encontrar dónde ubicarlas e iniciar el proceso. Ya había lidiado con el primer vicealcalde y con el nuevo canciller de Educación. Ahora podía monitorear la construcción de las escuelas. Me llegaba información actualizada sobre cómo iban las obras. También tuve la suerte de que había un plan para lo que la comunidad latina necesitaba del gobierno, diseñado a partir de una serie de vistas que la Comisión Hispana había celebrado por toda la ciudad. Había un plan de vivienda de diez mil millones de dólares que incluía la renovación de decenas de miles de viviendas asequibles. Un día, Koch y yo estábamos en el Bronx y me preguntó si quería ver algo. Recorrimos toda la Grand Concourse mientras me mostraba cómo todos los edificios vacíos se estaban convirtiendo en viviendas asequibles.

—¿No deberíamos tener letreros bilingües para decirle a la gente dónde llamar para la lotería? —pregunté—. ¿Cómo se podría lograr eso?

Koch admitió que no sabía, y enseguida consiguió que el comisionado del Departamento de la Vivienda lo hiciera. Pronto aparecieron letreros bilingües con números de teléfono para informarle a la gente lo que tenía que hacer para apuntarse en la lista y conseguir uno de estos apartamentos. Eran viviendas asequibles de verdad, no la mierda que a veces hacen pasar por vivienda asequible hoy en día.

Esta era la oportunidad de hacer un montón de cosas, por eso no me importaba estar dentro. De hecho, ayudó a que se me endureciera el cuero. Mi padre solía decir: «Al palo que pare mangós, le tiran piedras». Dicho de otro modo: «Cuanto más productivo eres, más te atacan». En aquella época, el director de *El Diario*, que era un periódico muy influyente, decidió detestarme. Le había encantado mi trabajo como activista comunitario organizando a los padres dominicanos, que eran sus lectores. Pero se volvió contra mí cuando me fui a trabajar a la alcaldía. De hecho, se reunió con el alcalde Koch y le dijo que dejaría de criticarlo en el periódico si lo nombraba a algún puesto. También insistió en que no me quería en esa reunión. Koch me dijo después que no iba a cruzar esa línea.

—No me importa hacer tratos políticos —dijo—. Pero esto es extorsión.

En esos años dimos grandes pasos para la comunidad latina, gracias a una fuente impensable: Ronald Reagan. Nos oponíamos a todo lo que defendía Reagan, excepto a su histórica Ley de Reforma y Control de la Inmigración de 1986. Yo detestaba a Reagan y me parecía increíble que la hubiera firmado. La ley penalizaba la contratación de inmigrantes indocumentados, pero también concedía una amnistía a quienes hubieran llegado al país sin papeles antes de 1982. Como resultado, se les concedió la residencia permanente a casi tres millones de inmigrantes, y la ley sigue siendo —después de todos estos años— la última gran reforma de inmigración aprobada en este país en más de cuarenta años.

Vi el efecto de la amnistía en vecinos comunes y corrientes, que pudieron salir de las sombras porque sus familiares eran, por fin, ciudadanos legales. Había conocido a muchos padres sin documentos en mis luchas en la junta escolar. Sabía lo difícil que era conseguir que se inscribieran incluso para unas elecciones de la junta escolar. La amnistía tuvo un efecto real en comunidades enteras de la ciudad y del país. Recuerdo a gente que venía a contarme con orgullo que había recibido un número de seguro social. Les cambió la vida.

Al fin y al cabo, hay que recordar que todos estos esfuerzos se realizan por una razón, no solo por poder. He conocido a muchas personas que olvidan que el poder emborracha, y creen que es razón suficiente para hacer este tipo de trabajo. Pero a mí nunca se me olvidó —y nunca se me olvida— que uno se compromete con estos puestos porque puede ayudar a hacer cosas que tengan una repercusión mayor en el mundo. Esa ley de amnistía fue una lección temprana y elocuente sobre cómo ayudar a darle al vecino promedio algo mucho más grande y mejor.

Koch y yo almorzábamos juntos cada dos semanas, y la mayoría de las cosas que se hacían en el gobierno surgían de esos almuerzos informales. Una vez, Ed me pidió que lograra que el programa de amnistía fuera un éxito en Nueva York. Cuando me quejé de que la legislación no venía acompañada de fondos, me dijo que trabajara con Roger Álvarez, quien dirigía el Departamento de Juventud y Desarrollo Comunitario. La agencia recibía paquetes de subvenciones del gobierno federal, por lo que siempre disponía de recursos. Al principio, el equipo de Álvarez negó que tuvieran dinero, pero pronto nos aclararon que si teníamos un proyecto concreto que necesitara apoyo, ellos podían encontrar el dinero. Subvencionaron todo lo que necesitábamos. Todas las noches, recorríamos la ciudad para hablar con diferentes grupos comunitarios. Esos grupos necesitaban dinero para ayudar a tramitar las solicitudes de amnistía. Ese proyecto monumental ayudó a forjar excelentes relaciones entre las comunidades ecuatoriana, colombiana y dominicana. También me ayudó a formar mi propio equipo, que creció de cuatro empleados a diecisiete. Seguí pidiéndole más gente a la jefa de personal de Koch, Diane Coffey, y ella siguió dándomela.

Mi trabajo no solo abarcaba iniciativas políticas sustanciales. Tuve que bregar con muchas estupideces. En la comunidad dominicana, había dos facciones que luchaban por la dirección del desfile dominicano. Los desfiles dejan mucho dinero, así que se me pidió que mediara entre ambas facciones, como asesor hispano del alcalde. Un día estaba reunido con Koch en su oficina y le dije que tenía que ir a sentarme con las facciones rivales en mi barrio.

—Tengo que llegar antes que nadie para asegurarme de que nadie traiga pistolas ni cuchillos —le dije, medio en broma y medio en serio.

Koch se quedó perplejo.

—¿Estás exagerando? —preguntó.

—No. No estoy exagerando.

—No deberías ir allí —me dijo.

—Vivo allí, alcalde. Eso está, literalmente, a tres cuadras de mi casa.

—No —insistió él—. Tienes que ir con escolta policiaca.

—¿Está loco? ¿Voy a presentarme en mi barrio con la policía? No tiene ningún sentido.

—Entonces, necesitarás encubiertos —respondió.

Llevaba semanas reuniéndome con esos grupos. No necesitaba protección de la noche a la mañana, y se lo dije. Aun así, insistió en que su personal de seguridad me llevara y los convencí de que se quedaran afuera.

En 1989, Koch se postuló a un cuarto término sin precedentes, y todos sabíamos que las probabilidades estaban en nuestra contra. Los escándalos eran abrumadores. Los jefes del partido en el Bronx y Brooklyn habían sido acusados y condenados por soborno y extorsión, por darles contratos a empresas creadas por ellos. El Departamento de Transporte protagonizó gran parte de los escándalos. Koch sobrevivió a los escándalos, pero no a las elecciones.

Además, yo leía los periódicos. Había un verdadero movimiento para que la ciudad eligiera a su primer alcalde Negro, entre otras cosas porque las tensiones raciales se habían agudizado tras varios asesinatos racistas. David Dinkins había logrado reunir una sólida coalición de grupos de buen gobierno y minorías. En las primarias, obtuvimos tal vez uno de cada diez votos Negros. Solo la comunidad judía se mantuvo leal a Koch.

Seguí viendo a Ed con regularidad para almorzar los sábados. Siempre que salíamos, la gente se le acercaba y le decía:

—Yo voté por usted.

Y a él no le costaba nada decirles que mentían:

—Si todo el que veo por la calle que me dice que votó por mí lo hubiera hecho, sería alcalde. Usted no votó por mí.

Estoy orgulloso del trabajo que realicé durante la administración Koch. En nuestra primera reunión, me dijo que si estaba de acuerdo con él en seis de diez cosas, y me callaba respecto a las otras cuatro —para discutirlas en privado— podríamos trabajar juntos. Él fue fiel a su palabra y yo fui fiel a la mía.

A medida que el gobierno de Koch llegaba a su fin, comprendí hasta qué punto estaba dispuesto a comprometer mis principios para lograr resultados, resultados que, de otro modo, hubieran requerido años de presión desde afuera. También tenía una idea mucho más clara de aquello en lo que no estaba dispuesto a claudicar y de lo elástico que era mi sistema de creencias. Había trabajado de cerca con una de las mayores figuras políticas de Estados Unidos, quizás la segunda después del presidente, y habíamos alcanzado logros tangibles para los latinos y para la ciudad de Nueva York.

También sabía que no era un burócrata de carrera. Quería trabajar en lugares donde pudiera hacer cambios reales. Todo el mundo me decía que me quedara con Dinkins y me ubicara en una agencia de operaciones gubernamentales, prestando servicios a los neoyorquinos. Pero estaba saliendo de un trabajo con mucha influencia y poder, y no me veía trabajando en una agencia. En cambio, dediqué mucho tiempo a colocar en buenos puestos a todas las personas a las que había contratado para que pudieran seguir utilizando su talento en el gobierno. En cuanto a mí, tenía un perfil demasiado alto como para esconderme detrás de algún escritorio.

Sabía cómo funcionaba el poder, así que sabía que debía empacar las maletas.

El propietario de la emisora radial Mega, Raulito Alarcón, me preguntó si quería trabajar allí hasta que decidiera cuál sería mi siguiente paso. Mega y Amor eran las dos emisoras radiales en español más importantes de la ciudad. No sabía nada de la radio, pero sí sabía hablar. Me pareció interesante. Me dieron libertad para hacer lo que quisiera, así que creé dos programas sobre asuntos públicos, que llevo haciendo, todas las semanas, por más de tres décadas. Pronto empecé a hacerme cargo de las tareas burocráticas, como cumplir con la normativa de rendir informes a la Comisión Federal de Comunicaciones (FCC, por sus siglas en inglés). Y como mi *dossier* no era lo suficientemente diverso, empecé a levantarme todas las mañanas a las cuatro para ayudar a montar el noticiero de cinco a nueve. Al director de noticias le venía bien mi ayuda. Era un cambio total para mí, pero ejercía una enorme influencia en lo que los latinos oían cada mañana en la ciudad.

Me aseguré de que hubiera otras noticias aparte de los deportes y el entretenimiento, aunque estas captaran la atención de los oyentes. Me aseguré de mencionar a los oficiales locales electos que realizaban un buen trabajo. También destacábamos la labor de los grupos locales. Después, en mis programas de asuntos locales, entrevistaba a los protagonistas de la política, el desarrollo comunitario y el gobierno. La radio me enseñó a ser conciso y a desarrollar argumentos convincentes en un par de minutos porque si no, había otras emisoras que tocaban música.

En sus últimos días en el cargo, Koch me preguntó si quería formar parte de alguna junta municipal. Debido a mi formación como psicólogo una década antes, sugerí el Departamento de Salud e Higiene Mental (DOHMH, por sus siglas en inglés). Casi en su último día, me llamó a su oficina para decirme que debía llamar al jefe de Health + Hospitals. No entendí bien y le recordé que había hablado de salud mental.

—Pues, entendí mal —dijo—. Ahora eres miembro de la junta corporativa de Health + Hospitals. Buena suerte.

Ya era demasiado tarde para enmendar el error. Aunque ambos tenían la palabra «salud», no eran en absoluto lo mismo. La corporación Health + Hospitals de Nueva York es el mayor sistema de salud pública de Estados Unidos, que atiende a más de un millón de pacientes al año. Así comenzó otra aventura imprevista.

En la corporación Health + Hospitals, me hice de una reputación como pensador independiente y miembro de la junta que trabajaba con empeño. No sabía absolutamente nada de hospitales, pero estaba dispuesto a dedicarle el tiempo necesario a aprender sobre ellos. Atacaba a Dinkins cada vez que hacía algo que me parecía mal, pero el presidente de la junta había sido nombrado por Dinkins, y sabía que, aunque a veces lo criticara, podía contar con mi apoyo cuando lo necesitara. Lo que aprendí durante el proceso de construcción de escuelas me resultó útil. Me nombraron presidente del comité de capital, ya que estábamos construyendo en todo el sistema. Llegué a conocer bastante bien el sistema, así que acribillaba a preguntas a cualquiera que viniera a hacernos una presentación. Detestaba que la gente fuera descuidada con el dinero público, solo porque no era suyo.

Cuando Rudy Giuliani tomó las riendas de la ciudad cuatro años después, una vieja amiga, Ninfa Segarra, se convirtió en su vicealcaldesa. Había sido nombrada por Dinkins al Departamento de Educación, pero se había distanciado de él y apoyaba a Giuliani. Me mantuve cerca de ella porque era uno de los pocos latinos cercanos a Giuliani, y pensaba que alguien debía ayudarla. Cuando Giuliani ganó, me pidió que dirigiera la corporación Health + Hospitals. Al principio me negué, pero Ninfa insistió en que me reuniera con él, así que lo hice.

—De verdad que quiero que hagas esto —me dijo Giuliani—. ¿Qué tengo que hacer para convencerte?

Le dije que haría el trabajo, pero que sería crítico de su administración, como lo había sido de la de Dinkins. En el momento en que el trabajo confligiera con mis principios, me iría.

—¿Es algo con lo que esta administración puede vivir? —pregunté.

Dijo que sí y me nombró presidente de la junta de Health + Hospitals para, así, cubrir la cuota de demócratas en la corporación.

Pensé que ya vería qué podía hacer. Sin embargo, pronto me di cuenta de que Giuliani era mezquino hasta el tuétano. Interactué poco con él, pero un día, en una reunión en Gracie Mansion en la que se discutía el desempeño del canciller de Educación, fui testigo de cómo Giuliani se burlaba de él porque había llorado en público. Qué asqueroso.

Estábamos empezando a cumplir la promesa de atender a las personas pobres de forma respetuosa, incluso cuando hubiera objeción. Nos criticaron sin piedad por gastar un millón de dólares en el vestíbulo del Hospital Lincoln en el Bronx. Nadie dice ni pío cuando un hospital privado se gasta ese montón de dinero en mármol para construir una gran entrada. Pero la gente no cree que los pobres merezcan lugares bonitos o que haya que invertir dinero en mejorarles la vida. También denuncié el pobre rendimiento de la corporación. Detuve la renovación del Kings County Hospital de Brooklyn porque estábamos haciendo mal las cosas y malgastando recursos, a pesar de que el lugar lo necesitaba. Los presidentes de las juntas no suelen hacer eso.

Al año y medio en el puesto, llegué al punto en que mis principios confligieron con las políticas de la administración Giuliani. Mucha gente me dijo que no me molestara por eso, que podría seguir realizando muchos cambios si me quedaba donde estaba. Pero era algo profundo e importante. El gobernador George Pataki proponía recortes en los programas estatales para el VIH/SIDA. El recorte sería de apenas unos quince millones de dólares, de nuestro presupuesto total de más de tres mil millones.

Los recortes totales no fueron ni siquiera un error de redondeo. Pero estábamos en plena epidemia de VIH/SIDA y no me parecía correcto recortar el presupuesto de ese renglón en aquel momento. Había otras formas de hacer recortes y ahorrar. Íbamos a trasladar el sistema de ambulancias al cuerpo de bomberos, lo que resultaría en un enorme ahorro. Pero Giuliani se negó. Mi mayoría en la junta era muy precaria. Tenía un margen de solo uno o dos votos porque había nombramientos de distintas administraciones. Siempre tenía que reunirme con los miembros de la junta para convencerlos de algún caso para ganar los votos.

Así que cuando el anterior presidente de la junta, que había permanecido en ella, propuso una resolución en 1994 para condenar a Pataki y a Giuliani por recortar los fondos para el VIH/SIDA, llamé a la oficina del alcalde para decirles que apoyaría la resolución.

—¿Recuerda que le dije que, si mi trabajo como defensor confligía con mi trabajo como presidente de Health + Hospitals, siempre prevalecería el de defensor? Pues, ahí está —dije—. Lo que está haciendo está mal. No voy a apoyar un recorte de quince millones en servicios para el VIH/SIDA.

El equipo de Giuliani me dijo que no podía votar en contra del recorte. Esa mañana iban a operar a mi padre del corazón y me sugirieron que me fuera unos días con él. La votación era ese día. Si viajaba para ver a mi papá en Puerto Rico, me la perdería y la resolución fracasaría.

—No voy a hacer eso —contesté—. No soy cirujano y no puedo hacer nada por mi padre más que esperar. Puedo esperar en Nueva York y votar a favor de la resolución.

Insistieron en que no podía apoyar la resolución. Así que presenté mi renuncia.

¿Hice lo correcto? Había aprendido trabajando con Koch que las convicciones pueden ser elásticas. Pero ese fue un terreno en el que mis convicciones se mantuvieron firmes. Estábamos en medio de la epidemia.

La gente moría a diestro y siniestro. Nuestros hospitales estaban llenos de enfermos de SIDA, pero había indiferencia porque se pensaba que los únicos que se enfermaban eran los homosexuales o los consumidores de drogas.

Renuncié y me fui a Puerto Rico a ver a mi papá.

Pensé que si me hubiera permitido votar a favor de la resolución, le habría dado algún crédito a Giuliani. No hubiera concedido entrevistas, y la gente lo hubiera interpretado como que Giuliani se cagaba en Pataki, cosa que ocurría a menudo. En cambio, se convirtió en un lío enorme porque yo renunciaba a causa de los recortes y me estaban obligando a irme. Al equipo de Giuliani no le importó hasta que la noticia llegó a la portada del *New York Times*. Cuando el *Times* me llamó, me limité a decir:

—No hay nada que explicar. La gente de Nueva York no me eligió. Eligieron a Giuliani, y su política es recortar los fondos para el VIH/SIDA. No podía apoyar esa política, así que me fui.

Giuliani empezó a tener una relación mucho más polémica con la comunidad gay después de ese artículo.

Sin embargo, había muchas cosas buenas que ya no podría hacer porque ya no estaba dentro. Ese era el precio que tenía que pagar. Por ejemplo, cuando asumí la presidencia de la junta, ampliamos MetroPlus, un programa de seguro médico de bajo costo, que era nuestro programa de cuidado de salud coordinado. El mundo empezaba a cambiar y Health + Hospitals corría el riesgo de perder a sus pacientes en favor de las compañías de cuidado de salud coordinado. En ese mundo, Health + Hospitals cobraría solo como proveedor de servicios. Pero nosotros queríamos ser aseguradores y también proveedores de nuestros pacientes. Las aseguradoras cobran por paciente independientemente de si prestan o no algún servicio. Así que invertí dinero en MetroPlus, incluso dinero para publicidad, para poder competir con las compañías de cuidado de salud coordinado que regalaban tostadoras gratuitas a sus afiliados. Esa iniciativa sufrió cuando renuncié. El sistema perdió muchos recursos.

Los principios y los valores importan. Pero también son importantes los resultados. La tensión entre ambas fuerzas es intensa para cualquiera que entienda a cabalidad el significado del servicio público y el poder del gobierno para mejorar la vida de las personas que de verdad lo necesitan.

CAPÍTULO 6

Latinidad

D URANTE VARIOS MESES, DESPUÉS DE FINALIZADA LA ADMINISTRA-
ción de Koch en 1989, estaba haciendo trabajos de consultoría aquí y
allá cuando escuché hablar de una oportunidad única. United Way of New
York iba a crear una serie de federaciones siguiendo el modelo de la federación filantrópica United Jewish Appeal y Caridades Católicas. Habría
una Federación Asiático-Estadounidense, una Asociación de Organizaciones Benéficas Negras y una Federación Hispana. El objetivo era ayudar
al sector sin fines de lucro en las distintas comunidades. Las federaciones
recaudarían dinero para sus miembros y prestarían servicios técnicos para
fortalecer a las agencias individuales, de modo que pudieran atender a los
neoyorquinos necesitados. Me encantó el reto y, sobre todo, el hecho de que
esas organizaciones aún no existieran. Podía crear algo totalmente nuevo

para ayudar a todas las organizaciones y los líderes latinos con quienes llevaba trabajando más de una década. Solicité el puesto, me contrataron y me convertí en el director ejecutivo fundador de la Federación Hispana.

Me dieron trescientos mil dólares y un bosquejo conceptual de ocho páginas, que pronto decidí que era insuficiente. Así que acudí a las personas que conocía que podían ayudar a crear una red latina sin fines de lucro: las organizaciones locales ecuatorianas y colombianas, el Instituto de la Familia Puertorriqueña, Aspira y muchas otras organizaciones que necesitaban ayudar en la creación de esta nueva federación.

Desde el inicio de mi trayectoria en Nueva York, del tiempo que pasé en Aspira, supe que las organizaciones sin fines de lucro eran fundamentales para la vida de las comunidades. Aspira estaba comprometida a desarrollar el liderazgo puertorriqueño. La Federación Hispana surgió de la idea de que nuestra comunidad necesitaba sustentabilidad. Necesitaba la ayuda que podía prestarle el sector sin fines de lucro. En aquel momento, era un pequeño grupo de instituciones que la comunidad puertorriqueña había creado a medida que se desarrollaba. Pero cuando United Way se puso en contacto conmigo, la comunidad latina ya contaba con diversos grupos, aparte de los puertorriqueños. Sabía que debíamos ampliar esta red en nuestra comunidad, pero las instituciones no estaban ahí. Teníamos que ayudar a crearlas. Teníamos que desarrollar más organizaciones para que más comunidades pudieran atender a nuestra gente y empoderarla. Teníamos que crear un liderato.

Había muy pocas instituciones no puertorriqueñas: grupos pequeños como el Centro Cívico Colombiano y la Alianza Dominicana. Pero teníamos que crecer y ser más grandes que la suma de nuestras partes. No sabía si quería que me consideraran hispano; ni siquiera sé lo que significa esa palabra. Pero si los gringos, en su construcción binaria del blanco y el Negro, querían entender el mundo a través del concepto «hispano» y agrupar a un montón de gente bajo la misma sombrilla, ¡pues pa'lante!

En lugar de pequeñas comunidades separadas de un millón de personas cada una, seamos tres millones, o treinta millones. Ni siquiera lo habíamos pedido. Incluso habían metido a todos los asiáticos en el mismo saco, a pesar de que no todos hablan la misma lengua ni tienen la misma cultura. Eso respondía a la necesidad de los blancos de entender el mundo de una forma simple. Así que íbamos a hacerles el favor. Ahora íbamos a hablar como treinta millones de personas. Fue algo revolucionario. Utilizaríamos su concepto para sentarnos a la mesa con mucho más poder.

No sabía si esas eran las intenciones de United Way de Nueva York, pero no importaba. Por primera vez comprendí que las organizaciones sin fines de lucro podían hacerse poderosas y, al mismo tiempo, atender a las personas con necesidades. Se podían usar fondos filantrópicos y gubernamentales para prestar servicios. Y luego uno podía ir donde el alcalde junto con otros treinta directores ejecutivos de toda la ciudad y decirle que hacía falta más presupuesto. Cuando fuimos al New York Community Trust, que otorga fondos a organizaciones sin fines de lucro, se pusieron nerviosos. Tenían buenas intenciones, y pensaban —como todos— que las buenas intenciones bastarían para aplacarnos. Analizamos a todos sus beneficiarios y les dijimos que solo el dos por ciento de su dinero se destinaba a organizaciones dirigidas por latinos. Ellos eran nuestros socios y no estaban contentos. Pero eso significaba consolidar el poder: aumentar los recursos y los servicios. Nuestro objetivo era acaparar poder porque no nos lo iban a regalar así porque sí. Teníamos que luchar por el poder.

También teníamos que ampliar las donaciones de nuestra propia comunidad. Corría el año 1990, y no conocía cincuenta latinos adinerados en Nueva York a los que pudiera sentar en una reunión y preguntarles cuánto donarían. Recuerdo la primera vez que recibimos una donación de cinco mil dólares de un particular. Mi director de desarrollo, John Gutiérrez, y yo nos quedamos asombrados de que alguien diera tanto dinero a un grupo que era apenas un concepto. Era la primera gran donación que recibíamos, e invitamos al donante, Carlos Morales, a formar parte de la junta directiva. Esa era una de las principales razones para las que nos habían creado: conseguir donaciones provenientes de los latinos. Mantuvimos el rumbo y planificamos nuestra primera gala. Necesitábamos invitados especiales, y ya estábamos en conversaciones con Oscar de la Renta, el gran diseñador de moda dominicano. Estábamos buscando otro invitado especial cuando mi vicepresidenta, Nereida Andino, me dijo que Bianca Jagger me había llamado dos veces. Le dije a Nereida que la llamara, pero me dijo que Bianca había insistido en hablar directamente conmigo.

—Es Bianca Jagger —dijo.

—¿Quién es Bianca Jagger? —pregunté.

—¿Sabes quién es Mick Jagger?

—No, no lo sé.

Tampoco me impresioné cuando me explicaron quién era Mick Jagger. Estar casado con alguien famoso no te hace famoso. Pero todo el mundo me dijo que Bianca Jagger era famosa, y yo buscaba una invitada especial. Así que quedamos para ir a almorzar a un pequeño restaurante caribeño del vecindario, cerca de nuestra oficina en la calle Treinta y siete. Era uno de esos sitios donde tienen la comida expuesta en grandes fuentes, y uno solo tiene que elegir lo que quiere y sentarse a comérselo. Bianca pidió una ensalada y creo que le abrieron una lata de vegetales Del Monte. Preguntó qué aderezo tenían, y el cubano que estaba detrás del mostrador le sugirió vinagre, aceite y, quizás, algo de sal y pimienta. Ella no hizo ningún aspaviento. Pero mi esposa se quedó boquiabierta cuando se lo conté después.

—¿Llevaste allí a Bianca Jagger? Eres tan jíbaro.

A pesar de mi poca elegancia, Bianca fue nuestra invitada especial en la gala.

Así fue como empezamos a desarrollar un espacio que pudiera reunir a las élites, las corporaciones, los líderes políticos y las organizaciones comunitarias. Nos convertimos en el lugar donde se juntaba la gente.

Formar un equipo diverso de varios grupos latinos fue una experiencia fantástica. Empezamos desde cero creando programas de asistencia técnica para agencias y organizaciones. Todos tenían necesidades diferentes. El Centro Cívico Colombiano necesitaba constituirse como una organización de voluntarios sin fines de lucro. El Instituto de la Familia Puertorriqueña necesitaba un ascensor para hacer su edificio accesible en silla de ruedas. Mi trabajo consistía en vender el concepto de que todos los hispanos colaboraban bajo la misma sombrilla en una época en la que esa noción no existía. Eso significaba que cada una de nuestras «tribus» —dominicanos, puertorriqueños, ecuatorianos, colombianos— estaba pasando del singular al plural.

Desarrollamos una serie de criterios para determinar quiénes podían ser miembros de la federación. No era necesario pagar, pero las organizaciones tenían que cumplir con los siguientes requisitos: mayoría de directores latinos en la junta directiva, prestación de servicios a una población mayoritariamente latina y liderazgo latino en el nivel ejecutivo. Hoy día, esos tres requisitos siguen siendo los criterios de admisión. Había organizaciones en la cúspide de la clasificación, como el Consejo para Niños Adoptables, que era una agencia de acogida que atendía a una población latina en rápido crecimiento. Organizaron una junta de mayoría latina y contrataron a directivos latinos.

Nuestro rol era ayudarles a construir sus organizaciones. Nosotros no teníamos dinero, pero podíamos ayudarlos a conseguirlo. Pronto desarrollamos las capacidades técnicas para ayudarlos a crecer. Reuní a un grupo de redactores de propuestas que luego enviamos a las organizaciones y agencias. De repente, esos grupos empezaron a recibir fondos porque presentaban propuestas profesionales. Mis amigos ayudaron. Michael Stolper, quien ahora es mi compadre, dirigió al grupo de escritores, en su mayoría estudiantes de Derecho, en la redacción de las propuestas. Recibimos muchas ofertas de servicios pro-bono, incluidas empresas de auditoría, para esas organizaciones. Puede que el trabajo no fuera atractivo, pero sí era sustancial: creábamos grupos que construían y reforzaban nuestra comunidad.

Mi trabajo consistía sobre todo en recaudar fondos y resolver problemas. Las agencias comunitarias siempre han tenido problemas con los contratistas, pero ahora conocía a gente en el gobierno, así que podía llamar al comisionado del Departamento del Trabajo, por ejemplo, y decirle que sabía que las cifras del National Puerto Rican Forum no eran buenas. Yo había creado esos indicadores cuando estaba en el Departamento del Trabajo. Pero les prometía que asignaría a alguien que trabajara con ellos para mejorar esos números. De ese modo, las organizaciones evitaban la pérdida de programas.

Aveces necesitamos apoyo para crear nuevas agencias. Ese fue el núcleo del Centro de Integración Latinoamericana, el precursor de la organización Make The Road. Sara María Archila, una refugiada política recién llegada de Colombia, vino a visitarme para contarme su idea de crear una nueva institución para ayudar a los colombianos. Estuve de acuerdo y seguimos adelante.

También tuve que utilizar mis dotes de persuasión para ganarme a los escépticos que desconfiaban de toda la misión. Carmen Arroyo dirigía la South Bronx Community Corporation y tenía influencia con muchos otros líderes comunitarios. Si conseguía ganármela, tendríamos más credibilidad y podríamos reclutar a otras organizaciones. Sin embargo, Carmen era de Puerto Rico, y quería asegurarse de que nuestro poder colectivo no mermara el poder puertorriqueño.

—No sé por qué haces esto —me dijo—. Esto va a diluir el poder puertorriqueño. Ahora estás creando una sombrilla bajo la cual todo el mundo es igual. Los dominicanos nos van a comer los dulces, junto con todos esos otros grupos que están creciendo a toda velocidad.

—Carmen, Carmen, vas a mantener el poder que tienes —le dije—. En la medida en que nos unamos a otros, tendremos más poder por los números.

Me dijo que me daría un año para ver qué pasaba. Durante ese año, no hubo nada que Carmen deseara que no consiguiera. Pronto se presentó como candidata a la Asamblea Estatal de Nueva York y ganó, convirtiéndose en la primera mujer puertorriqueña electa al cargo. Yo la apoyé.

La federación creció muy deprisa. Volví a United Way a pedir más dinero y los acusé de que sus aportaciones eran nominales. Fui a la Fundación Ford y les dije que debían avergonzarse por no apoyar como era debido a nuestra comunidad. Tuve discusiones acaloradas con los directivos del New York Community Trust. Y hay que decir a su favor, y pese a mi estilo abrasivo, que todos cumplieron. Con sus aportaciones, creé la iniciativa CORE, que otorgaba subvenciones para fines menos atractivos: agencias que tenían que pagar la electricidad, pero tenían tres meses de retraso; otras que necesitaban una auditoría; instituciones que necesitaban contratar a un empleado para recaudar fondos. En la actualidad, CORE es el mayor programa de subvenciones para latinos de la ciudad de Nueva York, con apoyo adicional de la alcaldía de tres millones de dólares anuales.

Para mí, la Federación Hispana es un trabajo que no termina. No teníamos una sede, así que conseguimos dinero del estado y de la ciudad para comprar un espacio en un condominio. Cedí mis programas de radio a la Federación Hispana para que continuaran como programas de la Federación Hispana, no como programas de Luis Miranda. Aunque me fui de la Federación en 1998, siempre será parte de nuestra familia. Después de que el huracán María destruyó gran parte de Puerto Rico en 2017, recaudamos millones —gestionados por la Federación Hispana— para ayudar a reconstruir la isla. Invertimos más de cuarenta y cinco millones de dólares en Puerto Rico a lo largo de cinco años. Con parte del dinero se pagaron cosas pequeñas, como auditorías de agencias. Parte del dinero se destinó a objetivos más amplios, como la iniciativa del café, en la que participaron más de mil caficultores de la isla junto con grandes empresas como Starbucks y Nespresso, con el apoyo de la Fundación Rockefeller y otros donantes. Como resultado de esta iniciativa, la producción local de café es hoy mayor que la del año anterior al paso de María por Puerto Rico.

Después de seis años construyendo la Federación Hispana, empezaba a aburrirme. Se había convertido en el centro de todo lo relacionado con los grupos latinos de Nueva York. No había oficial electo que no acudiera a nosotros para buscar ayuda o para ofrecérnosla. Nos habíamos convertido en una importante fuerza política y social, mucho más que una agencia. En algún momento me di cuenta de que lo que en realidad quería hacer era dirigir campañas políticas: ese era mi siguiente reto. No sabía cómo convertirlo en un trabajo rentable porque llevaba toda la vida haciéndolo sin cobrar.

Hablé con gente de la United Way y el United Jewish Appeal, que me ayudaron mucho. Siempre que tenía alguna pregunta, siempre que necesitaba un consejo, estaban ahí para ayudarme. El mejor consejo que me dieron fue que siempre hay cierta agitación cuando un líder abandona un lugar, especialmente un líder fundador. Así que, para que la federación sobreviviera, antes de irme debía de asegurar un par de años de presupuesto para que el siguiente director tuviera tiempo de encontrar su propio equilibrio. Ya tenía una sucesora pensada: Lorraine Cortés-Vázquez. Había convencido al presidente de mi junta, Mariano Guzmán, de que era una gran elección. En aquel momento era la directora de Aspira y tenía experiencia en el gobierno municipal como comisionada adjunta. Como acto de afirmación, me parecía que se vería bien que una mujer dominicano-puertorriqueña sucediera a un hombre puertorriqueño como líder. La junta estuvo de acuerdo y, con un par de años de presupuesto asegurado, pude irme de la federación dejándola en buen estado. Querían darme una placa con mi nombre, pero les dije que no.

—Si van a hacerme un regalo, por favor, que sea una impresora —dije—. Eso es lo que necesito. No necesito otra placa.

Así que me regalaron una impresora. En ese sentido, siempre he sido muy práctico.

Para mi despedida, Lin-Manuel compuso una canción sobre mi vida en la Federación Hispana basada en el musical *The Capeman*, cuya canción tema es «Born in Puerto Rico». Él ya tenía dieciocho años y estaba listo para comenzar una carrera en el cine o la actuación y la escritura de guiones, música y poemas. Siempre fue muy creativo, y su interpretación en mi fiesta de despedida fue épica.

Cita, por el contrario, ya había terminado la universidad y tenía muy claro lo que quería hacer. Iba a trabajar un par de años, hacer un máster en NYU Stern o Columbia, buscarse un novio, casarse a los treinta y ya tener tres hijos a los treinta y cinco. Lo hizo todo, por cierto, en el tiempo previsto.

En cambio, yo me encontraba en una nueva encrucijada. Tenía cuarenta y cuatro años y sabía que lo único que quería hacer eran campañas. Fue menos una crisis de los cuarenta que una crisis de propósito. Todo lo que hacía tenía un propósito. Había recaudado dinero para causas e instituciones durante mucho tiempo, y ahora estaba a punto de emprender un negocio por cuenta propia. Era algo que no hacía desde que vendía discos cuando era adolescente. Diseñaría mi propio horario, a mi propio ritmo, sin tener ni idea de si funcionaría o no. Tenía una impresora obsequiada por la Federación Hispana y algunos trabajos de consultoría apalabrados por un año. United Way aceptó ser mi cliente, así que ya contaba con una base sobre la cual construir.

Mi verdadera oportunidad me la dio alguien que había conocido a través de la corporación Health + Hospitals. Carol Raphael era la directora de Visiting Nurse Services (VNS, por sus siglas en inglés) y le había sorprendido mi renuncia de la junta por principios. Me llamó de improviso para encargarme un proyecto especial. Casi la mitad de sus clientes eran latinos y necesitaba ayuda para que la organización se adaptara a los hispanos. El trabajo consistía en analizar en detalle su organización y averiguar cómo infundirles latinidad —nuestra cultura, experiencia e identidad latina compartida— a los protocolos y materiales escritos. La organización comenzó a ofrecer clases de español básico a las enfermeras. No podían contratar suficientes enfermeras bilingües, pero al menos podían atender, en español, a las personas que llamaban por teléfono y ponerlas en espera. Las cosas más sencillas pueden representar una gran diferencia. Fueron mis clientes durante mucho tiempo y gracias a su apoyo pude contratar a mi único empleado, Tony Reyes, quien había trabajado conmigo en la Federación. No era trabajo de campaña, pero me permitió crear una empresa y comenzar a hacer el trabajo que quería hacer.

———

Había experimentado mi primera campaña, como voluntario, muchos años antes. Corría el año 1982 y acababa de producirse la redistribución de escaños políticos. Se había creado un distrito electoral en Brooklyn con más del cincuenta por ciento de votantes latinos, y Jack John Olivero decidió postularse. En aquel momento solo había un miembro latino en el Congreso: Robert García del Bronx. Sería una campaña histórica. Olivero era un antiguo ejecutivo de AT&T, que presidía la junta directiva de la Community Service Society, la organización sin fines de lucro más antigua de la ciudad. También fue uno de los artífices del Puerto Rican Legal Defense and Education Fund, y había luchado con éxito por la educación bilingüe y en contra del racismo. Me propusieron ser voluntario simplemente porque trabajaba en Williamsburg, pero pronto acabé dirigiendo la campaña con apenas veintiocho años.

Gracias al apoyo de algunos profesionales que Jack había asegurado, reunimos las peticiones para nominarlo a las elecciones y defenderlo frente a la maquinaria demócrata de Brooklyn, que estaba nominando a su propio candidato, Ed Towns (que no era pariente de mi esposa). También repelimos a un candidato latino local, al que habían animado a presentarse para dividir el voto latino. Perdimos con el veinticinco por ciento de los votos, mientras que el otro candidato puertorriqueño obtuvo el veinticuatro por ciento. La maquinaria demócrata sabía lo que hacía: dividir el voto para ganar. Aprendí una valiosa lección que atesoré durante un tiempo: intenta ser el único candidato latino en la papeleta.

Resultó ser que aquellas elecciones cambiaron mi vida porque allí conocí a Roberto Ramírez, el hombre que se convertiría en mi amigo íntimo y mi socio. En 1982, Roberto vino a nuestro distrito con todo un contingente del Bronx para ayudar en la campaña. Después de las elecciones, Roberto y yo seguimos en contacto. Un par de años después, se postuló a la asamblea estatal de Nueva York y me llamó para pedirme que hiciera una donación a su campaña. Le di dinero y también trabajé de voluntario en un par de ocasiones. Estaban tratando de sacar a un oponente de la papeleta, y yo más o menos sabía cómo lograrlo. Antes de que existieran las computadoras, se podía utilizar una técnica llamada «Firmó otra petición» (Signed Another Petition o SAP, por sus siglas en inglés). Se podían eliminar muchas firmas buscando otras peticiones firmadas que reflejaran firmas duplicadas. Roberto también me pidió que le ayudara el día de las elecciones, cosa que hice con mucho gusto. Perdió la campaña, pero seguimos siendo amigos.

Roberto era abogado, nacido en Puerto Rico, en un pueblito de la costa sur. Había llegado a Nueva York con dieciocho años y sus circunstancias no fueron fáciles. Trabajó como conserje y dirigió un programa de educación de adultos para ganarse la vida. Era una de las personas más brillantes que había conocido. Poseía inteligencia bruta y también se dejaba el pellejo trabajando. Fue electo miembro de la asamblea estatal durante su segundo año de estudios de Derecho en NYU. Es testarudo e impulsivo, pero tiene una perspicacia increíble, que le ayuda a comprender las situaciones. Le gusta decir que la política es la combinación perfecta de ciencia y magia: si se aplica la ciencia, puede ocurrir la magia. Yo suelo fijarme en la ciencia de los datos de las encuestas. Él prefiere fijarse en la magia de las campañas. Formábamos un gran equipo.

Desde el principio, Roberto se rodeó de asesores, sus ayudantes especiales. La mitad de las personas de ese grupo eran leales y trabajadoras, pero del montón. Solían decir que sí a lo que Roberto quisiera. Yo no era una de esas personas. No entiendo cómo alguien puede preferir rodearse de gente que le diga que sí a todo en lugar de retarle a ser mejor. Cuanto más amigos nos hacíamos, más se daba cuenta de que yo siempre le decía la verdad y lo retaba. Por fin ganó el escaño en la asamblea estatal, representó al Bronx durante una década y llegó a ser el presidente del Partido Demócrata en el condado. Cuando yo presidía la corporación Health + Hospitals, él era el presidente del subcomité de salud urbana de la asamblea estatal, y tenía un poder considerable. Nos peleábamos cada vez que su comité aprobaba alguna ley que nos costaría millones de dólares sin darnos más dinero.

—A ustedes les encanta aprobar medidas de mierda porque no tienen que aplicarlas y hacer que funcionen —le decía—. Yo tengo que administrar un sistema con treinta mil empleados todos los días.

—Bueno, vamos a ver cómo puedo conseguirte un poco más de dinero —me contestaba.

—No, iré al Senado, que gracias a Dios está controlado por los republicanos y no por ustedes —le decía haciéndome el guapo—. Derrotaré la medida en el Senado. O iré donde el gobernador, que tendrá más sentido común que tú.

Como ya he dicho, a veces hago pronunciamientos solo para sacudir a la gente. Nunca recibí ayuda de los republicanos. Roberto siempre aportó los fondos adicionales.

———

UNA CONTIENDA DIVERTIDA PERO RETANTE QUE ME TOCÓ DIRIGIR FUE LA elección de Guillermo Linares al Concejo Municipal en 1992, una década después de que Jack se postulara al Congreso. Una vez más, se había creado un distrito que podía elegir de forma plausible a un liderato latino. Nuestra competencia incluía a María Luna, una líder de distrito del Partido Demócrata, que contaba con el apoyo del *establishment* local del partido, y a Adriano Espaillat, un insurgente político que había creado un club demócrata en la zona. Tanto Adriano como Guillermo hacían campañas de base comunitaria.

Linares, al igual que sus oponentes latinos, había nacido en la República Dominicana. Llegó a Nueva York siendo adolescente y creció en el

Bronx. Trabajó de taxista para pagarse la universidad, y se nacionalizó mientras estudiaba. Era cálido, discreto, inteligente y tenía los pies en la tierra. Siempre decíamos que no podía caminar dos cuadras sin pararse veinte veces a hablar con la gente. Y mantenía conversaciones extensas con todos, sin considerar el horario que tenía que seguir. Mientras que Espaillat era más astuto en cuestiones políticas, a Linares le resultaba difícil priorizar su atención. Trataba a cada persona con la que se cruzaba como si fuera la más importante del mundo. Era un gran ser humano, aunque no era el mejor político. La gente lo quería.

Habíamos organizado a miles de padres para las elecciones de la junta escolar hacía unos años. Ya en aquel momento, seis años después de la amnistía, muchos se estaban convirtiendo en ciudadanos y podían votar. Nuestra campaña tenía muy poco dinero, pero en realidad no nos hacía falta. Teníamos tropas. No creo que hayamos realizado ni un solo envío por correo postal. Teníamos mucha literatura callejera e íbamos a todas las escuelas a diario. Teníamos grupos de personas entrenadas en todas las escuelas y podíamos convocar a cincuenta o setenta y cinco personas en un nanosegundo. Yo sabía a cuántas personas habíamos inscrito en cada colegio, dónde recoger firmas, y qué estaciones del *subway* eran las mejores para conectar con los votantes.

La gente seguía preguntándose por qué yo, como puertorriqueño orgulloso, trabajaba para elegir a un representante dominicano. Eran tiempos difíciles. Había aprendido de la Federación Hispana que el atributo personal más importante para los latinos no era la noción de ser hispano; su país de origen era lo que los definía. La mayoría se consideraba primero puertorriqueño, o primero dominicano, o primero colombiano. Y, en segundo lugar, latino. Al mismo tiempo, la única forma en que sabía que podíamos compartir el poder era ganando el poder. Era la oportunidad de elegir a la primera persona de cada grupo para un cargo público visible no solo en Nueva York, sino en todo Estados Unidos. Aproveché la oportunidad.

Tras el censo de 1990, el distrito se creó para intentar elegir a un representante dominicano, ya que los dominicanos eran la inmensa mayoría allí. Trabajaban con ahínco y yo podía ayudarles. Quería formar parte de algo que me parecía un paso necesario para el desarrollo de nuestra comunidad: empezar a elegir a latinos de diversos países de origen.

Fue una campaña reñida pero respetuosa. La política era muy diferente en aquellos días, antes de que la cultura se deteriorara hasta convertirse en lo que es hoy. Durante la campaña, el padre de Espaillat se enfermó. Cuando nos enteramos, fuimos todos al hospital. A todos nos preocupaba que estuviera atravesando esa crisis familiar. Y cuando murió su padre, todos fuimos al funeral como si hubiera sido el padre de nuestro propio candidato.

La noche de las elecciones, nuestros colaboradores en cada rincón del distrito nos hacían llegar los resultados. Enseñamos a la gente a cerrar un colegio electoral y acudir a la sede con los números de cada distrito electoral. Nosotros mismos los sumábamos todos y esa misma noche conocíamos los resultados. Obtuvimos una victoria histórica. Guillermo llamó a sus oponentes, quienes rápidamente cedieron porque también estaban contando sus propios votos.

Años más tarde, yo encabezaría el liderato para ayudar a elegir a Adriano Espaillat como el primer dominicano-estadounidense al Congreso. Dos veces estuvimos cerca de derrotar a Charlie Rangel, el poderoso congresista de Harlem. Cuando Rangel anunció su retiro, finalmente ganamos.

SEIS AÑOS DESPUÉS, ROBERTO Y YO PASAMOS JUNTOS UN FIN DE SEMANA en un domicilio que mi familia había comprado en Montauk, en el extremo este de Long Island. Nuestro plan era hablar del futuro. Roberto quería dejar de ser presidente del Partido Demócrata del Bronx, pero yo argumentaba que debía permanecer en su puesto para salvar al Bronx de la implosión política. Soñábamos con elegir a un alcalde puertorriqueño. Yo crearía una empresa de consultoría y luego dirigiría la campaña a la alcaldía de nuestro amigo Freddy Ferrer en 2001. Roberto abandonaría la asamblea en 2000 y nos dedicaríamos juntos a los negocios.

Fernando «Freddy» Ferrer era el funcionario latino más destacado de la ciudad de Nueva York. Criado por padres puertorriqueños en el Bronx, había sido parte de Aspira, al igual que yo. Antes de postularse para alcalde, había estado años en el Concejo Municipal y después ascendió a presidente del condado del Bronx. Era algo más que un candidato solvente para la alcaldía: era una posibilidad realista de convertirse en el primer alcalde latino de Nueva York. Estaba totalmente comprometido con su campaña, que casi me lleva a la bancarrota porque no podía trabajar en ningún proyecto para otros clientes mientras dejaba el pellejo en la elección del primer alcalde puertorriqueño de la ciudad que amaba.

Había un camino real hacia la victoria. Sabíamos que teníamos que mejorar los resultados entre los votantes latinos —no solo entre los puertorriqueños, sino en toda la comunidad— para compensar nuestra escasa representación en el total de votantes inscritos. También sabíamos que teníamos que crear una coalición con los afroestadounidenses, que no se activaba desde 1989, cuando los votantes latinos apoyaron a David Dinkins. Había pasado más de una década. No sabíamos si los votantes Negros apoyarían a un candidato latino como los latinos habían apoyado a Dinkins. Además, necesitábamos alrededor del veinte por ciento del voto blanco para ganar las primarias.

Trabajamos con empeño para convencer a los dominicanos de que Freddy, como puertorriqueño, les representaría y forjaría una unidad de la latinidad. Yo tenía cierta influencia entre los dirigentes dominicanos por el trabajo que había realizado para que Guillermo Linares resultara electo. Según las estadísticas, los latinos votaban menos en las primarias. Así que nuestra estrategia se centró en identificar y convencer a los votantes latinos —especialmente a los que habían votado por Hillary Clinton para el Senado Federal— de que acudieran a las primarias. Con pocos recursos, parecía una estrategia mejor que intentar convencer a los no votantes de que acudieran por primera vez a votar o registrar a nuevos votantes.

Estábamos haciendo campaña sin cesar cuando Roberto, que era una gran figura política de nuestra campaña, decidió ir a Vieques. Para los puertorriqueños, Vieques era el problema número uno en aquel momento porque la base militar de la isla municipio seguía siendo utilizada por la Marina estadounidense para prácticas de tiro. Cuando un empleado civil murió a causa de una bomba, comenzaron en serio las protestas contra la presencia de la Marina. Roberto se sintió obligado a correr el riesgo de ir a Vieques porque estaba comprometido con la lucha contra el bombardeo de la isla. Recuerdo decirle que no invadiera terrenos militares porque lo arrestarían. Pero no me hizo caso, entró ilegalmente y lo arrestaron.

Me enteré de su arresto cuando me llamó desde el barco en el que lo trasladaban a un centro penitenciario para pasar los cuarenta días siguientes en la cárcel junto con el reverendo Al Sharpton, el asambleísta estatal del Bronx, José Rivera, y el entonces concejal de Nueva York, Adolfo Carrión, Jr.

De repente, me había quedado a cargo de la campaña de Freddy. Organizamos piquetes frente a la penitenciaría de Brooklyn todos los días, mientras Roberto y sus compañeros de protesta hacían huelga de hambre. Me debatía entre la rabia por dirigir la campaña —cuando le había dicho a Roberto que no invadiera— y una profunda decepción. Roberto solía ser muy disciplinado, y eso no correspondía en absoluto con su carácter. Aun así, giramos hacia una campaña por Vieques y utilizamos la lucha como un grito de guerra para conseguir los votos puertorriqueños para Freddy en Nueva York. Resultó un éxito. Incluso viajé a Vieques con Freddy, aunque me prometió que no terminaría en la cárcel. Mientras tanto, Roberto y Al Sharpton se hicieron grandes amigos en la prisión. Cuando fueron liberados, a mediados de agosto, Sharpton prometió su apoyo a Freddy, y lo mismo hizo la mayoría del liderato Negro de la ciudad. ¿Era la ciencia o la magia de la política? En cualquier caso, Roberto lo había conseguido.

Un par de semanas antes de las elecciones, estábamos en una posición excelente. Sin embargo, en una carrera con varios candidatos, era difícil asestar el golpe de gracia. Nuestro mayor rival era Mark Green, quien hacía poco había servido como defensor del pueblo.

Mark Green nunca me cayó bien. No lo conocía personalmente y no me había hecho nada, pero siempre tuve la impresión de que era un comemierda. Durante dos décadas, Green había sido preparado por una familia adinerada y por la clase dirigente demócrata para que se convirtiera en alcalde, y actuaba como tal. Freddy, en cambio, era un desconocido para la clase dirigente blanca porque el Bronx se consideraba un barrio periférico. Recibí una llamada de una veterana periodista del *New York Times*, Joyce Purnick, a quien conocía de mis días en la alcaldía. Quería reunirse porque, según explicó, Freddy Ferrer podía ser el siguiente alcalde, y ella no lo conocía.

El día de las primarias, el segundo martes de septiembre, estábamos satisfechos con nuestras probabilidades. Era un día de otoño perfecto con un cielo azul despejado sobre toda la ciudad: 11 de septiembre de 2001. Llegué a nuestra oficina de Houston y Broadway temprano en la mañana, a eso de las cinco. A las ocho de la mañana, ya teníamos voluntarios desplegados por toda la ciudad. Entonces ocurrió lo inimaginable. Desde donde estábamos, veíamos todo el centro de la ciudad hasta el World Trade Center, donde salía humo de una de las torres. Al principio, todos pensamos que había sido un accidente. Bajé con Michael Stolper a comprar un café. Hablamos de lo que podía significar un retraso en las elecciones mientras las sirenas sonaban a nuestro alrededor. Cuando regresamos a nuestra oficina, vimos la explosión cuando el segundo avión impactó contra la segunda torre. Después oímos las noticias sobre el Pentágono.

Se formó un pandemónium en la campaña. La gente empezó a asustarse a medida que nos enterábamos de que el país estaba siendo atacado. No era un avión cualquiera que había perdido la pista del aeropuerto. El personal de la campaña empezó a llorar, muchos querían irse a casa.

Quince minutos después del impacto contra la segunda torre —a las nueve y tres minutos de la mañana—, la policía empezó a golpear la puerta de nuestra oficina insistiendo en que la evacuáramos. Pero estábamos en plenas elecciones y yo no podía abandonar mi puesto en el centro de todo, aunque hubiera ambulancias y camiones de bomberos de un extremo a otro de Broadway.

—No puedo irme hasta que se cancelen las elecciones —le dije al oficial, que a regañadientes permitió que un par de nosotros nos quedáramos.

Un miembro del equipo se me acercó y me dijo:

—Sé que estás buscando voluntarios. Yo me quedo. Estoy aquí en Nueva York solo, y sé que no va a pasar nada.

Le pregunté a otro muchacho de Texas, que también vivía solo en la ciudad si le importaba quedarse. Conseguí que algunos voluntarios más se quedaran, pero no cambió nada.

Era difícil hablar con alguien por teléfono porque las líneas no funcionaban. Intenté llamar a Luz, pero no podía comunicarme. Al final, conseguí hablar con ella y le dije que tenía que quedarme en la oficina para dirigir la campaña.

—Haz lo que tengas que hacer —dijo con calma.

Lin-Manuel estaba en la escuela Wesleyan en Connecticut, tratando desesperadamente de localizarnos. Por fin se conectó por Instant Messenger con alguien que trabajaba en la campaña. Le dijeron que yo estaba bien.

Enseguida los rumores e informes se volvieron una locura. Iban a atacar a las Naciones Unidas, y nuestra hija, Cita, que trabajaba en la nómina de la campaña, estaba en otra oficina no muy lejos de allí, en la calle Cuarenta y Lexington. Las torres se derrumbaron y, desde nuestras ventanas, podíamos ver el tumulto de gente caminando hacia el norte, todos cubiertos de polvo blanco.

Las escenas son inolvidables. La elección fue cancelada.

Llamé a Cita, que estaba con mi hermana, Yamilla. Le dije que se fuera y que llegara a casa. Agarré mi bulto y corrí escaleras abajo.

—Nos vemos en casa —le prometí.

Abracé a Michael, que había estado conmigo desde antes del amanecer, y se fue a pie hacia su casa en Brooklyn.

Empecé a guiar hacia el norte. Nadie estaba entrando en Manhattan, todo el mundo salía. Las calles eran ríos de gente. Lo único que podía ver eran las luces rojas de los carros delante de mí; un montón de carros intentando salir de la ciudad. Empecé a darles pon a desconocidos para ayudarlos. Cuando por fin llegamos a casa, sabía que podíamos haber ganado ese día. Nuestro camino hacia la victoria era real. Además de todos los horrores del día, los malditos terroristas le habían robado a Nueva York su primer alcalde puertorriqueño. Habíamos hecho encuestas todos los días y teníamos el setenta por ciento del voto Negro y el noventa por ciento del voto latino. Sabíamos que podíamos conseguir el veinte por ciento del voto blanco que necesitábamos.

Mi familia estaba a salvo, gracias a Dios. Pero el caos no había hecho más que empezar.

La votación se reanudó dos semanas después, el 25 de septiembre, sin que se contabilizaran los votos del 11 de septiembre. Nueva York y el mundo habían cambiado de forma radical. Acabamos en primer lugar con el treinta y seis por ciento de los votos, solo cuatro puntos por debajo de la victoria total. Dos semanas después, nos encaminamos a una segunda vuelta contra Green.

Lo que siguió fue impresionante. Rudy Giuliani empezó a sugerir que debía permanecer en la alcaldía más allá del término de su mandato. Eso implicaba enmendar la constitución de la ciudad para que pudiera mantenerse en el poder. Por razones difíciles de comprender, a Mark Green le pareció una buena idea. Era un demócrata que apoyaba a un republicano aferrado al poder por encima de la ley. También estaba desesperado por creerse que Giuliani, a pesar de su falta de popularidad, se había convertido en una especie de protector de la ciudad contra los terroristas.

Nos opusimos a la soltada. Tenía una buena relación con el director de campaña de Green y lo llamé consternado.

—¿Tú estás loco? La Constitución de Estados Unidos no se suspendió cuando empezó la guerra civil —dije—. El traspaso de poderes debe continuar. Ojalá consigan otro candidato que pueda afrontar la nueva realidad y los nuevos retos sin tratar de cambiar la Constitución.

Freddy y yo nos reunimos con Giuliani en persona para decirle lo mismo. Yo había trabajado con él y, por supuesto, lo conocía bien. Pero eso no cambió nuestro mensaje.

—Sé que tienes buenas intenciones y que la situación en la ciudad es muy inquietante —le dije—. Pero tenemos que ser capaces de seguir el traspaso de poderes. Así es como se mide la fortaleza de una democracia.

El sueño febril de Giuliani no se hizo realidad. Habría necesitado la aprobación de la Legislatura, y en la asamblea estatal no había voluntad de hacerlo. Sin embargo, lo impensable y lo indecible ahora eran aceptables en la política y en los medios de comunicación. Estábamos a solo dos semanas de nuestra segunda vuelta electoral.

La campaña de Green giró en torno a una pregunta indudablemente racista: ¿estamos preparados para un alcalde puertorriqueño cuando la ciudad está atravesando la experiencia política y económica más traumática de su historia? Apelaron a los votantes blancos afirmando que Ferrer rozaba la irresponsabilidad por dividir a la ciudad y apoyar la subida de impuestos en un momento en que la ciudad no podía permitirse cambiar de rumbo. De repente, nuestra alianza con Al Sharpton cayó en el juego de una de las peores actitudes racistas imaginables. El *New York Post* publicó una viñeta racista de Freddy besándole el culo a Sharpton, típica de la mierda derechista que difunde ese tabloide. Menos típica fue la forma en que uno de los operativos de Green reimprimió la viñeta en hojas sueltas y las envió por correo a los votantes blancos de toda la ciudad. Ahora teníamos a un candidato demócrata preguntándoles a los votantes: «¿Quieren que Al Sharpton sea su próximo comisionado de la policía?».

Ese tipo de actitud se filtró en la cobertura de toda la campaña. El *New York Times Magazine* presentó a ambos candidatos. Mark Green iba vestido de traje; Freddy llevaba una guayabera. Los partidarios de Green se presentaron en uno de nuestros mítines y empezaron a lanzarnos chancletas baratas con una foto de Freddy. No fue nada agradable. Guardo una de esas chancletas en mi escritorio como recordatorio constante de quién soy y lo que represento: un latino orgulloso siempre dispuesto a patear culos por mi comunidad.

Debí de dormir dos o tres horas por noche esas dos semanas antes de la segunda vuelta. Abrimos una cuenta en un hotel de Soho propiedad de un donante de la campaña de Freddy. Terminaba de trabajar a las tres de la mañana y ya estaba de vuelta a las cinco y media.

Por si fuera poco, ese mismo año le habíamos dado la bienvenida a Miguel a nuestra familia. Luz trajo al bebé a la oficina para que pudiera verlo un momento en medio de nuestra locura.

Perdimos la segunda vuelta por dieciséis mil votos de los más de ochocientos mil emitidos en toda la ciudad.

Los votantes blancos no votaron por nuestro candidato; votaron por Green. Nuestra estrategia de una coalición de Negros y latinos funcionó antes del 11 de septiembre, pero la ciudad había cambiado en cuestión de días. El prejuicio poco disimulado de la campaña de Green había tenido éxito. Era un caso típico de racismo político dirigido contra todo un grupo de personas a las que se les decía que nunca debían estar al mando de la ciudad de Nueva York. Freddy era un candidato que representaba las aspiraciones de los latinos y los Negros, y tenía el respaldo de una coalición sólida. Venía del Bronx, donde había sido presidente del condado durante muchos años. El Bronx era el lugar que representaba nuestras aspiraciones. Pero no era un lugar al que aspiraran los votantes blancos, que querían mudarse a Manhattan o Brooklyn.

Si Freddy hubiera ganado, las cosas se habrían complicado. Yo era el único que había dirigido agencias municipales. Así que todo el mundo tenía claro, a medida que se acercaban las elecciones, que yo debía ser el jefe de su gabinete y ocupar ese puesto durante un par de años. En cambio, me tocó seguir trabajando con la campaña de Green en las elecciones generales. Green se enfrentaba ahora a Mike Bloomberg, el candidato nominal republicano.

Ayudé a organizar una reunión en nuestra sede de campaña entre Green y los líderes Negros y latinos que habían apoyado a Freddy. La gente acribillaba a preguntas a Green. Estaban molestos por los anuncios, por las hojas sueltas con la viñeta del *Post*, por todo el tono de su campaña.

—Escuchen —les dijo Green—, no los necesito para ganar. Pero los necesito para gobernar.

La gente enloqueció. Le gritaban y luego se levantaban y se iban.

—Pues llámenos cuando gane —dijo mi vieja amiga, y ahora congresista, Nydia Velázquez, mientras la sala se vaciaba.

Había amargura por todas partes. Mi compañero, Roberto, me dijo que no sabía si apoyar a Green.

—Si decides apoyar a Green, está bien —le dije—. Pero serás como todo el mundo. Roberto decidió no apoyar a Green y, en su lugar, lo criticó en los medios de comunicación.

Cuando el equipo de Green me propuso unirme a ellos en el gobierno si ganaban, mi respuesta fue sencilla.

—De ninguna manera —contesté—. Su candidato es un cabrón. Y yo ya trabajé con otro cabrón. Se llama Rudy Giuliani.

Un cabrón era más que suficiente para una carrera.

Aun así, quería que ganara el candidato demócrata. Así que formé parte del equipo de preparación, junto con el gran estratega afroestadounidense, Bill Lynch, mientras Green se preparaba para debatir con Bloomberg. La preparación no salió bien. Sin previo aviso, Lynch y los demás seguidores de Freddy se levantaron y se fueron; yo fui el único que se quedó. Entonces Green se fue y su director de campaña se quedó.

—Te voy a decir una cosa —le dije—. El que yo vote por Mark Green va a ser un ejercicio de mucha disciplina.

Green había perdido el debate. Se había proyectado según yo lo esperaba, como un niño rico pomposo y arrogante. Eso era difícil de lograr cuando el candidato opositor era Bloomberg, una de las personas más ricas de Nueva York.

Cuando llegó el día de las elecciones, Roberto cerró la sede del Partido Demócrata del Bronx. Ese día no hubo actividad política en el condado. No se realizó ninguna operación para captar votos en el barrio de donde era Freddy. Si la gente quería hacer campaña, podía hacerlo. Pero el partido no organizó nada, y yo me quedé en casa.

Green perdió contra Bloomberg en las elecciones generales por dos puntos porcentuales, y a mí no me importó. Bloomberg ganó con la mitad del voto latino. Ni siquiera era republicano, pero encajaba. Green se había creído la idea de que la ciudad necesitaba a un hombre blanco y poderoso para dirigirla. Eso había comenzado con Giuliani y su visión autocrática blanca del mundo. Y se volvió en contra de Green porque no era un blanco tan poderoso ni tenía un historial de labor filantrópica como su multimillonario oponente.

―――――

Freddy volvió a postularse en 2005 contra el alcalde Bloomberg. Fue una contienda entre David y Goliat, aunque estábamos en mejor posición como organización, con un director de campaña muy profesional. Pero ganar era una posibilidad muy remota. Era una de esas cosas que solo pasan en las telenovelas, donde la pobre empleada doméstica se casa con el hijo de la familia rica: un sueño improbable.

Bloomberg no era solo el incumbente; tenía dinero a más no poder.

Su campaña lo gastó, en parte, en destrozar a nuestro candidato. Detestábamos que llegaran las tres de la tarde porque era el momento del día en que soltaban toda su investigación negativa sobre Freddy. Todos los periodistas nos llamaban con una nueva historia negativa; pequeñas cosas que Freddy había hecho como presidente del condado del Bronx durante los muchos años que ocupó el cargo. Por ejemplo, la gente acudía a él y le decía que tenían un hijo en la cárcel, pero que el muchacho era bueno. Entonces Freddy enviaba a alguien a entrevistar a los padres y averiguar cuán bueno era el muchacho. Luego enviaba una carta a la junta de libertad condicional en la que decía que el muchacho era de buena familia, con raíces en la comunidad, y pedía que lo dejaran salir en libertad condicional.

Todos los días a las tres de la tarde era como si nos cayera un aguacero encima. Tenían muchos recursos. Uno siempre trata de hacer la investigación negativa de su propio candidato. Pero no teníamos dinero para investigar cada carta y cada cosa que alguien podía haber hecho a lo largo de dos décadas en un cargo electo. Ellos sí lo hicieron. Así que nunca sabíamos qué coño nos iba a llegar. Nunca eran grandes historias, pero era como si nos mataran con un cuchillo de palo. Nos desangrábamos a diario.

Contábamos con la comunidad latina, pero esta vez había menos entusiasmo. Bloomberg era autocrático, pero no era un mal alcalde. Era tan republicano como yo fanático de los Orioles de Baltimore. Apoyaba económicamente a los republicanos, pero en realidad no había desempeñado un papel activo en el partido republicano antes de ser electo. Era un alcalde republicano, pero gobernaba la ciudad como un tecnócrata, que al fin y al cabo es lo que todo el mundo quiere. La gente solo quiere que los trenes circulen, que se recoja la basura y todas esas cosas que contribuyen a la calidad de vida en una ciudad.

El único mensaje con que contábamos era la realidad actual de la ciudad: que hay dos Nueva Yorks. Está el Nueva York de Michael Bloomberg y el Nueva York de la mayoría de los que vivimos en los barrios. A Bill de Blasio le funcionaría unos años más tarde. Sin embargo, cuando se tiene un buen mensaje de campaña, también hay que tener recursos para que prenda como es debido. Nosotros no disponíamos de esos recursos, mientras que Bloomberg, sí.

Freddy siempre creyó que iba a ganar. Admiro a la gente que mantiene un entusiasmo que no está basado en la realidad. Es lo que hay que tener para levantarse todas las mañanas y salir a hablar con los votantes en una parada del *subway* a las siete de la mañana, para luego asistir a diez eventos durante el día y llegar a casa agotado por la noche.

Ganamos las primarias demócratas, pero perdimos las elecciones por casi veinte puntos.

Cuatro años después, trabajé en otra campaña contra Bloomberg, esta vez como asesor de Billy Thompson. Billy fue el primer candidato afroestadounidense que se postulaba en las elecciones generales desde David Dinkins, de lo que ya hacía mucho tiempo. Se parecía mucho a Freddy: era un buen tipo con grandes ideas y un historial decente en el cargo, en su caso como contralor de la ciudad. Era un gran contrincante para Bloomberg, cuya imagen se basaba en que sabía dirigir grandes empresas. Bill había dirigido las finanzas de una gran ciudad, y el fondo de pensiones iba bien después de que él lo diversificara. Habíamos creado una alianza de Negros y latinos que había votado por Freddy dos veces. Fue fácil explicarles a los latinos que los afroestadounidenses habían votado dos veces con nosotros, y que ahora teníamos que votar por su candidato viable.

Además, Bloomberg ya había cumplido ocho años en el cargo y estaba cambiando los estatutos de la ciudad para poder postularse a un tercer mandato. A la gente no le importa si uno es rico y hace un trabajo decente dirigiendo la ciudad. Pero no le gusta que se cambien las reglas del juego para ganar. Se parecía mucho a Giuliani cuando intentó mantenerse como alcalde tras los atentados del 11 de septiembre. El Concejo Municipal cedió porque también quería otro mandato. A veces, los oficiales electos, se beben su propio Kool-Aid y se creen que son los únicos que pueden hacer lo que han hecho. Olvidan que hay vida después de los cargos, o que hay todo un universo de gente buena, que hace cosas buenas, y que está dispuesta a ocupar su lugar.

Sin embargo, Bloomberg volvía a tener algo que nosotros no teníamos: ciento ocho millones de dólares para gastar en su campaña. Nosotros teníamos nueve millones. Como era de esperar, perdimos, pero esta vez por muy pocos puntos.

Acabábamos como héroes después de cada campaña que perdíamos en Nueva York. Siempre luchamos por la causa justa del candidato minoritario, inteligente y sin fondos. Siempre estuvimos cerca del poder, pero nunca lo conseguimos porque el sistema está diseñado de forma tal que las probabilidades contra uno son abrumadoras.

Con el tiempo, la coalición latina maduró en la ciudad. Los votantes Negros y latinos compartíamos vecindarios, así que nos dimos cuenta de que nuestros destinos estaban unidos. Nuestras calles empezaban a cambiar, a aburguesarse a medida que la vivienda se hacía más inasequible para la clase trabajadora. Aprendimos que teníamos que votar juntos por los candidatos que intentaran impedirlo. Esa coalición madura les allanó el camino, primero a Bill de Blasio y después a Eric Adams, para llegar a la alcaldía de Nueva York. Le allanó el camino a de Blasio para que creara la educación preescolar universal, una iniciativa transformadora. Todos los estudios demuestran que los niños de clase media obtienen mejores resultados porque su educación comienza antes de que empiecen la escuela. Permitir que los niños desaventajados aprendan lo mismo que sus homólogos pudientes. Eso cambia vidas.

La unidad no surge de un relato imaginario o de una identidad proyectada, sino de una experiencia y unos valores compartidos. Para construir una coalición entre todas las comunidades latinas y entre los distintos grupos debemos identificar lo que compartimos y cómo podemos progresar juntos.

CAPÍTULO 7

Los senadores

SIEMPRE ME HE DEJADO LLEVAR POR LOS DATOS DE INVESTIGACIÓN. ME encantan los números y lo que pueden decir. En mi análisis de las elecciones de Nueva York, entre toda la información que existe sobre la ciudad, le he dedicado mucho tiempo a estudiar las estadísticas sobre el uso del *subway*. Miro los patrones del voto en los grandes colegios electorales. Quiero saber dónde desplegar, dónde concentrar los recursos. Hoy en día, mucha de esta información está disponible en Google. Pero cuando empecé mi carrera en las campañas electorales, todo estaba en papel, y en mi cabeza.

Así fue que supe, allá en 1998, que un candidato advenedizo al Senado Federal por Nueva York no tenía ninguna posibilidad de conseguir la nominación demócrata.

Mi socio, Roberto, pensó que una primera campaña buena para mí sería la de este congresista de Brooklyn con una larga trayectoria.

—¿Me pueden proveer algunos datos? —pregunté.

El candidato demostraba tener poco apoyo en las encuestas. Se enfrentaba a Mark Green, conocido defensor público de la ciudad, y a Geraldine Ferraro, la primera mujer candidata a la vicepresidencia por un partido importante en la historia de este país. Se enfrentaba a un competidor feroz de la ciudad y a la reina de la política demócrata.

———

—¿Por qué quieres hacerme perder? Esta es mi primera campaña con paga —le dije a Roberto—. Ese tipo va a perder.

—Solo te fijas en la parte científica de las campañas —respondió—. Las campañas son ciencia y magia. Te digo que el tipo va a ganar.

Los tres nos reunimos en las oficinas del Partido Demócrata en el Bronx: Roberto, el candidato entusiasta y bocón, y yo. No paraba de decir que iba a ganar. Ganaría los votos judíos. Conseguiría los votos latinos porque nosotros íbamos a entregárselos. Era de Brooklyn, que representaba la mayoría de los votos.

Se llamaba Chuck Schumer, y me convenció. Tenía mucho carácter y sabía de todo. Pensaba que, si les hablaba de ese modo a los votantes, votarían por él. También tenía soluciones políticas para todo. Estaba a favor de que la Marina estadounidense abandonara Vieques y lo había expresado públicamente antes de reunirse con nosotros. Para nosotros eso era una prueba indispensable. Prometió que su primer viaje sería a Puerto Rico. Y prometió que su primera recomendación a la judicatura sería un jurista puertorriqueño. Al final cumplió las promesas.

Me recordaba a Ed Koch, aunque era menos cáustico y más cuidadoso en sus declaraciones. A diferencia de Koch, Schumer no hablaba de temas sobre los que no supiera nada. Pero tenían la misma personalidad, y yo los quería a ambos por eso.

Sus números eran menos prometedores, y su camino hacia el éxito era muy cuesta arriba. Necesitaba el apoyo de todos los líderes de la comunidad, y se esforzó para ganárselos. Quería el apoyo de la comunidad dominicana, y Roberto convenció a los oficiales electos del Bronx para que lo respaldaran. Yo organicé una reunión con Linares y otros líderes de Washington Heights. Todos estuvieron de acuerdo en apoyarlo, incluida la congresista Nydia Velázquez. Mientras Schumer trabajaba en los barrios para conseguir apoyo, Ferraro estaba dormida en los laureles por la gran fama de su apellido. Nos pasábamos el día en la calle y nunca la vimos ni vimos su campaña. En cuanto a Mark Green, cada vez que hablaba con un votante, perdía un voto. La campaña de Schumer estaba bien financiada; el verdadero reto estaba en el contraste: una candidata mujer, no una persona con un perfil similar al suyo. Hay más votantes mujeres que hombres, y la campaña de Ferraro no tenía que gastar un centavo para decirle a la gente quién era. Creíamos que sería la ganadora segura.

Nos concentramos en la radio y el correo postal, y en aumentar el voto latino. Era la primera vez que una campaña se dirigía a los votantes latinos por correo en unas elecciones de este tipo, y funcionó. Mark Guma y Josh Isay se encargaron de darnos difusión en los medios, y obraron maravillas. Schumer ganó las primarias por veinticuatro puntos sobre Ferraro, y treinta y un puntos sobre Green.

Las elecciones generales también fueron una prueba de fuego. El senador federal republicano incumbente, Al D'Amato, estaba en todas partes. Cada vez que íbamos a hablar con un líder comunitario, nos encontrábamos con que D'Amato ya se había reunido con él o estaba a punto de hacerlo. Estábamos tratando de seguirle el paso a alguien que aspiraba a su cuarto mandato como senador federal. Nuestra fortaleza —aparte del hecho de que el estado era mucho menos conservador que cuando D'Amato fue electo por primera vez— radicaba en el propio Schumer. Era un personaje grandioso; D'Amato no lo era. D'Amato estaba muy bien para tomarse un café con él, pero no para hablar del futuro de nuestra comunidad. No hubo reunión de la que no saliéramos con un respaldo total a nuestro candidato.

El propio Schumer nunca tuvo reparos en reunirse con nadie. Su ética de trabajo me sorprende; y eso que llevo tiempo haciendo este trabajo. En público es fantástico, y nunca se cansa.

En ese sentido, tenemos mucho en común. Al igual que él, voy a cualquier reunión con quien sea, donde sea, si ayuda a construir nuestra coalición. Pasé ocho años construyendo la Federación Hispana, creando algo de la nada. Era como si me paseara por ahí con cuatro espejos, como si fuera cuatro personas a la vez, en lugar de uno solo porque me reunía con todo el mundo. Antes de eso, cuando trabajaba para Ed Koch, iba a los lugares más recónditos a hablar sobre la ciudadanía. No me daba miedo. No me importaba a dónde iba, ni siquiera en los ochenta, cuando todavía había mucha delincuencia. Quizás debí haber sido más cuidadoso, pero no soy así. Si alguien me dice que va a haber cincuenta personas sin papeles en algún sótano, me presento en ese sótano.

Para Schumer, ese espíritu imparable se tradujo en votos latinos en toda la ciudad. Los republicanos nunca han prestado mucha atención a los latinos. Pero esos votos ayudaron a empujar a Schumer a una sorprendente victoria, y destronó a D'Amato por un margen de diez puntos.

MI PERFIL EN LA POLÍTICA CAMBIÓ TRAS LA VICTORIA DE SCHUMER. Casi un año después, el segundo escaño del Senado Federal por Nueva York se abrió para una candidata aún más reconocida: Hillary Rodham Clinton. Como Primera Dama, luego del trauma del juicio político de su marido, era una figura muy conocida, pero nunca se había postulado a un cargo por derecho propio. Empezó su campaña con una gira para auscultar el sentir de la gente, y me pidieron que la ayudara con las visitas a la comunidad latina de todo el estado.

No sabía qué esperar de ella, pero me voló la cabeza. No conocía a nadie de su calibre; alguien capaz de entrar en una habitación con personas que no conocía de nada y relacionarse con ellas como si ya las conociera. Es cierto que eran de grupos escogidos. No eran reuniones al azar. Cuando fuimos a Monroe College, en el Bronx, sabíamos cuántos de los que asistieron eran estudiantes, cuántos eran vecinos, cuántos eran líderes comunitarios y cuántos eran oficiales electos. Se lo informábamos de antemano, por supuesto. Pero al cabo de una sesión informativa, ya lo había ingerido todo. Su dominio de los datos es asombroso.

El evento latino más importante en aquellos días era la conferencia legislativa Somos New York en Albany, que congregaba a la comunidad latina de todo el estado. Clinton iba a hablar en una sesión plenaria que habíamos creado para ella, y estábamos planificando las cosas más importantes que tenía que decir. Algunos de sus asesores querían escribirle un discurso, pero ella insistió en hablar solo a partir de una serie de puntos. Luego procedió a pronunciar un discurso impecable y sin fisuras. Entrelazó un punto con otro y añadió algunos más de su propio arsenal. Después firmó ejemplares de su exitoso libro, *It Takes a Village* (en español, *Es labor de todos: dejemos que los niños nos enseñen*), y mucha gente los compró para que se los firmara. Compartió con todo el mundo y luego se dirigió a un área VIP más pequeña donde se reunió con un grupo de personas sobre las que le habíamos hablado. Conversó con esas personas como si fueran amigos de toda la vida. Era una súper estrella, y la comunidad la adoraba por ello. A cualquier lugar que fuéramos con ella, necesitábamos seguridad para controlar a las multitudes. Se formaba un pandemónium. Pero ella nunca perdía la calma. No se inmutaba por nada.

El asunto más importante para la comunidad puertorriqueña era la cuestión de Vieques, que para Hillary representaba un reto mayor que para otros demócratas. Bill Clinton aún era el comandante en jefe cuando ella se postuló como candidata al Senado Federal, y se cuidaba mucho de que no pareciera que influía en la política exterior de su marido. Después de todo, ella había sufrido la terrible experiencia de liderar los esfuerzos para reformar el sistema de salud al principio de su presidencia. Así que su postura inicial sobre la presencia de la Marina estadounidense en Vieques era «un asunto sobre el que prefiero mantenerme al margen».

—Pues, no puedes —le dije— porque es el tema del que más se habla en la comunidad puertorriqueña y el asunto más importante para nuestros líderes. Ten en cuenta que somos la mayoría del voto latino.

Enseguida se dio cuenta de que tenía que adoptar una postura, la correcta: la marina tenía que salir de Vieques. Por una cuestión de seguridad nacional, había que encontrar un lugar para seguir entrenando, pero no podía ser Vieques. No sé lo que hizo a puerta cerrada, pero esa postura se convirtió en la política oficial de Estados Unidos. Su gira comenzó en julio, y ya en diciembre, el presidente Clinton había anunciado el fin de las prácticas con municiones vivas en Vieques y el cese total de los ejercicios en un plazo de cinco años.

Cuando llegó la verdadera campaña en 2000, nos mandaron a hacer trabajo de campo en todas las comunidades latinas del estado. Eso me llevó a las zonas latinas del norte: Buffalo, Syracuse y Rochester. Claro que el grueso de los votos estaba en la ciudad de Nueva York, pero la campaña tenía recursos, así que pedí apoyo y lo obtuve. Era como vivir con una familia rica. El día de las elecciones, cuando procesamos la nómina de todos los trabajadores de la campaña para capturar votantes, sumamos varios cientos de personas. Teníamos coordinadores de campo por todas partes. Me pasé el día corriendo de un sitio a otro entre los focos principales de votación latina de la ciudad.

Ganamos por un amplio margen —doce puntos— frente el republicano Rick Lazio. Si Giuliani no se hubiera debilitado a las pocas semanas de la campaña con un romance y un divorcio muy turbulentos, quizás el margen habría sido menor. Pero así era Rudy Giuliani. Habría perdido contra Hillary de cualquier forma.

Al mes siguiente de ganar la carrera, Hillary nos invitó a la fiesta de Navidad de la Casa Blanca. Era la primera vez que entraba en la casa del presidente, la sede del poder estadounidense. Llegamos un poco temprano y nos mostraron la mansión ejecutiva. Nunca había visto tantos árboles de Navidad en un mismo lugar. Cada árbol significaba algo. Ese tipo de cosas siempre me desconciertan. Para mí eran solo árboles con lazos rojos o verdes. Sin embargo, todo tenía un significado, y cada árbol era especial. Luz, en cambio, aprecia todo eso.

—No es más que un árbol de Navidad —le dije.

—Es un árbol de Navidad en la Casa Blanca — respondió.

A pesar de nuestra discrepancia respecto a los árboles, nos sorprendía estar allí. Nos hicimos fotos frente al retrato de Nancy Reagan y luego al de Jackie Kennedy. Nos encontramos con Hillary y Bill Clinton en la fila de la recepción y hablamos de Nueva York, incluido el relato de Bill Clinton de su visita al Bronx para la campaña de su esposa.

Era un momento extraño para estar de fiesta en la Casa Blanca porque el mundo aún esperaba saber quién sucedería al presidente Clinton en el cargo. El recuento presidencial entre Al Gore y George W. Bush se prolongó durante las fiestas navideñas y no se resolvería hasta mediados de diciembre. Pensábamos que había que derrotar al presidente Bush. Su énfasis en el ejército y los recortes fiscales nunca fue de mi agrado. Al Gore presentó una plataforma de reforma económica y participación gubernamental para arreglar la catástrofe climática y ayudar a los pobres, de los que los latinos son una gran parte. Mirando atrás, Bush parece un nene de teta en comparación con la generación de republicanos que le siguió, liderada por el dos veces impugnado Donald Trump. Pero no seamos románticos: Bush fue un mal presidente para este país.

———

CUANDO HILLARY SE PRESENTÓ A LAS ELECCIONES PRESIDENCIALES EN 2007, nuestros hijos ya tenían edad y madurez suficientes para tomar decisiones políticas informadas por sí mismos. Discutíamos sobre las elecciones y adorábamos a Obama y a Clinton. Pero nuestros hijos decían que, aunque querían a Hillary, teníamos que pasar a la siguiente generación de líderes. Como consultor político en Nueva York, no tenía mecanismos para trabajar en una campaña nacional. Tenía sentido seguir participando en elecciones locales significativas. Quería que Hillary ganara la nominación porque habríamos elegido a nuestra primera mujer presidenta. Pero no me disgustó el resultado. En cambio, tuvimos a nuestro primer presidente negro. En mi opinión, todos salimos ganando.

Desde mi perspectiva, y basándome en las prioridades de la comunidad latina, por mucho que quisiéramos al presidente Obama, a veces nos frustraba que las cosas no avanzaran con suficiente rapidez. Por momentos me recordaba a mí mismo que habíamos sentido lo mismo durante los años de Koch, cuando lo controlábamos todo y aún así no podíamos avanzar con rapidez. Creía que la principal asignatura pendiente de Obama era mover la aguja en materia de inmigración. Con su programa DACA para los llamados *Dreamers* —los estadounidenses indocumentados que habían llegado aquí de niños— hacía lo mínimo. Lo veía en mi propio hogar. Si Luz o yo hubiéramos nacido al otro lado de Eagle Pass (Texas), en Piedras Negras, y nuestra familia hubiera cruzado la frontera cuando teníamos dos años, ¿quién podía decirnos que no éramos estadounidenses? ¿Que nos iban a mandar a otro país? Si no hubiéramos nacido en Puerto Rico, habríamos sido *Dreamers*. Habríamos tenido que solicitar cada dos años lo que debía de ser un derecho.

Los demócratas tenían el control de todo el Congreso, pero no movían la aguja. Teníamos demasiados demócratas marginales que dependían de guardar silencio sobre la inmigración porque el tema había sido demonizado y convertido en un arma contra el partido. Por tanto, aunque teníamos todo el control, no hacíamos nada. Una vez asistí a una cena del caucus hispano del Congreso. Obama estaba dando un discurso y un grupo de jóvenes lo interrumpió y empezó a gritarle. Por un segundo, estuve de acuerdo con ellos. ¿Saben qué? Sí. Debía reconocer ese fracaso de su mandato. Luego me recordé a mí mismo que no era culpa de él. El asunto no tenía prioridad porque los republicanos y demasiados demócratas marginales nunca votarían a favor de una reforma de inmigración con una vía a la ciudadanía.

Todos los datos sugieren que en este país hacen falta inmigrantes. Muchos puestos de trabajo se quedan sin cubrir cuando la inmigración se detiene. Los inmigrantes que están aquí pertenecen aquí. A sus hijos les va mejor. Van a la universidad y consiguen mejores trabajos que sus padres. Mi cuñado tiene fincas en el sur de Nueva Jersey. Nunca hablamos de política, pero, por las cosas que dice, me da la impresión de que es republicano. Un día me contó lo molesto que estaba con los republicanos porque siempre empleaba a mexicanos y centroamericanos para trabajar en su granja. Lo conozco lo suficiente como para saber que es un patrón decente, que no explota a la gente, que paga bien y tiene buenas instalaciones para sus trabajadores. Sin embargo, no podía contratar a esa gente por los ataques a la inmigración. El Partido Republicano ha cambiado de forma radical. Vi lo que hizo Ronald Reagan en 1986. El nuevo discurso antiinmigración del Partido Republicano nos ha quitado la capacidad de abordar este asunto, y ahora, con el aumento de personas que solicitan asilo, hasta los demócratas, como el alcalde Eric Adams, le echan leña al fuego. No tengo ni idea de cómo podremos regresar a algo más aceptable ni siquiera sé qué sería ese algo. Se necesitan personas que tengan valentía política y no veo a nadie en el panorama que la tenga.

———

Kirsten Gillibrand era miembro del Congreso por un distrito del norte del estado cuando Hillary Clinton renunció a su escaño en el Senado Federal en 2009 para convertirse en Secretaria de Estado bajo la presidencia de Obama. Todos pensábamos que Caroline Kennedy sería la siguiente senadora por Nueva York, y que ocuparía el escaño que antes había ocupado su tío Bobby. Pero el día antes del anuncio, mi socio, Roberto, que era amigo del entonces gobernador David Paterson, me dijo que Kennedy no iba a ser nombrada. Ambos estábamos presionando para que Freddy Ferrer ocupara el puesto, pero era difícil saber lo que pensaba Paterson.

Al día siguiente, estaba en una fiesta en el *USS Intrepid*, celebrando el cumpleaños de Miguel, cuando vi que Roberto estaba llamándome por teléfono. Lo ignoré un par de veces antes de que Luz me tocara en el hombro.

—Roberto me llamó —dijo—. Es importante que lo llames.

Salí de la fiesta y lo llamé. Quería saber si conocía a Gillibrand porque iba a ser la nueva senadora por Nueva York. Le dije que sí.

—Leí en algún lugar que duerme con un rifle debajo de la cama —bromeé. Y votó en contra de una ley de inmigración.

Roberto entonces me dio la noticia urgente: quería conocernos. Ese día. En unas horas. Ya en ese momento, en mi buzón de voz había mensajes del gobernador Paterson, de la nueva senadora y de nuestros amigos y socios de Global Strategy, los consultores que habían hecho las encuestas en la contienda de Gillibrand a la Cámara de Representantes.

—¿Por qué queremos meternos en esto? —le pregunté a Roberto.

—Te lo estoy pidiendo —dijo—. Por favor, ve a esta reunión.

No tuve más remedio que presentarme en nuestras oficinas de Broadway para conocer a una mujer que ya estaba siendo demonizada por sus votos en asuntos de inmigración y control de armas.

Sin embargo, esa no fue la mujer que se presentó en nuestra oficina aquella fría tarde de enero de 2009. Era cálida, inquisitiva y directa. Nos explicó que estaba haciendo algo muy importante en ese momento, que necesitaba nuestra ayuda, y que estaba dispuesta a aprender y a cambiar. Le pregunté por el rifle, en parte bromedeando y también porque esperaba que lo hubiera traído a la reunión. ¿Por qué guardarlo debajo de la cama?

—Luis —dijo—, soy del norte del estado. La caza es parte de nuestra vida. Eso no significa que tenga un rifle semiautomático. Decir que lo guardo debajo de la cama es un poco exagerado. Estaba intentando que me eligieran al Congreso en un distrito morado.

—Usted votó en contra de una ley de inmigración.

—Luis, era un proyecto de ley de reconciliación con siete mil cosas adjuntas —explicó—. En aquel momento, no sentía que estaba votando en contra de una ley de inmigración.

Sabía, de mi época en el gobierno, que si una medida no se podía aprobar por sí sola, había que empaquetarla en algo que tuviera que aprobarse. A veces la gente toma decisiones difíciles.

—Tienes que ayudarme —me dijo.

Lo que vi en ese momento fue a alguien que tenía un verdadero deseo de aprender lo que era nuestra comunidad. Vi a alguien que nos pedía que intentáramos comprender su posición.

—Depende de Luis —dijo Roberto.

Detesto cuando Roberto me hace eso. Lo hace siempre que quiere algo con lo que no estoy de acuerdo. «Depende de Luis». Nos conocemos desde hace tanto tiempo que sabemos cuándo jugar esa carta. Y lo hacemos muy pocas veces. Yo también he recurrido a ella, así que sé cómo es la cosa.

—Quiero pensarlo seriamente —les dije. —Gracias por reunirse con nosotros.

Al día siguiente, en los medios de comunicación latinos, los titulares no eran nada alentadores. Gillibrand era el diablo con dos cabezas. Todo el mundo esperaba a Kennedy, la icónica neoyorquina liberal, hija del amado presidente. Todos habíamos crecido con una foto de John F. Kennedy colgada en la pared junto a una imagen de un Jesucristo muy blanco. Era la hija de uno de los ángeles guardianes de nuestros hogares. Sabía que esa reacción era injusta. Acababa de hablar con Gillibrand. Sabía que no tenía dos cabezas. Comprendía las difíciles decisiones políticas que había tenido que tomar porque necesitaba que la eligieran en un distrito republicano. Aparte de unos pocos asuntos, estábamos de acuerdo en casi todo.

Así que llamé a Roberto y le dije:

—Vamos a ayudarla.

No teníamos mucho tiempo para modificar su perfil en la comunidad. Apenas quedaba un año y medio para las primarias demócratas, y entonces tendría que empezar hacer campaña por el escaño en el Senado Federal que le acababan de entregar. Lo único que podíamos hacer era usar nuestro capital humano: valernos de nuestras relaciones para tocar puertas y pedirle a la gente que le diera una oportunidad.

Ese mismo día, organicé un almuerzo entre Gillibrand y Rossana Rosado, la entonces editora de *El Diario*, una voz importante en la comunidad latina. También le pedí a mi sucesora en la Federación Hispana que se reuniera con ella. Luego llamamos a todos los oficiales electos latinos para que se reunieran con ella.

Todas esas reuniones eran terribles para ella porque la única manera en que la gente estaba dispuesta a reunirse con ella era que las conversaciones fueran oficiales. Pocos días después de que la nombraran, se sentó en la silla caliente mientras los líderes de la comunidad latina la interrogaban sobre su verdadero sentir. Accedió a las reuniones con valentía. Esa era su gira para escuchar, que tenía lugar después de su nombramiento.

Gillibrand estudiaba como si no hubiera mañana; como si se estuviera preparando para la defensa oral de una tesis. Ni siquiera para un examen en la escuela o la universidad. Evolucionó en materia de inmigración y se convirtió en una de las mejores aliadas que tenemos en el Senado estadounidense.

Como resultado de su incesante trabajo, los latinos la apoyaron en grande. Ganó las primarias con el setenta y seis por ciento de los votos y se impuso en las elecciones generales —las elecciones de 2010, que fueron catastróficas para los demócratas en todo el país— por un margen de veintiocho puntos.

———

EL AÑO EN QUE HILLARY CLINTON VOLVIÓ A PRESENTARSE COMO CANDIdata a la presidencia yo estaba con el agua al cuello. Fue el año del ascenso de *Hamilton*. Dediqué muchas horas a tratar de comprender ese fenómeno. Lin-Manuel necesitaba algo de estructura, a medida que su fama y su musical se disparaban. La experiencia de *In the Heights* nos había dado una idea. Pero *Hamilton* era otra cosa. De repente, Lin-Manuel era una súper estrella y yo tenía que proteger a mi hijo. Siempre he tenido claro cuál es mi trabajo más importante. La política siempre ha estado en segundo lugar. En la vida de Lin-Manuel estaban ocurriendo demasiadas cosas como para que yo pudiera dedicarme a algo más. Pasaba todo el tiempo con mi hija estableciendo un apoyo financiero en torno a Lin-Manuel, conociendo a las personas implicadas en su vida, estando disponible para hablar de cuál sería el siguiente paso.

Cuando llegó el día de las elecciones de 2016, votamos por la mañana y luego Lin-Manuel y yo volamos a Ciudad de México para promocionar su película *Moana*. Al igual que el resto del país —y del mundo—, estábamos convencidos de que Hillary iba a ganar. Vimos juntos los resultados, aunque Lin-Manuel siempre ha dicho que detesta la política. Se pasó toda la noche hablando por FaceTime con sus amigos de la universidad, que estaban pegados a la televisión y alucinando con lo que estaba sucediendo. Cuando me pongo nervioso, prefiero estar solo. En público, tengo que mantener la compostura y ser la voz de la razón. No puedo ponerme histé-rico. No sé lo suficiente sobre los colegios electorales como para predecirlo todo, pero sí sabía lo suficiente sobre las elecciones como para saber que Hillary iba a perder. Le dije a Lin-Manuel que se fuera a dormir porque habíamos perdido.

Nuestras suposiciones sobre Donald Trump no diferían mucho de las del resto de Nueva York. Sabíamos que era un pendejo que decía estu-pideces. Todos pensábamos que seguiría siendo un pendejo y que segui-ría diciendo estupideces. No teníamos idea de que se convertiría en una fuerza ideológica tan oscura. Decía cosas terribles en campaña, pero tam-bién despedía de mentira a gente en un programa de televisión. Todo pare-cía un *show*. Mentía descaradamente sobre dónde había nacido Obama solo para llamar la atención. Una parte de mí seguía creyendo que toda su histeria no era más que histrionismo, y no que acabaría por liderar un movimiento para reunir a las fuerzas más extremistas y nativistas de este país bajo un mismo lema. Ni en mis peores sueños —o pesadillas— ima-giné que su movimiento amenazaría la democracia tal como la conocemos.

El primer año del mandato de Trump cambió mi perspectiva. A lo largo de ese año, pude ver cómo se alineaban personas como Steve Ban-non. Ya en 2017, sabía que teníamos que trabajar más que nunca antes para sacar a este tipo del cargo y empezar a reclutar a la nueva generación de líderes. Fue entonces cuando Latino Victory me ofreció la oportuni-dad de presidir su junta directiva. Lo vi como un vehículo para hacer lo que siempre he hecho: organizar a los latinos, solo que esta vez a escala nacional.

Trump se convirtió en una obsesión para mí. Pueden preguntarle a cualquier miembro de mi familia. Me pasaba el día entero en las redes sociales. Gracias a *Hamilton,* ahora disponía de unos recursos que antes no tenía. Así que podía hacer donaciones a candidatos que en otro momento no hubiera podido hacer. También di dinero a comités de gastos independientes que eran totalmente anti-Trump.

Latino Victory, sin embargo, fue el vehículo que de verdad me permitió combinar mis dos pasiones: elegir a nuevos candidatos y unir a distintas comunidades. La organización había sido fundada en 2014 por la actriz y productora Eva Longoria y el ex presidente de finanzas del Comité Demócrata Nacional (DNC, por sus siglas en inglés), Henry Muñoz, para movilizar a los votantes latinos y elegir a más oficiales latinos en todo el país. Siempre tuve claro que la latinidad, nuestra identidad compartida, no era la única medida del éxito. Había límites ideológicos que no estaba dispuesto a cruzar. No iba a apoyar a personas cuya elasticidad política las pudiera llevar a lugares inaceptables para mí. Sobre todo en materia de inmigración y fronteras. Entiendo que no podemos abrir nuestras fronteras. Pero sé que cuando nos abrimos a nuevos inmigrantes, seguimos atrayendo a los mejores de sus países de origen. No tenemos nada que temer. Los inmigrantes trabajan de forma desmedida por el bien de la sociedad en general, para construir una comunidad que les ayude a progresar. Por tanto, la inmigración se vinculó a la necesidad de una economía que realmente cuide a la gente. El gobierno tiene que desempeñar un rol más importante en la vida de la gente porque es la única organización con los recursos compartidos para cambiar vidas.

Lo vimos cuando el huracán María azotó a Puerto Rico. Cada uno hacía lo que podía, pero el gobierno federal era la única entidad con recursos para proveer ayuda a gran escala. En lugar de eso, Trump jodió a Puerto Rico de la peor manera posible. Mi vida giraba en torno a la isla, a deshacerme de Trump, y a elegir latinos a través de Latino Victory.

Cuando llegó la oportunidad de sacar a Trump en 2020, lo tenía claro. Sabía que Bernie Sanders era la opción de la mayoría en el Latino Victory, pero no creía que pudiera ganar. Aun así, estaba en una posición en la que no podía tomar decisiones por mi cuenta. Presidía una junta y tenía que unir a todo el mundo.

Además, era muy amigo de Kirsten Gillibrand, quien también se postulaba a las elecciones presidenciales. Un día me llamó para decirme que se dirigía al norte del estado y preguntarme si me parecía bien que pasara por nuestra casa. Llegó con personal de seguridad, tres miembros de su equipo, y dos niños. Fue estupendo pasar un rato con ella, pero no podía apoyarla.

A la junta directiva de Latino Victory le tomó tiempo apoyar unánimemente a Biden. Pero lo hicimos. Justo antes de las primarias de Arizona, organizamos un acto local para apoyar a Biden. Nuestro equipo estaba aprensivo. Casi todas las organizaciones latinas nacionales apoyaban a Bernie Sanders o se mantenían al margen.

Nos dio mucha pena no apoyar a Bernie Sanders. Sin embargo, yo sabía que no podía ganar. Para mí, derrotar a Trump con alguien decente era más importante que perder con alguien más cercano a mis creencias políticas y tener a Trump cuatro años más. Pero no todos estaban de acuerdo conmigo. Llevaba mucho tiempo trabajando en temas latinos. Nunca había oído que Bernie Sanders fuera un defensor de nuestros derechos. Quizás no tenía la plataforma que tiene ahora. Yo estaba convencido de que nuestra ecléctica comunidad política latina necesitaba a alguien que fuera suficientemente bueno en sus asuntos pero que se presentara —y tuviera un historial— como moderado.

Me había reunido varias veces con Joe Biden. Lo habíamos visto en varias ocasiones con los Obama en actos en la Casa Blanca. Siempre dio la impresión de ser un buen tipo que se ocupaba de sus asuntos, que sabía lo que el gobierno puede y debe hacer. Y eso fue exactamente lo que obtuvimos. Yo no buscaba a un Bernie Sanders. Quería deshacerme de alguien a quien considero peligroso para la inmensa mayoría de la población de este país. Sin duda para los judíos, sin duda para los afroestadounidenses, sin duda para los latinos, sin duda para las personas *queer*, sin duda para las mujeres. Trump es peligroso para la propia democracia.

Veo a la gente en los mítines de Trump. Estoy seguro de que muchos son buenas personas que aman a sus familias y van a la iglesia. Pero coexisten con neonazis y racistas. Están totalmente perdidos. Están a la deriva en términos ideológicos. Eso es lo que una dosis diara de Fox News es capaz de lograr.

Muchos de mis amigos progresistas pensaban que Bernie era el candidato del cambio para el Partido Demócrata. Decían que era el momento de hacer avanzar nuestra agenda progresista. Aun si perdíamos la Casa Blanca, seguiríamos avanzando en nuestro programa.

Pero yo no iba a hacer eso. Me sentía entre la espada y la pared.

—La realidad no es así —decía.

Fue una experiencia inusual para mí. Pero confié en mi instinto, como me había enseñado mi terapeuta.

Teníamos que ganar a toda costa, y lo logramos.

Cuando cumplí dos años en Vega Alta, Puerto Rico, en la casa de mis abuelos. *Foto cortesía de la familia Miranda.*

En la playa Cerro Gordo con mi madre, Eva, y mi padre, Güisin, en el verano de 1958. *Foto cortesía de la familia Miranda.*

Actuando en un monólogo durante un espectáculo de la escuela secundaria en la plaza pública de Vega Alta, mayo de 1971. *Foto cortesía de la familia Miranda.*

Con mi tía abuela, Mamá Suncha, en mi primera boda en 1973. *Foto cortesía de la familia Miranda.*

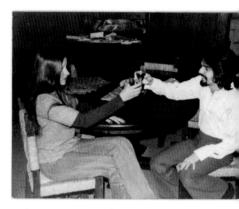

Mi amiga Nydia Velázquez y yo celebrando nuestra llegada a Nueva York y el comienzo de nuestros estudios de posgrado en la Universidad de Nueva York. *Foto cortesía de la familia Miranda.*

Paseando por Washington Square en el invierno de 1976. *Foto cortesía de la familia Miranda.*

Mi boda con Luz en Somerset, Nueva Jersey, el 16 de septiembre de 1978. *Foto cortesía de la familia Miranda.*

Nuestro primer verano como familia en 1980 en la vivienda de NYU en Bleeker Street. *Foto cortesía de la familia Miranda.*

Lin-Manuel habla en mi ceremonia de juramentación en 1987. *Archivos de Wagner/LaGuardia.*

El alcalde Ed Koch y los latinos de su administración en 1987, en las escalinatas de la alcaldía de la ciudad de Nueva York. *Archivos de Wagner/LaGuardia.*

Caminando desde la Catedral de San Patricio hasta nuestra recepción después de nuestra boda católica el 27 de marzo de 1993. *Foto cortesía de la familia Miranda.*

En la conferencia de prensa de la Federación Hispana en 1993 con el entonces asambleísta, Roberto Ramírez (*sentado en el centro*), quien más tarde se convertiría en cofundador de MirRam, y los tres líderes latinos que más tarde se convertirían en presidentes de la Federación: Frank Miranda (*sentado a la izquierda*), Lorraine Cortés-Vázquez y Lillian Rodríguez López (*respectivamente, sentadas a la derecha*). *Foto cortesía de la Federación Hispana.*

Con el entonces congresista, Chuck Schumer, en la conferencia de prensa de la Federación Hispana en 1994 anunciando la publicación de la encuesta "Hispanic New Yorkers on Nueva York." *Foto cortesía de la Federación Hispana.*

Hablando con la prensa en el día de las primarias de Freddy Ferrer en 2001. *Foto cortesía de Freddy Ferrer.*

Celebrando el Día de los Padres en 2014 en las escaleras de nuestra casa en Inwood. *Foto cortesía de la familia Miranda.*

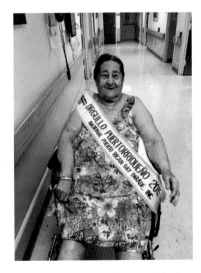

Nuestra niñera, Edmunda "Mundi" Claudio en el Centro Geriátrico Isabella celebrando el Desfile Nacional Puertorriqueño de 2015. *Foto cortesía de la Familia Miranda.*

Sirviendo comida a víctimas del Huracán María en Vega Alta, Puerto Rico, 2017. *Foto cortesía de la Federación Hispana.*

Marchando por conseguir ayuda federal para Puerto Rico en Washington, D.C. después de que los huracanes Irma y María devastaran el archipiélago en 2017. *Foto cortesía de la Federación Hispana.*

Presentando a Letitia James a una audiencia de personas mayores en el Día de las Elecciones en 2018. *Foto cortesía de HBO y Siempre, Luis.*

Celebrando la apertura de *Hamilton* en Puerto Rico en el Centro de Bellas Artes de San Juan, que recaudó $15 millones para las artes en el archipiélago, 2019. *Foto de Emilio Madrid-Kuser.*

in-Manuel y Cita con Miguel en su graduación de escuela secundaria York Prep, 2019. *Foto cortesía e la familia Miranda.*

Lin-Manuel, Hillary Clinton, y yo en 2021 en el evento de presentación comunitaria de la película *In The Heights*. *Foto de Emmanuel Abreu.*

Lin-Manuel, Luz, y yo cortando la cinta en la Galería Lin-Manuel Miranda en 2022 para una exposición que documentó el trabajo de nuestra familia en Puerto Rico después del Huracán María. *Foto cortesía de la familia Miranda.*

Visitando los caficultores en Puerto Rico en 2022 como parte de la Iniciativa del Café de la Federación Hispana. *Foto cortesía de la Federación Hispana.*

Dando la bienvenida a inmigrantes a la ciudad de Nueva York en 2023 en la Autoridad Portuaria de Nueva York y Nueva Jersey. *Foto cortesía de la Federación Hispana.*

La senadora Kirsten Gillibrand y yo hablando sobre su próxima campaña de reelección en 2024. *Foto cortesía de la familia Miranda.*

CAPÍTULO 8

Asuntos de familia

ANTES DE QUE LIN-MANUEL LLEGARA A NUESTRAS VIDAS, YO SENTÍA que ya habíamos terminado de criar niños. Teníamos una hija, y eso bastaba. Luz había sobrevivido al cáncer, pero para deshacerse del cáncer, los médicos le habían dañado la tiroides y la paratiroides. Hasta el día de hoy, tiene que tomar cantidades obscenas de vitamina D y calcio. El embarazo de Lin-Manuel era de alto riesgo, y yo estaba muy preocupado. Durante meses, tuve un sueño recurrente: estaba frente a un ataúd, viudo, de la mano de dos niños pequeños. No compartí esos sentimientos con ella —sobre cómo me sentí durante todo ese embarazo— hasta que todo terminó. Una vez que Lin-Manuel llegó, dejé muy, muy claro que no quería volver a experimentar esos sentimientos. Teníamos una hija y ahora un hijo. Cerrábamos el quiosco. Si queríamos más niños, había muchos niños para adoptar.

A los trece o catorce años leí un poema y decidí que cuando tuviera un hijo lo llamaría Lin-Manuel. Durante mi adolescencia, la guerra de Vietnam era como una inmensa nube que pendía sobre nosotros. Muchos puertorriqueños se alistaron y llegaron devuelta dañados o muertos. En esa época se publicó un poemario titulado *En las manos del pueblo*. Uno de los poemas trataba sobre el hijo del poeta-soldado, que nació mientras luchaba en Vietnam. Le puso Lin-Manuel: Lin para rendir homenaje al pueblo vietnamita que estaba matando sin tener idea de por qué, y Manuel para honrar sus raíces puertorriqueñas.

Cuando nació Lin-Manuel, hubo cierta presión para llamarlo Luis, como mi padre y como yo. Habría sido el tercero. Pero rechacé la idea sin titubear. *No, este muchacho va a ser su propia persona. No es una extensión mía.* Recuerdo esas conversaciones con mi familia y decir que el primer paso en ese proceso de individuación sería llamarlo algo que era importante para mí pero que sería único para él.

Mantuvimos esa mezcla de culturas durante toda la infancia de Cita y Lin-Manuel. Yo hablaba español en casa, y también nuestra niñera, Mundi. Pero Luz les hablaba en inglés a los niños. Por tanto, Lin-Manuel hablaba en español conmigo y en inglés con su madre. Si alguna vez le hablaba en inglés, me corregiría.

—No, no, no, papá —decía—. Español. Español.

Hacía lo mismo si Luz le hablaba en español, y le decía que hablara en inglés. Tanto Lin-Manuel como Cita hablaron inglés primero, y piensan en inglés. Pero mientras crecían, todos los veranos pasaban un mes en mi pueblo natal, Vega Alta. No había cable TV ni internet, y casi nadie hablaba inglés, así que, si tenían que defenderse o pedir algo, tenía que ser en español. Lin-Manuel ha mejorado mucho su español porque ahora escribe y hace muchas entrevistas en español. Pero su hermana siempre habló mejor español.

Siempre tuve una relación muy estrecha con nuestra hija, Cita. Nos parecemos mucho. Le gustan las mismas cosas que a mí. No habla de las cosas normales que le preocupan a la gente. No habla de herirle los sentimientos a la gente o de que le gente le hiera los sentimientos. *Esas son pendejadas. Hay que bregar y pa'lante. Hablemos de cosas importantes.*

Sin embargo, cuando Lin-Manuel nació, nos enfrentamos a cierta rivalidad entre hermanos. Cita tenía seis años, y el director de la escuela me preguntó un día cuándo nacería el bebé.

—Ya tenemos al bebé en casa —le expliqué.

Su hermano había nacido hacía dos semanas, pero Cita no le había mencionado nada a nadie en la escuela. Fingía que el bebé no existía.

Nunca se portó mal porque hubiera un nuevo bebé en la casa. Pero sin duda se comportó como cualquier otro hermano mayor, con un sentido de rivalidad ocasional hacia su hermano menor. Muchos años después, intentó hacer las paces. En 2008, justo antes del estreno de *In the Heights* en Broadway, Cita entró al camerino de Lin-Manuel para disculparse por no haber sido la mejor hermana del mundo.

—Cita, esta es la primera vez que voy a estar en un escenario en Broadway —dijo—. No puedo hacer catarsis emocional en este momento. Podemos hablar más tarde.

Cita sabía que tenía un padre biológico que hizo algunos intentos de ser parte de su vida. La Navidad justo antes de que naciera Lin-Manuel, llegó un regalo para Cita, y lo abrimos. Era una camisa tan grande que le quedaba bien a Luz, quien estaba a unas semanas de dar a luz. Era del padre biológico de Cita, pero nos dimos cuenta de que no le interesaba cultivar una relación con ella. Quería tener una relación con Luz.

Nunca le dijimos que no podía relacionarse con Cita, pero acordamos que dependía de él averiguar cómo quería hacerlo. La puerta estaba abierta si quería entrar. De hecho, vino a verla un par de veces cuando nos mudamos a Nueva York. Pero Cita tenía al padre que había elegido. La vida era buena.

Con la llegada de Lin-Manuel, quería asegurarme de que nadie sintiera que uno de los niños tenía una conexión biológica conmigo y el otro no. Siempre he sido muy consciente de eso. Sin embargo, me preocupaba la reacción de mi familia en Puerto Rico. No habíamos planeado tener a Lin-Manuel y me preocupaba que mi familia no hubiera tenido tiempo suficiente para cultivar una relación significativa con Cita. Mi mayor preocupación era mi madre. No disimulaba sus sentimientos. No era capaz de fingir en absoluto. Cita era parte de la familia, pero Lin-Manuel era el primer nieto biológico.

Viajamos a Puerto Rico cuando Lin-Manuel no tenía ni un mes. Me preocupé en balde. Todos estuvieron estupendos. Siguieron tratando a Cita como antes, cuando era hija única. Mi hermano, Elvin, era adolescente, y Cita pasó mucho tiempo con él y con mi hermana, Yamilla. Nada cambió con la llegada del nuevo bebé.

Mi relación con Cita tampoco cambió. Siempre me ha gustado vestir bien y vestir a todos a mi alrededor. Era algo importante que Cita y yo compartíamos. Íbamos de tiendas a comprar sus vestidos de cumpleaños o de Navidad. Mi esposa elige la ropa en función de lo que es práctico. Mi enfoque es el opuesto. Elijo las cosas pensando en el destinatario, aunque no me gusten, que es el caso de mi hijo. Cuando compro algo para Lin-Manuel, digo:

—Bueno, veamos lo que no me gusta y empecemos por ahí. Veamos qué es aburrido.

A Lin-Manuel no le gustan los estampados. Le encanta cualquier cosa monocromática y sencilla.

Donde Lin-Manuel y yo conectamos fue en nuestro amor por las artes. Íbamos al cine juntos. Íbamos a espectáculos juntos. Mucho de lo que hacíamos juntos era lo que yo había hecho con mi propio padre. Yo no era un niño atlético; Lin-Manuel tampoco. Nosotros dos somos los únicos que no hemos jugado en las Pequeñas Ligas. En cambio, vimos miles de películas juntos, sobre todo, películas de acción y musicales. Vimos todos los musicales que estaban en cartelera y vimos todas las películas de Jean-Claude Van Damme. En las escuelas de Hunter College, el mundo artístico de Lin-Manuel se expandió aún más con las producciones escolares. Por supuesto, participó en cuanta obra se produjo, y a mí me encantaban todas. En sexto grado, su producción escolar fue un popurrí de seis musicales que duró cuatro horas. Lin-Manuel recuerda todos los personajes que interpretó. Yo recuerdo ver a un muchachito talentoso en el escenario durante cuatro horas. Gracias a Dios, mis nietos actúan en producciones mucho más breves.

Todo empezó con las películas de Lin-Manuel. Se la pasaba haciendo sus propias películas en vídeo. Siempre las mostraba y las compartía. Vio toda la televisión que le dio la gana porque Luz y yo trabajábamos, y Mundi veía todas las telenovelas que podía. Las telenovelas eran su dieta diaria. En mi caso fue igual. Durante mucho tiempo, me costaba creer cómo alguien podía vivir sin una telenovela en su vida. Hay que sentarse ahí, día tras día, para ver lo que pasará después. Cuando Mundi se enfermó y fue a vivir en un centro de envejecientes hacia el final de su vida, yo iba a visitarla todos los días, o cada dos días, para ver telenovelas con ella.

Lin-Manuel participó en todas las producciones estudiantiles y en todos los coros que pudo encontrar. A Cita no le interesaba nada de eso, aunque ambos tocaban el piano. A pesar de lo ocupados que estábamos, Luz y yo siempre sacábamos tiempo para ir a las obras de teatro de la escuela y las actuaciones del coro local al que Lin-Manuel se había unido. Yo también había actuado en todas las producciones estudiantiles de mi escuela cuando tenía su edad. Pero Lin-Manuel era diferente. Sabíamos que esa era su ruta, y que era bueno. Siempre estaba inventando y escribiendo. A los nueve o diez años, hacía sus tarjetas del Día de las Madres y del Día de los Padres con algunos versos de su autoría. Las tarjetas venían con su banda sonora, y cada popurrí musical captaba la esencia de la personalidad de Luz o la mía. No eran canciones al azar en un casete. Yo quería que fuera como Rubén Blades, que se graduó de abogado en Harvard y es uno de los mejores artistas de América Latina de todos los tiempos. Él y Juan Luis Guerra son mis artistas favoritos porque son narradores.

—Podrías ser como Rubén Blades —le dije a Lin-Manuel—. Te gradúas de una de las mejores escuelas con un título en Derecho, y luego te dedicas a la música. Si Rubén Blades lo hizo, ¿por qué tú no?

Sabía que eso no iba a pasar. Sin embargo, nadie puede culpar a un padre por intentarlo.

Nuestros hijos tomaron rumbos muy diferentes en la universidad. Con Cita se me hizo mucho más fácil que con Lin-Manuel porque yo estaba de acuerdo con lo que ella quería estudiar. Era buena en matemáticas y ciencias, pero no tan buena en artes, aunque era una estudiante aplicada. No sé si la convencí o ella misma se convenció, pero acabó solicitando admisión a la escuela de ingeniería. Fuimos a ver todas las universidades cuando solicitó. La acompañamos al Instituto Politécnico Rensselaer en Troy, Nueva York, donde haría su bachillerato. Fue uno de los días más tristes de mi vida.

Lin-Manuel, en cambio, fue en su propio carro a la universidad. Nosotros íbamos detrás en el nuestro porque había empacado demasiadas cosas. Luz estaba destruida cuando dejamos a Lin-Manuel; yo estaba destruido cuando dejamos a Cita. Luz dice que los quiere igual, pero es mucho más apegada a Lin-Manuel. Yo he aprendido a mantener una relación cercana con ambos, pero para mí, es mucho más fácil trabajar con Cita porque pensamos igual.

Les pusimos dos condiciones. La primera era que no podían solicitar a una universidad en la ciudad de Nueva York. Queríamos que se fueran lo suficientemente lejos como para vivir por su cuenta, pero lo suficientemente cerca como para que pudiéramos ir a visitarlos y regresar el mismo día. La segunda era que pagaríamos por sus estudios universitarios. Ya habíamos visto a suficientes amigos asumir deudas de miles de dólares en préstamos estudiantiles. Los veíamos luchar para conseguir un apartamento y hacer las cosas que la gente debería poder hacer después de la universidad. Así que trabajamos como bestias. Siempre hacíamos un presupuesto de diez meses, que era como otra hipoteca que teníamos que pagar cada mes. Gracias a Dios no fueron a la universidad al mismo tiempo porque no nos lo hubiéramos podido permitir. Cuando Cita nos dijo que necesitaba quedarse un semestre más, Luz se echó a llorar porque eso implicaba que teníamos que trabajar más para pagar esta hipoteca adicional. Pero queríamos cumplir nuestra promesa, y ambos terminaron la universidad sin deudas de préstamos estudiantiles.

Lin-Manuel fue a la única universidad que visitó por su cuenta: Wesleyan. Me sorprendió que las universidades que visitó le permitían seleccionar su propio plan de estudios. Yo no pude hacer eso. ¿Cuán diferente habría sido mi vida si hubiera estudiado en una de esas increíbles universidades? Pero a nuestro hijo le encantó Wesleyan por una razón de mucho peso: tenía un gran departamento de cine y producía un montón de obras teatrales dirigidas por estudiantes.

En su segundo semestre, Lin-Manuel interpretó el papel principal en una producción vanguardista muy particular de *Jesus Christ Superstar*, donde los romanos eran nazis. Alquilamos una guagua en Nueva York para poder llevar a todos nuestros amigos del barrio al estreno. Pero nos quedamos atrapados en una tormenta de nieve, lo que causó un gran retraso para comenzar el espectáculo. Cuando por fin llegamos, recuerdo estar sentado allí preguntándome qué tenía de malo la producción original, mientras que la madre de Luz —muy católica ella— se escandalizó al ver a Judas interpretado por una mujer.

In the Heights surgió en el segundo año de estudios de Lin-Manuel en Wesleyan. Volvimos a llenar una guagua de amigos y familiares, al estilo típico de los Miranda. Dirigió la producción y no interpretó el papel principal de Usnavi. Esa noche vi lo extraordinario que era el espectáculo, y supe que Lin-Manuel nunca estudiaría Derecho. Nuestros amigos de Washington Heights se sorprendieron de cómo había recreado nuestro vecindario en escena.

Para su proyecto de cuarto año, escribió otro musical que él mismo describiría como «uno en el que cometí muchos errores muy grandes». Ni siquiera recuerdo sobre qué trataba, pero sí recuerdo pensar que no iba a ser un Rubén Blades. Iba a ser como mi pobre tío Ernesto, un gran actor, pero pelao. Ese era el chisme familiar. Me preocupaba cómo iba a vivir a plenitud en el camino que ya había elegido.

Poco después de graduarse, las opciones de Lin-Manuel empezaron a tomar forma. Se mudó a la vuelta de la esquina de nosotros en el Alto Manhattan, donde ha vivido toda su vida, excepto los cuatro años que pasó en la universidad. Si Broadway hubiera estado en el *uptown*, habría sido mucho más feliz. Fue maestro suplente en Hunter, su antigua escuela secundaria, y trabajaba para poder pagar el alquiler y cubrir las necesidades básicas de la vida. Todos los domingos, él y sus compañeros venían a nuestra casa a ver *The Sopranos* porque se transmitía por cable, algo que no podían permitirse. Después, Lin-Manuel asaltaba nuestra nevera para llevarse comida a su casa. A Luz y a mí nos encantaba que vinieran a casa.

Fue para ese tiempo que Hunter le ofreció un trabajo a tiempo completo como maestro de inglés. Lin-Manuel me ha pedido consejo muy pocas veces en la vida. Nunca he tenido reparos en decirles a nuestros hijos que si tienen algún conflicto emocional, deben ir donde su mamá. Ella es la experta en ese departamento, y mucho mejor que yo. Pero si quieren hacer algo, deben venir donde mí. Yo hago cosas. Por tanto, Lin-Manuel vino a preguntarme qué debía hacer.

Mi respuesta inicial fue que hablara con su madre. Pero luego recordé que mis padres debieron de pensar que estaba loco cuando me fui de Puerto Rico a Nueva York. Nunca dijeron nada y se limitaron a ayudarme para que llegara a Nueva York e hiciera lo que pensaba que tenía que hacer. Hicieron lo mismo cuando estuve a punto de regresar a Puerto Rico, pero conocí a Luz, y decidí quedarme en Nueva York y comenzar mi nueva vida con una esposa y una hija. Mis padres nunca cuestionaron mis decisiones; confiaron en mí. Así que no tuve más remedio que decirle a Lin-Manuel:

—No puedes aceptar ese trabajo. Nunca terminarás *In the Heights*. Tu responsabilidad principal será trabajar como maestro. Termina lo que empezaste. Sigue trabajando de suplente. Si no funciona, eres lo suficientemente joven para hacer lo que te dé la gana.

Yo enseñaba en la universidad a su edad. Sabía el tiempo que requería enseñar. Había que corregir exámenes. Había que preparar lecciones. No era un trabajo de nueve a cuatro.

Pasaron siete años entre la versión de *In the Heights* que se presentó en el segundo año de Lin-Manuel en Wesleyan y el musical que se estrenó en Off Broadway en el 37 Arts Theater. Nunca había visto algo así en un escenario y pensé que tendría problemas. Había ido a suficientes espectáculos para saber que el espectador promedio era la típica señora blanca de los suburbios que nunca había escuchado ese tipo de música en un teatro. Probablemente nunca había escuchado esa música en una grabación y nunca había oído hablar de la radioemisora Mega. En escena se hablaba suficiente español como para que gente como yo se identificara con los personajes y el lugar, pero no tanto como para que los angloparlantes se sintieran excluidos. Además, la trama se podía seguir con bastante facilidad. Eso fue lo que me preocupó al escuchar ese mundo creativo que Lin-Manuel había conjurado. Me encantó la representación de Washington Heights tanto como *West Side Story*. Eso era lo que Lin-Manuel conocía. Éramos una familia de clase media que luchaba en un barrio de clase trabajadora donde todos también luchaban. Todos nuestros amigos habían vivido las luchas que se representaban en escena. Luz lloró más que cuando Cita nos indicó que se quedaría un semestre adicional en la universidad.

Por muy bueno que fuera el espectáculo, la realidad económica era más complicada que una gran historia con buenas canciones. La verdad era que, sin grandes estrellas, el espectáculo habría cerrado si no se hubiera ganado un premio Tony. Por eso hice todo lo que los productores me pidieron que hiciera por el *show* en esa campaña del Tony. A diferencia de las elecciones para un cargo público, uno no puede presionar abiertamente por un Tony. Pero viajamos a Sarasota, Florida, y asistimos a una cena para hablar sobre nuestro hijo e *In the Heights* porque había gente que votaba por los Tony allí. Mi esposa, que no puede detestar más las conversaciones superficiales, también fue. Yo puedo sentarme en una mesa con desconocidos e iniciar una conversación con cualquiera. En cambio a Luz no se le hace fácil, pero esa noche socializó con todo el mundo hasta el final. Fue como una campaña política: hicimos todo lo que pudimos para llegar a las personas que podían o no terminar votando.

También llamé a todos los amigos que nos pudieran ayudar. Me comuniqué con Ken Sunshine, el consultor de comunicaciones que había sido jefe de personal del alcalde Dinkins. Representaba a Barbra Streisand y varias otras grandes estrellas.

—Oye, tienes que ver ese espectáculo —le dije—. Mi hijo no tiene credenciales, y tú representas a Barbra Streisand. Pero es bueno, y se está moviendo. Quiero que estés allí con él.

Así que Kenny empezó a representar a Lin-Manuel sin cobrar. Eso supuso un gran impulso para nuestro hijo y la campaña del Tony. Me había propuesto hacer todo lo posible para que mi hijo no terminara como mi talentoso tío Ernesto.

La noche de los Tony, toda mi familia de Puerto Rico vino a Nueva York. Tuve que conseguir quince entradas, lo que no fue fácil. No conocíamos bien la industria, pero la familia no iba a perderse la gran noche.

Nos asignaron cuatro boletos, para mi familia inmediata, incluidos Lin-Manuel y Vanessa, que entonces era su novia, pero logramos obtener uno más del productor del espectáculo. Nos faltaban otros diez. Me di cuenta de que IBM era uno de los principales patrocinadores del programa, y sabía que Stan Litow era parte de la Fundación IBM. Conocía a Stan de la junta escolar e iba a hacer lo que fuera por conseguir esos diez boletos adicionales.

Estábamos dispersos por todo el teatro, pero conseguimos las entradas. Antes del show, le dije a mi hermana que teníamos que comportarnos bien. Hice que todos practicaran cómo aplaudir con más entusiasmo si Lin-Manuel ganaba, pero sin gritar. Los blancos no gritan cuando les pasa algo bueno. Son muy comedidos en sus reacciones emocionales.

Cuando ganó, todos gritamos.

Ese premio cambió la suerte del espectáculo y la vida de Lin-Manuel. Para mi sorpresa, al día siguiente vi a Lin-Manuel dando un sinfín de entrevistas en español e inglés. Recibí una llamada del gobernador de Puerto Rico, quien quería felicitar a Lin-Manuel por sujetar una bandera puertorriqueña durante su discurso de aceptación. Así comenzamos una división de trabajo. Cuando alguien le pedía a Lin-Manuel que hiciera algo por el mundo del teatro o la política, él le decía que hablara conmigo.

—¿Quieres hacer un evento? Yo no brego con eso —decía—. Habla con mi papá. Él se encargará.

La música, el teatro y las películas estaban entrelazados en nuestra vida familiar. Crecimos rodeados de música, aunque no había músicos en la familia. Para los hijos de Lin-Manuel, es diferente. Pero para mí nació de todas esas canciones y bailes que formaban parte de la tradición familiar cuando era pequeño en una familia mitad católica en Puerto Rico. Mi tío Ernesto se presentaba en el teatro en San Juan y tenía su propio café-teatro, donde cada fin de semana había poesía y música. En la escuela, me encantaba actuar y cantar, aunque en la familia siempre se hablaba de cuánto luchaba Ernesto sin un trabajo estable. Nunca lo vi como una opción profesional, pero me apasionaba actuar. Como he mencionado con orgullo, en mi último año de secundaria, a los dieciséis años, gané un concurso por interpretar el mejor monólogo de Puerto Rico. Era la voz de un vagabundo que contaba la historia de cómo había llegado hasta ahí, mientras hacía el balance de su vida. Mi padre me hizo una foto Polaroid de ese momento en el escenario, que atesoro.

La música, sin embargo, fue más que un pasatiempo: fue toda una empresa para mí. Un día, me encontré uno de esos especiales de suscripción de Columbia Records. Uno compraba los primeros doce discos por un dólar y luego se comprometía a comprar cuatro más por mucho dinero. Los discos que ofrecían no eran los típicos a los que hubiera tenido acceso. No eran en español. Así fue como compré mi primer disco de Barbra Streisand y mi primer LP de Broadway. No sabía mucho sobre estas personas; solo sabía que estaban en el cine. Todavía guardo álbumes de vinilo de esa suscripción de Columbia.

A diferencia de la mayoría de los niños, no tuve que convencer a mis padres de que me compraran los discos. Siempre tuve mi propio dinero porque era muy emprendedor. Vendía quenepas. Durante la temporada de quenepas, vendía veinticinco por diez centavos. Teníamos un palo de mangó, y durante la temporada de mangós, los vendía también. Ayudaba a mi madre a vender sus productos Avon. Siempre estaba vendiendo algo. Aunque en realidad no nos sobraba el dinero, tenía suficiente para satisfacer mi amor por la música. Recuerdo haber hecho los cálculos y descubrir, a los diez años, que podía pagar la suscripción de Columbia con lo que ganaba vendiendo quenepas. Mi abuela era dueña del local donde estaba la oficina de correos, así que tan pronto como llegaban mis discos me avisaban.

Cuando mi madre me ofreció una pared en su agencia de viajes para lo que quisiera hacer, descubrí cómo comprar más música: vender discos. Instalé un estante de discos de pared a pared y los vendía a comisión. Venía un distribuidor de discos y yo le pedía dos de este o tres de aquel. Tenía una idea de lo que la gente quería. Luego adquiría mis propios discos en inglés; le pedía música de Broadway, y esos no los vendía. A nadie le interesaban. Compré *Camelot* y *The Sound of Music*, que escuchaba sin cesar. Había algo especial en la forma en que contaban las historias a través de la música, que me parecía intrigante. Incluso en español, de la música puertorriqueña, mis canciones favoritas eran las que contaban historias. La melodía era importante, pero prefería escuchar la historia, incluso cuando no entendía el ochenta por ciento de lo que decían en inglés. Si pensaba que había una palabra importante, la escribía fonéticamente y después trataba de averiguar el significado. Siempre había un par de personas en el pueblo que hablaban inglés, incluida mi novia de Chicago. A veces ella escuchaba el disco y me contaba la historia. A medida que fui haciéndome mayor, empezó a gustarme la música de protesta puertorriqueña. Pero mi primer amor fueron las melodías de los musicales.

Esa música era la consecuencia natural de mi obsesión por el cine. En el pueblo de Vega Alta, el cine estaba a tres edificios de mi casa. No siempre proyectaban películas apropiadas para mi edad. *Ben-Hur* me dio muchísimo asco. Era solo un niño cuando vi *Psycho*, y no pude dormir durante días. No me importaba qué película estuvieran proyectando o si iba solo. El cine de los domingos era diferente. Iba con mi papá y veíamos una película nueva en San Juan, por lo general, los westerns que a mi papá le gustaban tanto. Pero cuando me cansaba de ver películas de John Wayne, me dejaba ver mi película favorita: *The Sound of Music*. De niño, la veía semana tras semana tras semana. La vi ochenta veces, sin exagerar. Ya de adulto, antes de los vídeos *on-demand* y el *streaming*, hacía que mi familia la viera conmigo todos los días de fiesta que la daban en la televisión. ¿Por qué una historia familiar alpina de la Segunda Guerra Mundial me hablaba cuando era un niño en Puerto Rico? En primer lugar porque era como las telenovelas en español. Me encantan las telenovelas en las que la niñera se casa con el hijo de los dueños y la señora rica se mortifica. Son historias donde la gente pobre puede escapar de sus propias circunstancias, y *The Sound of Music* tiene algo de eso. En segundo lugar, me encanta la convicción del capitán von Trapp de que nunca cederán ante Hitler y los nazis. Siempre espero la escena en que escapan mientras cantan esas hermosas canciones. Me encanta la alegría de la película. Me hizo sentir algo muy similar a lo que sentí cuando vi *The Unsinkable Molly Brown*, que fue durante la misma época y en el mismo lugar. Esa era mi fantasía: un niño pobre triunfa y demuestra que es posible cambiar sus propias circunstancias.

Mi pasión por esas dos películas, que veo como entrelazadas, es profunda. Las llevo grabadas en el corazón. Viajé a Vermont para alojarme en el Trapp Family Lodge. Me fascinaba lo que esa familia había hecho para empezar una nueva vida. Compré un par de discos que grabaron en la vida real y leí todo lo que encontré sobre ellos. Hasta el día de hoy, si sale un nuevo libro sobre los Trapp, Lin-Manuel me lo regala de cumpleaños o Navidad. En mi primer viaje a Salzburgo, convencí a la familia de grabar un video cantando «Do-re-mi».

Lo que sentía por Julie Andrews era más complejo. Vino a ver a *Hamilton* en Broadway, pero nadie me lo dijo hasta después. Me puse furioso con Lin-Manuel.

—Todas las Navidades, vemos *The Sound of Music*, ¿y no se te ocurrió decirme en el intermedio que Julie Andrews estaba en el teatro?

—La conocerás en otra ocasión —me aseguró—. No te enfogones porque no te llamamos para que vinieras al final del show para conocerla.

—La gente siempre me llama cuando saben que hay alguien que me interesa conocer. Y no hay tanta gente que me interese conocer —dije.

Tenía razón. Uno o dos años después, invitaron a Lin-Manuel a la Casa Blanca para celebrar a los homenajeados del Kennedy Center, incluida la legendaria Rita Moreno. Los organizadores me preguntaron si quería sentarme junto a Nancy Pelosi o Julie Andrews. ¡No era una pregunta justa! Por un lado, estaba mi ídolo político, Nancy Pelosi. Por otro, la estrella de la película que había visto más que cualquier otra en mi vida.

Salimos temprano del hotel para conseguir buenos asientos en la Casa Blanca, como si se tratara de una producción escolar. Cuando llegamos, nos estaban esperando y nos llevaron en un carrito de golf mientras muchos otros huéspedes iban a pie. La única otra persona que iba en el carrito de golf era Aretha Franklin. Lin-Manuel y yo nos miramos incrédulos. Estábamos a punto de entrar en el edificio cuando nos pidieron que esperáramos un momento. Entonces llegó una persona uniformada con muchas medallas en el pecho que nos escoltó a la primera fila. Michelle Obama quería que Lin-Manuel se sentara a su lado. Yo me senté entre Lin-Manuel y, por supuesto, Julie Andrews.

Nos dimos la mano. No le dije que había visto *The Sound of Music* ochenta veces, aunque me hubiera gustado. Hablamos de Rita Moreno y lo fantástica que es. Me contó historias de Rita. Sin embargo, no quise hablar de su carrera cinematográfica porque no quería mencionar mi relación de amor y odio con *Mary Poppins*.

Cada vez que voy a contar la historia de esa relación, Lin-Manuel me dice que a nadie le importa. Pero lo hago de todos modos porque es una historia que me encanta y porque explica lo que soy en esencia: una persona leal.

Cuando tenía ocho años, sabía que Julie Andrews había trabajado en *My Fair Lady* en Broadway. Pero cuando hicieron la película con Rex Harrison, los productores pensaron que no era lo suficientemente famosa, por lo que eligieron a Audrey Hepburn en su lugar. Hepburn no podía cantar, así que doblaron su voz. Para compensar semejante indignidad, Disney contrató a Andrews para interpretar a *Mary Poppins*, por la que después fue nominada al Oscar. Ese fue el año en el que Debbie Reynolds debió haber ganado el Oscar por *The Unsinkable Molly Brown*. Y nada podrá hacerme cambiar de opinión. Julie Andrews no se merecía un Oscar por *Mary Poppins*. Se merecía uno por *The Sound of Music*. A Debbie Reynolds le robaron la única oportunidad que tuvo de ganar un Oscar por las estúpidas políticas de los estudios. Y murió sin recibir el reconocimiento que merecía. He vivido con esa historia toda mi vida. Debo haberla leído en alguna columna de farándula hace sesenta años. Es posible que la haya adornado un poco, y tal vez ni siquiera sea verdad, pero la recuerdo hasta el día de hoy.

La experiencia de conocer a Debbie Reynolds fue distinta. Es uno de los días más felices de mi vida. Lin-Manuel estaba actuando *In the Heights* en el Pantages Theater de Los Ángeles, y yo había ido a verlo varias veces porque la gira iba para Puerto Rico. Era la primera vez que una gira con artistas de Equity pasaba por Puerto Rico, así que estaba haciendo mi parte. Había traído a un reportero de Puerto Rico a Los Ángeles para tantear la situación. Un día, Lin-Manuel me dijo que fuera al teatro al final del espectáculo.

—Te tengo una sorpresa —dijo.

Nos montamos en el carro con el gerente general de Pantages y viajamos media hora para ver al amigo del gerente. No tenía idea de a quién iba a conocer. Para mi sorpresa, era Debbie Reynolds. Pensé que me moría. Fue algo muy íntimo: un grupo pequeño con la legendaria Debbie Reynolds. Le hablé de mi fascinación por ella y *The Unsinkable Molly Brown*. Lin-Manuel bromeó diciendo que yo era el presidente del Fan Club de Debbie Reynolds en Puerto Rico, que tenía un solo miembro. Pero era cierto: ¡yo era un gran admirador suyo! Durante años, guardé todos los recortes que encontraba sobre ella en los periódicos. Un familiar me ayudó a escribir una carta en inglés que le envié con todos esos recortes. Ella me respondió diciendo lo mucho que había disfrutado leyéndolos. Atesoraba tanto esa carta que podía cerrar los ojos y verla. La carta se perdió cuando mis padres se mudaron, y nunca se lo perdoné. Hasta el día de hoy, es por Debbie Reynolds que respondemos personalmente a todas las cartas que recibe Lin-Manuel. La gente piensa que estamos locos porque muchos otros artistas no se molestan en hacerlo. Tenemos dos empleados que trabajan con Lin-Manuel para contestar cada carta que llega. Si Debbie Reynolds pudo responderme personalmente y hablar sobre esos recortes, sin duda Lin-Manuel podía hacer lo mismo por sus fans.

Pasamos una noche increíble. Llegamos a las once de la noche y nos quedamos hablando hasta las dos de la mañana. Si Lin-Manuel no hubiera tenido que actuar al día siguiente, nos habríamos quedado hasta el amanecer.

ME FASCINABAN LOS TEATROS DE NUEVA YORK DESDE ANTES DE TENER EL dinero para disfrutarlos. Poco después de llegar a Manhattan, empecé a ir a las tandas dobles en la calle Cuarenta y dos porque eran más asequibles. Luego doblaba la esquina a ver si alguien me daba un cupón para las entradas baratas de algún musical cercano. Repartían ese tipo de cupones para llenar el teatro, y uno podía comprar una entrada por nada. Vi *A Chorus Line*. Vi *Evita, The Wiz* y *Chicago*. Vi todo lo que se podía ver. Y así encontré el Public Theater. Estaba hablando con un amigo sobre cuánto me gustaban los cafés-teatro de Puerto Rico y cómo conseguía entradas baratas en Nueva York. Me dijo que tenía que ir al Public Theater, fundado como un faro cultural sin fines de lucro en 1954. Fue donde se estrenó *Hair* una década antes de que yo llegara a la ciudad. Fui al Public a ver un nuevo espectáculo, *para chicas de color que han considerado suicidarse / cuando el arcoíris es suficiente*. El innovador espectáculo, una mezcla única de canción, poesía y danza, luego se presentaría en Broadway. Cuatro décadas después, *Hamilton* estrenaría en el Public Theater, y yo me convertiría en el presidente de la junta directiva. Pero como joven luchador sin dinero en Manhattan, ese futuro era inimaginable.

El éxito *de Hamilton* no fue obvio. Lin-Manuel se había ido de vacaciones después de *In the Heights* y nos dijo que ya sabía cuál sería su próximo musical. Había leído el libro *Hamilton* de Ron Chernow y quería hacer un álbum conceptual, tipo *Jesus Christ Superstar*. Me pareció una locura, así que la semana siguiente, compré el libro y lo leí casi completo en un viaje a Los Ángeles. Sabía muy poco de Alexander Hamilton aparte de que había sido secretario del Tesoro en los inicios de la República, que era amigo de George Washington y que había muerto en un duelo. Enseguida entendí por qué a Lin-Manuel le había fascinado. No parecía un libro de historia. Era más como un chisme de la época de los padres fundadores.

No me di cuenta del éxito que tendría el nuevo musical hasta que Lin-Manuel actuó en la Casa Blanca en 2009. David Axelrod, estratega político del presidente Obama, me había llamado para preguntarme si Lin-Manuel interpretaría algo de *In the Heights* en un evento organizado por la primera dama Michelle Obama. Conocía a Axelrod porque habíamos colaborado en las campañas de Freddy Ferrer. La idea era que cantara una de las canciones de *In the Heights*. Pero Lin-Manuel tenía otros planes: quería cantar la primera canción de *Hamilton*, la única canción que había escrito hasta ese momento. Les envió la letra, y les gustó tanto la canción que le pidieron que cerrara el evento. Había que ver la reacción de la gente. Pensé que aunque a nadie más le gustara, a la gente como yo —que amamos la política— le encantaría el musical.

Transcurrieron seis años antes del estreno de *Hamilton*, y durante todo ese tiempo, vi la misma reacción de parte de diferentes audiencias y en diferentes lugares. En el programa Powerhouse de Vassar, al norte del estado de Nueva York. En el Public Theater en Manhattan. En una de las primeras funciones en el Public Theater, Luz y yo nos sentamos detrás de Paul McCartney. No habían pasado los primeros treinta segundos del intermedio y ya mi esposa les había dicho a todos que nuestro hijo había escrito el espectáculo. McCartney se volvió hacia nosotros y nos dijo que era increíble. También nos expresó que le sorprendió lo difícil que se le hizo conseguir dos boletos.

—Soy Paul McCartney, y no podía conseguir boletos —bromeó.

A mí me sorprendió aún más que una de las estrellas más grandes del universo no pudiera conseguir boletos para un espectáculo en el que mi hijo —hijo de migrantes puertorriqueños— contaba la historia de la fundación de esta nación. *Ahí está la belleza de este país*, pensé. Llega un grupo nuevo de gente, y sus hijos pueden triunfar contándole al mundo sobre el nacimiento de la nación de una forma completamente novedosa.

Momentos como ese me lo confirmaban. Decidí que teníamos que involucrarnos de lleno como inversionistas cuando los productores intentaron recaudar doce millones de dólares para trasladar el espectáculo a Broadway. Me comprometí con el productor Jeffrey Seller a recaudar el veinte por ciento de esa cantidad entre nosotros y nuestros amigos. Luz y yo queríamos invertir, pero no teníamos liquidez. Así que tomamos la mejor decisión de nuestras vidas: hipotecamos nuestra casa, el único activo real que poseíamos, y no se lo dijimos a Lin-Manuel. Se molestó cuando se enteró, pero ya era muy tarde. En lo más profundo de nuestro ser, Luz y yo sabíamos que iba a ser un éxito. Yo sabía lo suficiente sobre el negocio para entender lo que estaba ocurriendo. Era lo mismo que había sentido cuando acepté el trabajo con Ed Koch, cuando aposté todo para tratar de que Freddy ganara la alcaldía o cuando compré el edificio para la escuela Amber.

Como ya he dicho, a Lin-Manuel nunca le interesó la política. Pero a mi hija, Cita, era mucho más fácil convencerla de que ayudara en las campañas. Cuando se es adolescente, se hacen cosas rutinarias como recoger firmas en una esquina a las seis de la mañana para que alguien aparezca en una papeleta electoral, que fue en esencia lo que hicieron. Lin-Manuel prefería leer libros o escribir. Cuando intentamos que se eligieran latinos en la junta escolar de Washington Heights, mis hijos estuvieron presentes en las reuniones comunitarias. Más tarde, Cita me acompañó a las actividades sociales y se sentó conmigo en muchas cenas por toda la ciudad. A Lin-Manuel nunca le gustaron estos eventos, pero encontró su propia manera de ayudar. Cuando se hizo mayor, lo contrataba para que compusiera los *jingles* de nuestras campañas y comerciales. Solía pagarle mil dólares, que tal vez era más de lo que se le pagaba a alguien sin credenciales. Compuso *jingles* para la campaña de Sharpton para presidente y de Freddy para alcalde, así como campañas más pequeñas para el Concejo Municipal de Nueva York. Sus *jingles* eran muy buenos. Solo había que decirle un poco sobre el tono que buscábamos y qué instrumentos tenía más sentido usar. Luego argumentaba que, si queríamos lograr tal o cual tono, entonces hacía falta una trompeta; que si se iban a transmitir por la radio en español, entonces tenía que ser más alegre; que si nos íbamos por el lado negativo —e hicimos un montón de anuncios negativos—, entonces teníamos que asegurarnos de que pareciera un espectáculo de terror. Siguió componiendo *jingles* aun después de ganarse el Tony por *In the Heights*. En esa etapa temprana de su carrera, con el dinero que ganaba, pagaba el alquiler. Después de *Hamilton* se retiró de los *jingles*. No obstante, siempre me dije a mí mismo que si alguna vez le iba mal en el teatro, podía volver a escribir *jingles*. Como el personaje de Charlie Sheen en *Two and a Half Men*. Hoy Lin-Manuel se involucra en la política cuando es muy importante. Ha encabezado recaudaciones de fondos para Letitia James, la fiscal general de Nueva York, no solo porque es amiga de la familia, sino porque es importante para salvar la democracia demandando a la Organización Trump y a la Asociación Nacional de Rifle. Ayudó a recaudar fondos en la campaña para elegir a la primera fiscal de distrito puertorriqueña del país, Deborah González, en Atenas, Georgia. Ayudó a recaudar fondos para Chuck Schumer no solo porque fue mi primer cliente y es nuestro senador, sino también porque luchó por Broadway y obtuvo apoyo financiero para reabrir los teatros después de la pandemia. Lin-Manuel entiende la importancia de hacer comerciales para que los puertorriqueños voten en Florida. Pero también sé que no debemos exponerlo demasiado en la política. Muchas veces ha preferido quedarse en el carril artístico, como cuando promocionaba *Encanto, In the Heights*, y *Tick, Tick…¡BOOM!* Todas en el mismo año. Sabíamos que no habría política en ese momento.

Como familia, hemos sido capaces de desarrollar una coreografía en la que todos saben cuándo hay un solo y cuándo hay que permanecer tras bastidores. Lin-Manuel apoyó a su madre cuando se unió a la junta de Planned Parenthood poco después de que Trump asumiera la presidencia. Para Luz era importante recaudar fondos y ser algo más que una latina en la junta, por lo que Lin-Manuel encabezó una campaña para apoyar la pasión de su madre por los derechos reproductivos.

Hemos contratado a un equipo de personas que lideran con amor. En nuestro equipo, Owen Panettieri y Sara Elisa Miller son fundamentales. Ambos eran compañeros de Lin-Manuel en Wesleyan. Sara coreografió la primera producción de *In the Heights*, y Owen interpretó a Poncio Pilato en *Jesus Christ Superstar* en Wesleyan. No puedo imaginar este negocio sin ellos, o sin John Buzzetti, quien es el agente de Lin-Manuel. Mi hijo conoció a John cuando *In the Heights* subió a escena, y lo adora. A nadie le importa más la imagen pública de Lin-Manuel que a mí. Nunca voy a meterlo en algo que no sea importante o donde no pueda aportar algo único. Las guerras culturales están empeorando. Pero algunas causas —como los derechos de las personas LGBTQ+, el derecho al aborto, los derechos de los inmigrantes y la lucha para enfrentar la crisis climática— son demasiado importantes como para mantenerse al margen. Si no hacemos todo lo que está en nuestras manos, ¿qué sentido tiene que contemos con recursos o una plataforma?

Por mucho que entendamos el poder de la obra de Lin-Manuel y el apellido de la familia, conocemos el propósito de nuestra labor política. Siempre es algo más grande que un nombre o la fama. Por eso decidimos participar en Viva Broadway. Hay tan pocos latinos en el teatro que la Liga de Broadway nos pidió que ayudáramos a aumentar su presencia en Broadway.

No era una misión desconocida para nuestra familia. Cuando todavía estaba en la Federación Hispana, incubamos la Northern Manhattan Arts Alliance con fondos de la Upper Manhattan Empowerment Zone. Argumentamos que las artes eran un motor económico y que, a medida que se aburguesaba el resto de la ciudad, más artistas se mudaban a nuestros barrios. Harlem tenía el Apollo y otras instituciones Negras icónicas, pero no había ninguna en Washington Heights o en Inwood. Hoy en día, la Northern Manhattan Arts Alliance apoya a artistas mediante pequeñas subvenciones en lo que montan sus exposiciones o comienzan a vender su obra, y fortalece las organizaciones artísticas locales. También apoya a instituciones y colectivos de artistas más pequeños. Paga el alquiler de espacios donde los artistas pueden ensayar, pintar o escribir. No es algo glamoroso, pero es vital. Y fue la precursora de nuestra nueva campaña para ayudar al People's Theater Project a abrir el primer teatro del circuito Off Broadway en el Alto Manhattan.

Eso es importante para nuestro vecindario, y es importante para nuestros escenarios más grandes. Accedí a presidir Viva Broadway, y todos creemos en sus objetivos. Pero hasta que no haya más contenido latino en Broadway y llenemos esos escenarios de nuestras historias, el público latino no aumentará. A pesar de todo el éxito de Lin-Manuel, aún no hemos podido hacer lo suficiente por los latinos en nuestro rincón de la cultura y las artes.

CAPÍTULO 9

María

HABÍAMOS ESTADO SIGUIENDO LA TRAYECTORIA DE LOS HURACANES
desde que se asomaban por el horizonte en septiembre de 2017. Primero Irma, después María, en rápida sucesión. Estábamos haciendo planes para llevar a *Hamilton* a la isla, dos años después de que se trasladara a Broadway. Mi familia aún vive en Vega Alta, en el norte. Irma destruyó la región este y perdonó a casi todo el resto de la isla. Pero cuando el gigantesco y monstruoso huracán María tocó tierra, como un huracán categoría cinco con vientos de 175 millas por hora, nadie se salvó. Solo quedó el silencio de la incomunicación.

La primera persona a la que pude contactar fue a Ender Vega, de mi pueblo natal, quien más tarde sería nuestro productor local para *Hamilton*.

Vimos fotos de mi hermano, publicadas en las redes sociales, colaborando en los esfuerzos de socorro el día después del paso de María. Pero todavía no sabíamos con exactitud qué había pasado. Todo lo que habíamos visto eran las fotos aéreas de la isla donde las luces brillantes de las zonas urbanas se habían extinguido.

El día que María pasó, me reuní con José Calderón, entonces presidente de la Federación Hispana, y comenzamos a planificar el trabajo que teníamos que hacer en Puerto Rico. Sin conocer los detalles, ya nos dábamos cuenta de que era algo terrible. Comenzamos a recolectar donaciones a través de la Federación Hispana y hablamos con el alcalde Bill de Blasio, que respondió abriendo todas las estaciones de bomberos de la ciudad para aceptar donaciones para Puerto Rico. Lin-Manuel estaba en Austria con su familia y comenzó a escribir una canción para recaudar fondos y crear conciencia: «Almost Like Praying» («Casi como rezar»). Abrí una cuenta en la Cooperativa de Crédito de Vega Alta, el pequeño banco que mi abuelo había fundado y que mi papá administró por años, para que pudiéramos transferir los fondos para apoyar a la comunidad.

Dos días después de María, ya habíamos fletado un avión privado para llevar a los trabajadores de los parques de la ciudad de Nueva York a Puerto Rico. Eran especialistas en lidiar con cables eléctricos y árboles caídos. La presidenta del Concejo Municipal, Melissa Mark Viverito, también subió a bordo. Sin embargo, el avión fue desviado a Carolina del Norte mientras se dirigía a San Juan cuando la Agencia Federal para el Manejo de Emergencias (FEMA, por sus siglas en inglés) tomó el control del aeropuerto.

Al día siguiente, tres días después del huracán, logramos ponernos en contacto con mi familia. Mi hermano, Elvin, me dijo que la isla ya no era la misma.

—No hay nada —dijo—. La casa de nuestros padres ya no está.

La mayoría de las casas de Vega Alta perdieron sus techos, aunque se mantenían en pie. La casa de nuestros padres no fue una de ellas. Habían construido una casa de madera en las afueras del pueblo después de que me mudé a Nueva York. Lo único que quedaba de ella eran las paredes del baño y la cocina, que estaban hechas de cemento. Todo lo demás había sido destruido. Mi hermana, Yamilla, vivía en la casa, pero tuvo la sensatez de cruzar la calle para refugiarse con nuestro hermano en su casa de cemento cuando llegó la tormenta. Salieron ilesos, pero vieron a María destruir la casa de nuestros padres al otro lado de la calle (nuestros padres ya habían fallecido en ese momento). Mi hermana pronto se mudó a una casa que acababa de comprar en las cercanías de Dorado, donde la electricidad tardó solo uno o dos meses en llegar, a diferencia del resto de la isla, que sufrió en la oscuridad durante meses.

Lin-Manuel regresó de Austria para ayudar a Puerto Rico, y pronto nos encaminamos para ver la situación por nosotros mismos. Parecía que un incendio había arrasado la isla. No había ni una hoja en los árboles. Se parecía a Inwood Park, que está en mi vecindario, en pleno invierno, excepto que todos sabemos que en Puerto Rico no hay invierno. Habían pasado dos semanas desde el paso de María, y todavía había escombros por todas partes. Nos alojamos en un hotel invadido por funcionarios de FEMA para intentar averiguar cómo podíamos ayudar.

Desconfío mucho de la política puertorriqueña y sospecho de quién puede quedarse con qué. El liderazgo de la Federación Hispana y mi familia tomaron la decisión rápida en ese viaje de no ir a través de los canales del gobierno central. Visitamos pueblos y hablamos con alcaldes y organizaciones comunitarias para ver qué hacía falta. Luego descubrimos los mecanismos para brindar apoyo a través de la Federación Hispana. Una de las primeras cosas que hicimos fue decirle al alcalde de Nueva York que no recogiera más donaciones. No tenía sentido enviar agua a la isla, por ejemplo. Hablamos con los distribuidores locales y nos dimos cuenta de que había todo tipo de suministros en Puerto Rico. Empezamos a comprar localmente, eliminando a intermediarios y costos de transporte. En lugar de comida y agua, teníamos que enviar dinero a Puerto Rico.

Así fue como conocimos al chef José Andrés, quien me llamó de la nada para pedirme ayuda cuando su organización, World Central Kitchen, comenzó su operación en toda la isla para alimentar a los puertorriqueños.

—No tengo dinero —dijo, al borde de las lágrimas—. Todo va a rebotar. Necesito cien mil dólares hoy.

Fue una llamada desesperada de alguien a quien había visto solo una vez en la vida. Llamé a Lin-Manuel para pedirle su opinión.

—¿Lo conoces? —preguntó.

—La verdad es que no —dije—. Pero sé que está sirviendo comida porque nuestros amigos nos dicen que está abriendo cocinas. Démosle los cien mil dólares.

Le transferimos el dinero ese mismo día.

No conocíamos a la mitad de los personajes con los que estábamos tratando, pero así fue como sucedió. El elemento de confianza y el instinto deben entrar en escena cuando hay tanto que hacer.

—Si logramos hacer aunque sea la mitad de lo que pretendemos —decía yo— será eso más de lo que se haría sin nosotros.

Nos dedicamos a un solo objetivo. Todo lo que hicimos durante seis meses fue recaudar dinero. Lin-Manuel se convirtió en el rostro de la ayuda. Fue mucho trabajo, pero recibimos ochenta mil donaciones. Una vez a la semana hacíamos un desayuno donde reuníamos a cinco o seis donantes potenciales para hablar sobre lo que queríamos hacer en Puerto Rico. Cada vez que recibía una llamada de José Andrés, llamaba a los donantes para decirles que enviaran dinero a su organización sin fines de lucro.

La gente empezó a ponerse en contacto con nosotros sin que hiciéramos ningún anuncio en los medios de comunicación o sin que nos diéramos a conocer. Luz recibió una llamada de una partera que había conocido en un congreso. Dijo que estaban atendiendo partos en toda la isla, pero que apoyar a las parteras era técnicamente una violación de la ley porque las parteras no son una profesión con licencia en Puerto Rico. Les dimos veinticinco mil dólares para que siguieran trayendo bebés al mundo.

Sabíamos que había gente muriendo. Más de tres mil puertorriqueños murieron después del huracán, pues los ancianos, enfermos y pobres se quedaron sin alimentos, agua, electricidad y medicinas. No tuvimos que ver las estadísticas de las muertes cuando por fin los funcionarios de salud pública las produjeron varios meses después. Cuando tu familia vive en un pueblo pequeño, sabes quién se está muriendo. Mi madre había dirigido la agencia de viajes. Mi padre había dirigido la Cooperativa de Crédito. Mi hermano era el ministro de una iglesia protestante local. Conocíamos a todo el mundo y sabíamos que la gente se estaba muriendo.

Lin-Manuel se dedicó a grabar la canción. La grabó entre Miami, Los Ángeles, Nueva York y Puerto Rico. Todo el mundo dijo inmediatamente que sí, incluidas personas a las que Lin-Manuel no conocía personalmente. Las voces fueron extraordinarias, entre ellas, Marc Anthony, Camila Cabello, Gloria Estefan, Luis Fonsi, Jennifer López y los legendarios Rita Moreno y Rubén Blades.

Sin embargo, pronto nos dimos cuenta de que la canción no sería el medio principal para recaudar dinero. Fue la generosidad de la gente común que donó millones de dólares. Fue algo tan intenso que no teníamos suficientes voluntarios para abrir la montaña de cartas que llegaban a diario a la Federación Hispana con dinero en efectivo y cheques. Hubo gente que envió un billete de diez dólares en honor a *Hamilton*. La canción generó conciencia, sin duda, y varios cientos de miles de dólares. Pero las pequeñas donaciones ascendieron a millones de dólares.

PRONTO NOS DIMOS CUENTA DE QUE EL GOBIERNO LOCAL ERA TAL Y COMO nos temíamos: poco eficaz bajo el grillete del colonialismo y las limitaciones de la política insular en un territorio de estatus no resuelto. También sabíamos, por nuestra experiencia con la Federación Hispana, que el sector independiente era la mejor manera de lograr el cambio. Había una red de organizaciones sin fines de lucro, pero sin recursos. Así que nos pusimos a invertir en organizaciones sin fines de lucro en Puerto Rico para reunirlas y brindarles servicios. No teníamos la necesidad de crear instituciones ni líderes cívicos: los líderes ya estaban allí, expertos en lo que sucedía alrededor de toda la isla, con años de experiencia. Lo único que teníamos que hacer era proporcionarles recursos. Lo habíamos hecho antes, en los noventa, cuando creamos la Federación Hispana. Podíamos hacerlo otra vez.

No éramos especialistas en socorro en desastres: nuestra intención no era responder a prisa para pasar al siguiente desastre, como el chef José Andrés. Nuestra estructura era diferente. Nuestro objetivo era permanecer allí y evolucionar con nuestros colaboradores para apoyar en todo lo que fuera necesario. Era más que responder a una crisis, era hacer aquello que se alineaba con nuestro sistema de creencias y las necesidades de la isla.

A través de la partera de la organización Madres Ayudando Madres que contactó a Luz, nos conectamos con Profamilias, el único proveedor de abortos sin fines de lucro en Puerto Rico. Los derechos reproductivos siempre han sido un foco de atención para nuestra familia. Descubrimos que, en toda la isla, solo había cinco médicos, tres de los cuales eran ancianos, que podían realizar abortos en el primer trimestre. Desde entonces, Luz ha liderado un proyecto de 1,3 millones de dólares para capacitar a médicos en estas técnicas, y desde María se han capacitado diecinueve.

Algunas de nuestras iniciativas más importantes han sido ambientales, en especial el ecoturismo y el café. Le dimos un millón de dólares a la isla de Culebra para restaurar la zona de Playa Flamenco después de la destrucción de María. Por otra parte, nos enteramos a través del gobernador de que la cosecha de café de la isla había sido destruida. José Andrés estaba colaborando con fincas pequeñas, así que pensamos que nosotros también debíamos hacerlo. Enseguida trajimos lo que Lin-Manuel llamó «Los vengadores del café»: Nespresso, Starbucks y la Fundación Rockefeller, entre otros. Pero una vez más, descubrimos que el gobierno era un impedimento para ayudar a la isla. Starbucks donó un millón de plántulas de café, y necesitábamos la ayuda del gobierno para aceptarlas porque el café está altamente regulado en la isla. Nos quedamos atónitos al enterarnos de que el secretario de Agricultura de la isla dejó que la mayoría de las plántulas se marchitaran sobre el asfalto caliente. Nos obligaron a comprar otro millón de plántulas y juramos no volver a trabajar con el secretario de Agricultura.

A pesar de sus comienzos inestables, el proyecto del café ha sido un éxito fenomenal. En 2022, Puerto Rico produjo más café que el año anterior a María. Y lo que es igual de importante, ayudamos a construir una comunidad de cientos de pequeños caficultores.

Sin embargo, el proyecto con el que nos sentimos más conectados es el que ha transformado el apoyo a las artes en Puerto Rico. En el momento álgido de nuestra respuesta a María, un día a las seis de la mañana, recibí un correo electrónico inesperado de un hombre llamado Vadim Nikitine. Había oído que estábamos involucrados con Puerto Rico y nos pidió que nos reuniéramos para hablar. Como ambos nos habíamos levantado temprano ese día, le sugerí que habláramos de inmediato. Así que ya a las seis y cuarto de la mañana, sabía que se había criado en Puerto Rico, que vivía en Washington, DC, y que había hecho su fortuna en bienes raíces. Nikitine había creado una fundación que se llamaba Fundación Flamboyán, que era justo lo que queríamos hacer nosotros. No teníamos ningún deseo de duplicar los esfuerzos de otra persona. Además, sonaba genuino, y siempre he sido un buen juez de carácter. Después conocí a su esposa, Kristin Ehrgood, quien dirigía la fundación.

Juntos, creamos un fondo de artes en su fundación que, desde entonces, ha apoyado las artes en toda la isla con más de veintitrés millones de dólares, incluidas grandes donaciones de otras fundaciones y los quince millones de dólares en ganancias que generaron las presentaciones en Puerto Rico de un espectáculo llamado *Hamilton*.

———

EL AÑO DEL HURACÁN MARÍA FUE UNA CUESTIÓN DE VIDA O MUERTE para mí. No me había sentido bien desde principios del año, pero no le hice caso a la sensación extraña. Me habían hecho una prueba de estrés, que incluía un escáner completo del corazón, así sentía que estaba cubierto. En ese momento, viajaba a Londres con frecuencia porque Lin-Manuel estaba allí filmando *Mary Poppins Returns*. Iba cada dos meses a verlo y pedirle que leyera y firmara cartas de admiradores. Luz me llamó mientras estaba en Londres y me dijo que había llegado el informe del médico. El diagnóstico era similar al de Trump en su entusiasmo: tenía el mejor corazón de Estados Unidos.

Aun así, no me sentía bien. Al regresar de Londres, luego de un par de días al otro lado del Atlántico, no me sentía totalmente yo mismo. Me sentí tan mal que tuve que ir a la sala de urgencias, pero estaba llena. Tan pronto como empecé a sentirme mejor, salí sin completar todas las pruebas. A la mañana siguiente, mientras llevaba a Miguel a la escuela, me di cuenta de que algo no estaba bien. Llamé a mi médico y me dijo que fuera de inmediato a la sala de urgencias. Tardé un poco en llegar porque detesto pagar estacionamiento. Me parece ridículo pagar cincuenta dólares por estacionar un carro durante dos horas. Así que di vueltas un rato buscando un espacio en una calle con estacionamiento en lados alternos para la limpieza de las calles.

Estaba a un par de cuadras del hospital cuando el dolor empeoró. En realidad no era el corazón; se extendía por todo el costado, desde los dientes hasta abajo. Era un dolor agudo y supe que algo malo me pasaba. Entré a la sala de urgencias y anuncié que estaba teniendo un ataque al corazón. Me llevaron adentro, y lo primero que recuerdo que pregunté fue:

—¿Voy a terminar a las once? Porque a esa hora tengo que mover el carro al lado alterno de la calle. Tengo que ir a mover mi carro.

La gente me miró como si estuviera loco.

Yo pensaba otra cosa. Durante el ataque al corazón, recuerdo pensar:

—No puedo morirme hoy. Miguel está en la escuela secundaria. Me quedan seis años más de responsabilidad hasta que ese niño se gradúe de la universidad. No puedo morirme hoy. Cita y Lin-Manuel ya han hecho sus vidas. Me extrañarán, pero Miguel me necesita.

Los médicos me dijeron que me iban a llevar al quirófano ese mismo día. Querían ponerme dos *stents* y yo tomé la estúpida decisión de permanecer consciente en el quirófano. No lo vuelvo a hacer. Error craso. Empezaron a hablar de mí como si fuera un pedazo de carne a punto de ser procesado y embutido en un mondongo. En algún momento, el cirujano declaró que la obstrucción era grande.

—Oiga, estoy aquí —me quejé.

—Te di la opción y no la aceptaste —respondió.

La falta de control casi me mata antes que el infarto. Después de la cirugía, me dijeron que no me moviera durante seis horas. Puedo estarme quieto durante seis horas, a no ser que me digan que no puedo moverme durante seis horas. Recuerdo estar acostado en la cama con el reloj frente a mí, viendo pasar cada minuto porque no podía dejar de pensar en las seis horas. No apartaba la vista del reloj para ver cuándo se acababa el tiempo. Y cuando se cumplieron las seis horas, todo lo que recuerdo escuchar fue un ¡bum!

Me puse de pie y al instante me desmayé.

Si después de darte un masaje te dicen que te levantes despacio, después de una cirugía, es un consejo aún más valioso. En cambio, salté de la cama como si hubiera un fuego. Resulta que me he desmayado toda la vida. He lidiado con un problema de síncopes vasovagales desde que era un niño. Sé cuándo me voy a desmayar y, por lo general, el cuerpo me avisa para poder alertar a las personas que me rodean:

—Estoy a punto de desmayarme. Por favor, no se asusten. Regreso pronto.

La última vez que me sucedió, estaba en un avión con Luz rumbo a Chicago para la apertura de *The Cher Show*. Le pedí a Luz que se lo dijera a la auxiliar de vuelo, y casi los escucho preguntar si había que desviar el avión. Luz les dijo que estaría bien.

Sin embargo, en el hospital, pasadas seis horas de la cirugía, Luz ya se había ido. Mis amigos Lorraine y su esposo, Louis, estaban conmigo y, cuando me desmayé, escuché a Lorraine gritar:

—¡Se está desmayando! ¿Es otro ataque al corazón? ¡Ay, Dios mío!

Se volvió loca mientras yo solo pensaba que me hubiera gustado decirle que regresaba en unos segundos. Montó tal escena que me obligaron a quedarme en el hospital un día más.

—Por tu culpa, tendré que quedarme más tiempo del necesario —le dije, tan ingrato como siempre—. Esto me pasa desde que tenía nueve años. No había razón para montar el melodrama que has montado.

Me vi obligado a acostumbrarme a tener menos control sobre muchos aspectos de mi vida. Empecé a comer de manera muy diferente. Dejé de comer casi toda la comida puertorriqueña. Dejé de comer arroz todos los días. Dejé de comer pan, alimentos procesados y muchos carbohidratos. Ahora todo eso son gustitos. Una vez al mes, necesito comer arroz blanco con huevos fritos —con la yema blandita— y ketchup. Ya casi no como carne; solo una vez al mes. Como muchas cosas que no me gustan. No hay nada que deteste más que la col rizada. Ahora como col rizada y luego tengo que echarme una siesta porque la boca se me cansa de tanto masticar. Si Dios hubiera querido que comiera ensalada, me habría hecho conejo. No comer comida puertorriqueña todos los días es un suplicio. Pero me permite seguir adelante.

Me tomé muy en serio la rehabilitación cardíaca. Tenía que ir dos veces en semana, así que me aseguré de ir cuatro veces en semana. Como todo en mi vida no sé lo que significa la moderación. Tres meses después de la cirugía, ya me había recuperado de muchos de los problemas arteriales que había estado sufriendo. Hasta el día de hoy, siempre que puedo caminar a algún lugar, lo hago. Me encanta caminar por la ciudad de Nueva York, en verdad por cualquier lugar que no sea Los Ángeles. Pero detesto hacer ejercicios. Jamás me verán en una bicicleta estacionaria. Usar una máquina que no va a ninguna parte es lo más estúpido que se haya inventado. Al menos la rehabilitación cardiovascular fue interesante porque me enchufaban a un montón de cables. La idea de mirar una pantalla mientras caminas sin moverte de lugar es un verdadero infierno.

Durante la pandemia, daba largos paseos por el parque frente a nuestra casa. Esas caminatas eran lo más destacado de mi día. El terreno tiene pendientes, así que podía subir y bajar hasta el río que está al otro lado y regresar.

Hoy gozo de buena salud y mi corazón está bien. Mi médico, el Dr. Dmitry Feldman, es fantástico y lo veo cada seis meses. Me hago una prueba de estrés todos los años, y los presiono para que me obliguen a esforzarme más y así terminar las pruebas más pronto.

Soy un buen paciente. Mi familia dice que no, pero se equivoca. Dicen que soy un paciente atroz porque llevo una vida acelerada. Pero si no llevara esta vida, bien podría estar muerto. No voy a cambiar porque no duerma lo suficiente. Ojalá pudiera dormir más. De verdad. Duermo cuatro o cinco horas cada noche, y solía dormir tres. Así que, según sus estándares, estoy mejorando. Me alimento bien. Hago ejercicio. Tomo café cuando lo necesito. Algunos días pueden ser cuatro tazas. Otros días, tal vez, ocho. A veces, a las once de la noche, cuando voy a ver las noticias, me apetece un café, así que me preparo una taza. Duermo cuando mi cuerpo está listo para dormir. Dormir no me hace sentir mejor. Me siento igual tanto si duermo más como si duermo menos. Lo que como durante el día afecta más cómo me siento. Si me como una porquería por el día, me siento como una porquería por la noche. Por eso sé que, aunque no me gusta la comida que Dios decidió que debía comer en este momento, la comeré.

Como dije, soy un buen paciente.

———

Si algo sabemos es el poder de las artes y la cultura. Por eso era una prioridad para nosotros llevar *Hamilton* a Puerto Rico después de María. Lin-Manuel había llevado *In the Heights* a Puerto Rico y estaba decidido a hacer lo mismo con *Hamilton* mucho antes de María. Por razones que parecen inexplicables, nuestros hijos tienen una conexión increíble con Puerto Rico. Eso no es normal en los jóvenes de segunda generación, pero en su caso es mucho más profundo que lo que he visto en esa generación. Sin embargo, llevar *Hamilton* a Puerto Rico fue un verdadero desafío. Era la primera vez que el espectáculo salía de gira, e iría a San Francisco después de Puerto Rico. Queríamos llevar el espectáculo a la Universidad de Puerto Rico, pero el huracán había estropeado mucho el teatro. Recaudamos un millón de dólares para repararlo, y yo viajaba a Puerto Rico cada dos semanas para asegurarme de que la construcción iba por buen camino.

La primera semana de diciembre, acababa de regresar a casa cuando recibí una carta de la Hermandad de Empleados Exentos no Docentes de la Universidad de Puerto Rico. Le escribieron a Lin-Manuel para informarnos que se irían a la huelga y que harían un piquete cuando *Hamilton* abriera. Nosotros éramos una producción sindical y de ningún modo cruzaríamos una línea de piquete. Además, la Hermandad estaba haciendo demandas sencillas y justas. La universidad quería eliminar el beneficio de exención de matrícula a los hijos de los empleados de la universidad. Así que fui a Puerto Rico, me reuní con la Hermandad y les dije que no llevaríamos *Hamilton* a Puerto Rico. Empecé a decir en público que el espectáculo no iría y salió en las noticias. Di la noticia de manera amistosa, pero un poco desafiante. Cuando vimos que no iba a poder realizarse en la universidad, empezamos a preguntar por el Centro de Bellas Artes, donde habíamos presentado *In the Heights*.

No les dijimos nada a las personas que estaban trabajando en la producción. Todo el mundo seguía preparándose para las funciones en el teatro universitario, de hecho, estaban orgullosos de que la escenografía se hubiera terminado antes de lo previsto. Justo antes de la Navidad, les dimos la noticia de que íbamos a cambiar de teatro. Mudarnos a menos de dos semanas de la apertura fue un esfuerzo monumental. Pero al final, la primera función solo se retrasó tres días. Nada más hubo tres días de ensayo y un día de preestreno. Para una nueva gira, en un nuevo escenario, no era suficiente tiempo.

A pesar de todos los dolores de cabeza, el espectáculo cambió los ánimos en Puerto Rico. Ante la insistencia de Lin-Manuel, una cuarta parte de los boletos se vendieron a diez dólares, y había que mostrar una prueba de residencia en la isla para comprarlos. Esos boletos les dieron a diez mil puertorriqueños la oportunidad de experimentar algo que, de lo contrario ni siquiera hubieran esperado. Cronometrábamos las ovaciones de pie cuando Lin-Manuel subía por primera vez al escenario. Cada una duraba uno o dos minutos. Eso es mucho tiempo para cualquier actor y cualquier función. El espectáculo se convirtió en tema de conversación entre la gente normal y corriente. Y atrajo a los turistas: los hoteles volvieron llenarse. Aparecíamos en los medios de comunicación todos los días promocionando el espectáculo y las artes. No solo fue una experiencia muy intensa, sino también en extremo impactante.

Fue tan intenso que no le autorizamos a Lin-Manuel hacer otra cosa porque no podía permitirse el lujo de enfermarse.

—Papi, no me voy a enfermar —me decía—. No te preocupes.

—Pero en Broadway, hacías siete funciones, y tu suplente hacía una —le dije—. ¿Quieres hacer eso?

—No, papi —dijo—. Voy a hacer ocho funciones a la semana.

Hamilton fue un éxito en todos los sentidos, y recaudó quince millones de dólares para la Fundación Flamboyán. Ahora tenemos una relación tan buena con el sector privado en Puerto Rico que podemos pedirles que nos ayuden cuando tenemos que recaudar dinero. En nuestra primera recaudación de fondos de empresas en Puerto Rico recaudamos un millón de dólares.

No me importa pedirle dinero a la gente. Nunca es para mí. La gente sabe que usaré su dinero para hacer cosas buenas. Tenemos un proyecto para ayudar a purificar el agua. Tenemos un proyecto solar con Jennifer López con el que instalamos energía solar en los veinte centros de salud calificados a nivel federal en Puerto Rico, de modo que cuando el huracán Fiona azotó en 2022, esas clínicas no se quedaron sin electricidad. En los grandes terremotos de 2020 pudimos movilizarnos con agilidad y abrir centros de ayuda a través de nuestra red de organizaciones. Nunca trabajamos con el gobierno porque queremos ser transparentes con la gente sobre cómo gastamos su dinero. Hemos llegado al punto de que el gobierno federal acude a la Federación Hispana para asignar fondos para proyectos particulares en Puerto Rico.

Nada reemplazará las vidas perdidas, ni subsanará el sufrimiento que causó el huracán María, así como los errores imprudentes de la recuperación. Sin embargo, hemos reconstruido con cimientos más sólidos. La antigua casa de mis padres ahora es de hormigón. Las organizaciones sin fines de lucro de la isla son una red con años de inversión a sus espaldas. Nuestros caficultores son una comunidad próspera. La atención médica a las mujeres es mejor de lo que era antes del huracán. Y nuestros artistas reciben un apoyo nunca antes visto. Es posible que Puerto Rico todavía esté luchando contra la inestabilidad política y la deuda paralizante, pero el pueblo puertorriqueño, en el archipiélago y en las comunidades de la diáspora, cuenta con altos niveles de talento y fuerza para sobrevivir y prosperar.

CAPÍTULO 10

La constante es el cambio

MI EXPERIENCIA COMO PUERTORRIQUEÑO EN NUEVA YORK ES A LA vez muy personal y representativa de los latinos en todo Estados Unidos. Tenemos identidades arraigadas que fluyen a medida que nuestras vidas estadounidenses transcurren. No existe una comunidad latina única, lo que dificulta a los expertos políticos y empresariales generalizar y elaborar estrategias sobre el grupo demográfico de más rápido crecimiento en este país. Al mismo tiempo, cada parte de la comunidad latina evoluciona a medida que los valores y experiencias estadounidenses cambian nuestro sentido de lugar y cultura. No somos una versión hispanohablante de la experiencia afroestadounidense, aunque muchos de nosotros vivamos con el sufrimiento y las cicatrices de un racismo persistente. Hay un sentido de comunidad en nuestra identidad latina compartida, pero también una intensa rivalidad.

Nuestra historia de inmigración es compleja. No me registré como votante en muchas elecciones porque me preocupaba la política del lugar al que llamaba «hogar». Me llevó tiempo entender cómo la política de mi país de origen se relacionaba con mis experiencias aquí; y es obvio que soy mucho más político que la mayoría de la gente. Mi viaje no es único. Vemos cómo la gente participa en las juntas escolares y otros aspectos del gobierno que dan forma a sus propias experiencias. Pero cada comunidad intenta insertarse en un país que está en un lugar diferente cada vez que llega una nueva oleada de migrantes. En el transcurso de dos generaciones, los mexicano-estadounidenses han visto llegar a un gran número de puertorriqueños, seguidos de cubanos y, luego, dominicanos. En años recientes, se les han unido centroamericanos y venezolanos.

Para entender a esas comunidades latinas hay que comprender no solo de dónde vienen, sino también a qué se enfrentaba su país cuando se produjo esa oleada de migración. Hay que entender cómo se relaciona esa comunidad con las otras que estaban aquí antes. Si no se dedica tiempo a saber cómo y por qué se fueron de su país o qué ocurrió cuando llegaron a este, no se puede crear un mensaje político coherente para un grupo tan diverso.

Tomemos, por ejemplo, la campaña de Freddy Ferrer a la alcaldía de Nueva York en 2001 y comparémosla con la campaña de Antonio Villaraigosa a la alcaldía de Los Ángeles solo cuatro años después. La campaña de Villaraigosa tuvo éxito en Los Ángeles donde nosotros fracasamos. Antonio era una joven promesa, mientras que Freddy era más bien un candidato con menos posibilidades de ganar. Aun así, la realidad es que Los Ángeles es abrumadoramente latino, mientras que en Nueva York se trataba, quizás, del veinte por ciento de la población y el dieciocho por ciento de los votos. En Los Ángeles, la identidad latina está dominada por los mexicano-estadounidenses. Mientras, los votantes latinos de Nueva York son, en su mayoría, puertorriqueños, con una gran cantidad de dominicanos. Tuvimos que convencer a los dominicanos de que un puertorriqueño podía representarlos, construyendo de paso un sentimiento de latinidad. En Los Ángeles, el camino era mucho más sencillo porque el electorado latino era más uniforme y estaba más concentrado. Por lo tanto, tuvieron que superar menos obstáculos. Ambos candidatos procedían del grupo étnico latino dominante; habría sido aún más difícil para nosotros si Freddy hubiera sido dominicano. Pero nuestra diversidad latina en Nueva York ha hecho que sea mucho más difícil elegir a nuestro primer alcalde latino.

Hoy, nuestra comunidad latina en Nueva York incluye una población colombiana, ecuatoriana y mexicana mucho más numerosa. Nuestras condiciones siguen cambiando, mientras que en Los Ángeles el electorado es similar al que había cuando Villaraigosa fue electo. Tenemos que averiguar constantemente cómo podemos conectar con esa comunidad cambiante.

Ya ni siquiera se puede hablar de una comunidad puertorriqueña. Los puertorriqueños han emigrado a Florida. En Nueva York, nuestra comunidad puertorriqueña está en su segunda y tercera generación. Crecimos con la comunidad afroestadounidense de la ciudad, y muchos de los pocos conservadores que había entre nosotros se trasladaron a Nueva Jersey. En Florida, nuestra cultura se mezcló con la cubano-estadounidense. En Nueva York, nos mezclamos con los dominicanos. Y en el propio San Juan, la gente ve ahora televisión por cable, por lo que la NBC es tan popular como la emisora local WAPA. En el transcurso de una generación, la cultura ha cambiado con respecto a cuando yo me fui de Puerto Rico. Así que ahora hay una generación que se va a Florida que ya es más estadounidense que la generación anterior que se trasladó a Nueva York. Esa generación ya entiende los términos «demócrata» y «republicano». En

Puerto Rico existe una mentalidad que no existía en los años cincuenta y sesenta, cuando migró la primera generación. La población es más solvente, y la conexión entre la isla y los Estados Unidos es más estrecha, con un constante ir y venir.

Esa dispersión de la población puertorriqueña ha tenido profundas consecuencias en la política de nuestra nación. En el área de Nueva York, seguimos siendo el segundo grupo más numeroso de la ciudad. Pero también estamos en Westchester y Yonkers. Cruzamos el puente y entramos en lo que antes eran barrios cubanos. Nos mudamos a Long Island, sobre todo los que tenían más poder adquisitivo. Los puertorriqueños residentes de Puerto Rico ya no vuelan automáticamente a Nueva York o Chicago antes de trasladarse a otro lugar. Ahora los puertorriqueños vuelan a Ohio, Georgia o Texas. También vuelan a Florida, donde ahora hay más de un millón de puertorriqueños. Y en cada uno de esos centros, los puertorriqueños empezaron a buscar otras posibilidades. Como consecuencia, muchos floridanos puertorriqueños se trasladaron a Georgia, en especial a la zona de Atlanta y sus alrededores. Algunos llegaron a Texas, y ahora hay más puertorriqueños en Dallas y Houston. Las ciudades más cosmopolitas acabaron por tener una comunidad puertorriqueña más numerosa. Incluso hay comunidades puertorriqueñas en Alaska, que crecieron después de que Puerto Rico empezó a desarrollar refinerías de petróleo en las décadas de los sesenta y setenta. Cuando Alaska comenzó a construir sus propias refinerías, los directivos iban a Puerto Rico a reclutar trabajadores. Los puertorriqueños se desplazaban con un empleo, buscando trabajos remunerados por encima del salario promedio. Personas como mis sobrinos de Puerto Rico pueden elegir entre ganar veinte dólares la hora como médico en la isla o trasladarse a Florida con un salario considerablemente más alto. Quedarse en Puerto Rico es mucho más una declaración cultural y política que un imperativo económico porque este último llevaría a cualquiera a montarse en un avión rumbo a Estados Unidos.

Esas opciones quedaron penosamente claras cuando Puerto Rico se sumió en la crisis fiscal, junto con un océano de deuda, en 2014. Yo tenía amistad en aquel momento con el gobernador García Padilla, que era un gran admirador de *Hamilton*, y solíamos hablar de lo que la crisis significaba para la isla. Al mismo tiempo, el equipo del Departamento del Tesoro bajo la administración del presidente Obama se puso en contacto con Lin-Manuel y conmigo para pedirnos que apoyáramos un plan para que Puerto Rico pudiera declararse en quiebra. De la forma en que los gobernadores anteriores habían negociado con los fondos de alto riesgo, estos inversionistas externos podían llegar a la cuenta bancaria del gobierno y apoderarse del dinero necesario para gobernar el país. Eran los primeros en fila para recuperar su dinero. La única forma de impedirlo era declararse en quiebra, pero esa no era una opción para Puerto Rico como «territorio», a diferencia de una ciudad como Detroit.

La administración Obama tenía muy pocas opciones en su negociación con un Congreso republicano. A la postre, crearon una junta de control fiscal, o la junta, cual dictadura militar: un plan conocido como la Ley de Supervisión, Administración y Estabilidad Económica de Puerto Rico (PROMESA, por sus siglas en inglés). Eso causó mucho dolor. Mucha gente en Puerto Rico no estaba de acuerdo. Pero yo había vivido la junta de control fiscal en Nueva York, y sabía que había creado las condiciones que permitieron a la ciudad salir de la quiebra. La mayoría de los funcionarios de Obama pensaban que era la única forma de detener la ruina total de la isla. Así que lo apoyamos.

Y ha tenido consecuencias reales. Lo que más me entristece son los recortes a la universidad y a todo el sistema educativo público, que tanto me enseñó. Sin embargo, he sido ejecutivo varias veces en mi vida y sé que siempre hay una oportunidad para cortar grasa. Siempre hay cosas que se quieren hacer que ahora no son posibles. Es posible el tener que esperar, y eso no es justo. No estuve en Puerto Rico para vivir las consecuencias de la ley PROMESA, pero sí en Nueva York para vivir las consecuencias de su junta de control fiscal. Si hubiera habido otra opción, habríamos luchado por ella. ¿Que pudimos habernos quedado callados? Sí, pudimos. Muchos lo hicieron. Otros la criticaron sin ofrecer una solución alternativa. Sin embargo, esto era demasiado importante para Puerto Rico.

Todavía me hacen piquetes y me abuchean por mi postura. La gente de izquierdas me interrumpe para protestar cuando hablo sobre mi apoyo a PROMESA. Cuando me interrumpen, les respondo que el ultra izquierdista es tan malo como el ultra derechista. Lo que ocurre es que a menudo estoy de acuerdo con los ultra izquierdistas y nunca con los ultra derechistas. Pero sigo pensando que viven en la isla de la fantasía. La mitad de la mierda que quieren hacer no funcionaría en el mundo real. El mundo ideal no es el mundo en el que vivo. Vivo en un mundo en el que hay que tomar decisiones, y algunas decisiones son imperfectas. Aun así, creo que esas decisiones son mejores que la inacción. Si queremos llegar a donde espero que lleguemos —a ser una nación pujante que se una al resto de América Latina— Puerto Rico tendrá que ser fiscalmente solvente.

En cuanto al estado actual de la política en Puerto Rico, es difícil ser optimista. Por mucho que Estados Unidos haya creado progreso, también ha perjudicado al archipiélago. Por ejemplo, hoy en Puerto Rico hay más carreteras y carros que nunca. Lo único que tal vez supere en número a los carros son las armas. Es una isla que podría recorrerse en carro en un día. En lo que deberíamos de gastar el dinero es en el transporte público, que es como la gente debería desplazarse de un lugar a otro. En cambio, los fondos disponibles de Estados Unidos se han destinado a la construcción y reparación de carreteras. Podríamos haber invertido menos en edificios con aire acondicionado y más en arquitectura que aprovechara el viento que viene de todo el corredor norte de la isla. Pero ya es demasiado tarde. Todo eso que representa el progreso a menudo representa el tipo de progreso equivocado.

Lo mismo ocurrió tras el paso del huracán María. Cuanto más pedíamos ayuda, más traíamos la estadidad a la isla. Hemos adoptado la mentalidad de esperar limosnas, y es difícil abandonar ese hábito. Cuando mi tío fundó el Partido Independentista Puertorriqueño a principios de la década del cincuenta, era el segundo partido de la isla. Eligieron a un montón de representantes para la Cámara Baja de la legislatura de Puerto Rico. Hoy, nuestro supuesto progreso ha acelerado la estadidad hasta el punto de que hay toda una generación de puertorriqueños que aprecia y se siente orgullosa de su ciudadanía estadounidense. No estoy seguro de cómo arreglar a Puerto Rico. Quizá sea demasiado viejo para descubrir cómo hacerlo. En cualquier caso, tiene que ocurrir algo para determinar el estatus político de la isla porque ahí radica la raíz del problema.

Lo que necesitamos es un referéndum en Puerto Rico en el que el Congreso estadounidense realmente escuche y adopte la voluntad del pueblo.

La comunidad puertorriqueña en Estados Unidos no tiene una gran clase media. Cuando la gente se trasladaba a Long Island o Yonkers, esperaba construir una vida mejor, quizá comprar una casita. En cambio, siguen siendo pobres en esos otros barrios que son más asequibles que la gran ciudad. Eso explica en parte el atractivo de alguien como Donald Trump. En el caso de los puertorriqueños, la causa fundamental es que el nivel educativo sigue estando por debajo del de la población general. El mercado laboral se hizo más competitivo, y los salarios más altos dependían de una educación superior a la que la gente necesitaba en el pasado.

Esa falta de educación se debe en parte a un fracaso político. Por mucho que la gente necesitara ayudas públicas, también necesitaba incentivos para estudiar y así poder conseguir mejores puestos de trabajo. Cuando realizábamos investigaciones en la Federación Hispana durante la década de los noventa, quedó claro que un denominador común a todos los latinos era que se sentían desconectados de la economía general. Cuando les preguntábamos cuál era el problema principal de nuestra comunidad, el discrimen ocupaba el primer lugar, junto con la educación y el empleo. Cabría esperar que los puertorriqueños —como ciudadanos estadounidenses con profundas raíces en el país— sintieran de otro modo. Pero no era así, y ese sentir estaba justificado.

En aquellos años, el Partido Republicano se desplazaba con ímpetu hacia la derecha, a medida que Newt Gingrich crecía en estatura y poder. La reforma de inmigración —un acontecimiento histórico bajo Ronald Reagan— se volvió inaceptable. Y el camino hacia el odio abierto de Donald Trump hacia los inmigrantes se despejó. Cuando la gente habla de discrimen, siente su efecto en la educación, el empleo y en todas las facetas de la cultura.

Al mismo tiempo, los estudios siguen demostrando con claridad que los latinos prefieren que se les identifique por su país de origen y no como un grupo organizado. Quieren llamarse mexicanos o colombianos generación tras generación, después de las primeras oleadas de inmigración. Los latinos siguen acercándose a los afroestadounidenses. Son nuestros vecinos y compartimos las mismas experiencias de pobreza. Lo que es diferente, sin duda, es que podemos volver al país de origen de nuestra familia y seguir sintiendo una conexión. Pueden seguir tratándonos como «otros» sin que dejemos de disfrutar de una vida plena. Son privilegios que se borraron intencionalmente para los afroestadounidenses.

Hay una contraparte a ese sentir. La comunidad latina de todo el país se ha vuelto más organizada y solidaria, sin importar la procedencia de su familia. Al principio, los puertorriqueños y los mexicanos libraron muchas batallas para afianzarse en la política, y conseguir educación de calidad y derechos civiles. Ahora, cuando las familias venezolanas llegan a las autoridades portuarias, hay toda una red que incluye organizaciones comunitarias y apoyo gubernamental para ayudarlas. Eso no existía para los puertorriqueños: nuestra red estaba formada por familiares y amigos. Mi red fue mi tía, que me dio una litera en una habitación de su apartamento abarrotado. No hubo empleados de admisión que me ayudaran a encontrar un lugar donde vivir y me entregaran una bolsita con lo esencial. Cuando vivía en Chelsea en aquellos primeros años, la gente se reunía en los sótanos los fines de semana para jugar al dominó y al billar. Había una comunidad que me permitía socializar en esas sesiones en las que se juntaba todo el vecindario.

Siempre hay tensiones, claro está. Cuando una comunidad como la puertorriqueña no ha logrado lo que pudo haber logrado al cabo de setenta años, existe un nivel de desconfianza hacia las comunidades que han llegado más recientemente. Aunque la gente sigue ayudándose, las rivalidades afloran. Había líderes de nuestra comunidad que creían que mi trabajo en la reforma migratoria de la era Reagan beneficiaría demasiado a los dominicanos, lo que les llevó a cuestionar mi identidad puertorriqueña. No podían entender que organizarse en torno a asuntos comunes como el derecho al voto, una educación de calidad y vivienda digna nos daría a todos más poder. Tales actitudes proceden de una mentalidad deficitaria: tenemos tan poco que no podemos permitirnos compartir nada o por temor a quedar peor. Mi argumento era que podíamos conseguir más si éramos más.

Algunas de esas tensiones proceden de divisiones raciales y de clase. Algunos dominicanos hablan de vivir «cerca de la frontera» —es decir, de Haití— para explicar el color de su piel. Al igual que los dominicanos, en Puerto Rico creamos diecisiete tonos de color diferentes para hablar de raza: no se es Negro, se es jabao o trigueño. Hay racismo entre todos nosotros, que se manifiesta de las formas terribles en que siempre se manifiesta el racismo: personas de piel más oscura ganan menos dinero, tienen menos oportunidades y sufren discrimen. Sin embargo, en Estados Unidos, la raza se mide y se organiza de otro modo. En nuestros países de origen, discriminamos y fingimos que no lo hacemos. En Estados Unidos, hay toda una historia de discrimen organizado y legalizado. A medida que los latinos nos asentamos, vamos interiorizando esas definiciones y actitudes raciales. El discrimen se suma a los muchos problemas básicos que debemos abordar, junto con la vivienda, educación y atención médica inadecuadas.

Si hay gente que quiere pasarse la vida lidiando con la raza entre las comunidades latinas, adelante. A las otras personas que solo quieren trabajar con el colorismo en nuestras comunidades, las apoyo. Pero yo quiero emplear mi energía en asegurarme de que no haya discrimen contra nadie en nuestras comunidades, ni desde dentro ni desde fuera, ya sean venezolanos recién llegados o puertorriqueños de tercera generación.

Es cierto que, bajo la sombrilla latina, hay muchas personas privilegiadas y muchas más que no lo son. Nos meten a todos en el mismo saco. Los que están en una posición más privilegiada, deben ayudar a los que no lo están. Deben dedicar su vida a crear oportunidades para quienes no tienen esos privilegios. Esas son las personas que me importan y por quienes he pasado la vida trabajando en la comunidad. Si el color nos da acceso a una oportunidad, debemos utilizar ese acceso para ayudar a otros que no tienen esa ventaja.

Sin embargo, también es cierto que estamos cambiando como latinos, mezclándonos con otras comunidades y aprendiendo de ellas. Tomemos por ejemplo la relación entre los puertorriqueños y los mexicanos en Estados Unidos. Nosotros, como puertorriqueños, vemos la industria del entretenimiento de los mexicanos, sus artistas y sus películas, como parte de una cultura riquísima que sobrevivió a siglos de opresión española y estadounidense. Recuerdo que de niño veía en el *Tesoro de la juventud*, mi libro favorito, las fotos de los enterramientos indígenas y las pirámides de México. Siempre he sentido un enorme respeto por esa cultura que ha sobrevivido a siglos de opresión. En las escuelas secundarias hacen concursos de mariachis protagonizados por hijos de migrantes mexicanos, que han estado alejados por generaciones de su cultura patria y, sin embargo, siguen celebrándolos. ¿Cómo se logra eso? Nuestra cultura tiene una increíble capacidad de supervivencia.

Los latinos en Estados Unidos han emprendido una expansión increíble. En 2000, representábamos treinta y cinco millones de estadounidenses. Dos décadas después, en 2021, habíamos crecido un setenta y ocho por ciento, hasta llegar a los 62,5 millones. Somos el mayor motor de crecimiento demográfico del país. Dentro de dos décadas, en 2040, se prevé que seamos 87,6 millones, es decir, más del veinte por ciento de la población. Según el análisis del Latino Policy and Politics Institute de UCLA, ese crecimiento se ha producido en muchos estados en los que los latinos no solían asentarse en grandes cantidas. En todo el sur y el medio oeste, las comunidades latinas han crecido rápidamente, incluso en estados donde la población total ha disminuido.

En la actualidad, dos terceras partes de los latinos de Estados Unidos han nacido aquí. Aparte de los puertorriqueños, nacidos por definición en «territorio» de Estados Unidos, las comunidades latinas más asimiladas a la cultura estadounidense son las de ascendencia mexicana y panameña. Casi tres cuartas partes de los mexicano-estadounidenses nacieron aquí, frente a casi dos terceras partes de los panameños. Salvo los recién llegados de Venezuela, el resto de la población latina se divide en dos: la mitad nació aquí y la otra mitad en su país de origen. Eso significa una proporción cada vez mayor de latinos que hablan inglés en sus hogares. Una tercera parte de los latinos dice hablar solo inglés en sus hogares; hace veinte años, era solo una quinta parte. Esto ocurre, en especial, en los hogares panameños y puertorriqueños.

Los mexicano-estadounidenses siguen dominando la población latina, ya que representan más de la mitad de nuestra comunidad. Son el grupo latino más numeroso en cuarenta de los cincuenta estados. En un lejano segundo lugar están los puertorriqueños, seguidos de los salvadoreños, los cubanos y los dominicanos. Sin embargo, esa clasificación pasa por alto algunos cambios más recientes. Aunque mucho más pequeñas en número, las comunidades guatemalteca, hondureña, salvadoreña y venezolana han crecido muy rápidamente, como reflejo de las crisis que esas nacionalidades han sufrido en su país de origen. Entre esos recién llegados, los sudamericanos se han trasladado generalmente a lugares donde los latinos ya estaban bien establecidos. Los centroamericanos han tendido a trasladarse al medio oeste y a la costa este.

Los latinos no solo son diversos en cuanto a su procedencia. Cada comunidad tiene un perfil demográfico distinto. Aunque la población latina es más joven que la población general, algunos grupos —en especial los sudamericanos y los cubanos— tienden a ser gente mayor, con una edad promedio que se sitúa en los treinta y pico altos más que a los veinti-pico altos. También suelen tener más estudios. Los mexicanos, guatemaltecos y salvadoreños son, en su mayoría, hombres, mientras que entre los sudamericanos son más las mujeres.

En cuanto a la economía, se puede ver con claridad la brecha entre afroestadounidenses y latinos, así como la forma en que esa brecha se refleja en nuestra política. Entre 2000 y 2020, la tasa de pobreza entre los afroestadounidenses descendió ligeramente, del veinticuatro al veintiún por ciento. En ese mismo periodo, la tasa de pobreza entre los latinos descendió del veintidós al dieciséis por ciento. Las mismas tendencias se observan en ser dueños de vivienda, que ha aumentado entre los latinos y disminuido entre los afroestadounidenses. Por otra parte, la tasa de pobreza entre los blancos aumentó ligeramente —del ocho al nueve por ciento— aunque sigue estando muy por debajo de la tasa de pobreza entre las comunidades de color. El nivel de pobreza aún es alto entre los puertorriqueños y los centroamericanos, frente a los niveles más bajos entre los sudamericanos.

Sin embargo, en comparación con la mayoría blanca, cuando la economía empeora, los afroestadounidenses y los latinos siguen siendo igual de vulnerables. Según un análisis del Pew Research Center, las familias afroestadounidenses y latinas tienen más probabilidades que las blancas de descender de la clase media cada año. Eso quedó demostrado durante la pandemia del COVID-19. Alrededor de uno de cada cinco Negros y latinos descendieron de la clase media entre 2020 y 2021, frente al quince por ciento de los blancos. Solo el ocho por ciento de los latinos ascendió en la escala económica —de niveles medios a altos— frente al dieciocho por ciento de los blancos durante el mismo periodo. Esa disparidad suele darse cuando no hay conmociones económicas como una pandemia: es más fácil que los Negros y los latinos desciendan de la clase media y mucho más difícil que asciendan a los niveles de ingresos más altos. Estos patrones están estrechamente relacionados con los niveles de educación: los que no poseen un diploma de secundaria tienen muchas más probabilidades de descender de la clase media, y los que tienen un bachillerato universitario tienen muchas más probabilidades de ascender a un nivel de ingresos más alto. Por eso, la lucha por una mejor educación es tan importante en nuestras comunidades.

Las mismas disparidades son penosamente obvias cuando se observa el número de víctimas de la pandemia. El número de casos per cápita era mucho mayor en los barrios latinos de Nueva York que en los barrios blancos de Manhattan y Brooklyn. En zonas latinas como Corona, Elmhurst y Jackson Heights, había un caso por cada nueve personas. En las zonas más ricas de Manhattan, era un caso por cada veinte personas. Eso se tradujo en tasas de mortalidad mucho más elevadas. A Luz y a mí nos entraban escalofríos cada vez que oíamos la sirena de una ambulancia en el barrio. Alguien más estaba muriendo.

Esos cambios culturales se reflejan en los campos de batalla políticos en todo el país. En Florida, han provocado confusión entre muchos demócratas del *establishment*. La realidad no es tan complicada. Para los puertorriqueños de Florida, sus vecinos son menos progresistas y menos afroestadounidenses que los vecinos de los puertorriqueños en Nueva York. En cuanto al control de armas, somos un reflejo de las creencias de la población general. Para muchos latinos, cazar es una actividad importante. También tenemos muchos pequeños negocios, y algunos propietarios se sienten más protegidos poseyendo un arma. Sin embargo, como la mayoría de los estadounidenses, entendemos que las armas que son apropiadas para la guerra no tienen cabida en nuestras comunidades. Si realmente creemos en la Segunda Enmienda, ¿para qué hace falta más que una pistola para defenderse, o un rifle para cazar?

No obstante, la cuestión del aborto es diferente. La vinculamos a la cuestión del control sobre el propio cuerpo o la salud reproductiva. Pero cuando eso se suma a si debería ser legal a las seis semanas, a las dieciséis, o a las veintidós, el asunto se vuelve mucho más divisivo. Se empieza a perder apoyo a un ritmo más acelerado que entre la población general. La clase social es un factor atenuante: la educación y los ingresos cambian la forma de pensar de los latinos sobre el aborto, como es el caso de mi esposa y mi hija. Pero, en parte, procedemos de una cultura en la que la maternidad es definitoria de quienes somos.

Además, las creencias religiosas latinas hacen que esté bien sufrir en la vida. No pasa nada si una madre tiene un hijo que no quiere. No pasa nada si una madre joven no puede ir a la universidad o se queda limitada para el resto de su vida por haber tenido hijos cuando no estaba preparada para tenerlos. La gente justifica todas esas actitudes. La religión, ya sea la pentecostal o la católica, afecta nuestras creencias sobre el aborto. Argumentemos siempre que las mujeres deben poder elegir. No se trata del aborto. Se trata de elegir. Si una mujer decide tener un hijo, el gobierno debe crear oportunidades de vivienda, cuido, atención médica y educación para que su elección no la obligue a quedarse en la pobreza para siempre.

También está bien que una mujer tenga un hijo cuando crea que sus circunstancias son las adecuadas. Recientemente, mi empresa Hamilton Campaign Network encargó un estudio sobre los neoyorquinos latinos. Tres cuartas partes de los latinos apoyaron el derecho a elegir.

Henry Cuellar, demócrata conservador de Texas, quien se opone al derecho al aborto, ha ganado primarias muy reñidas tras muchos años en el Congreso. Cuellar representa a un distrito que se extiende desde el Río Grande hasta San Antonio, y apoyó a Hillary Clinton para la presidencia. Pero en años recientes, se ha enfrentado a duros desafíos de demócratas más progresistas, como Jessica Cisneros, a quien apoyamos en 2022 en Latino Victory. Cisneros situó el aborto en el centro de la contienda y perdió por apenas unos cientos de votos. Esa contienda representa dónde estamos como comunidad: divididos al cincuenta por ciento. Sin duda, el aborto no fue el único tema de la campaña de Cisneros ni lo que constituye su atractivo principal. Ocasio-Cortez y Sanders hicieron campaña por ella, y hablaron mucho más de asuntos económicos. Aun así, los derechos reproductivos seguían siendo importantes, y por ello recibió un fuerte apoyo de grupos externos como EMILY's List y Planned Parenthood. Cuando se observa a los latinos que pierden ante los republicanos, el debate sobre el aborto representa una clara demarcación. La ironía es que latinoamericanos, como México y Colombia países, están avanzando hacia el derecho a elegir a través de la legislación, incluso cuando los latinos en Estados Unidos, incluido Puerto Rico, se están moviendo en la dirección contraria.

Por eso, deberíamos dejar de ver la política de este país en blanco y negro porque cuando lo hacemos, pasamos por alto que en muchas comunidades, los latinos de todo el país son demócratas fáciles de persuadir. No son demócratas de base.

Los latinos son más o menos persuasibles según el país del que provienen. Somos mucho más persuasibles en Florida que en Nueva York, donde sí somos demócratas de base. Tenemos que esforzarnos mucho más con los puertorriqueños de Florida o Georgia. Estamos eligiendo a latinos republicanos y demócratas en Georgia, que es un estado púrpura. La forma de lidiar con los latinos en esos lugares debe ser diferente. Y, sin embargo, seguimos tratándolos a todos como si fueran demócratas de base en cualquier parte del país.

En Puerto Rico, la mayoría de los dirigentes se inclinan por los demócratas, y durante mucho tiempo se nos dijo que los republicanos eran gente mala. Pero incluso allí, si tuviéramos unas elecciones reales solo entre republicanos y demócratas, creo que el cuarenta por ciento de la isla votaría por los republicanos. La isla se ha ido desplazando hacia la derecha en las últimas décadas y por eso se han presentado numerosos proyectos de ley en contra del aborto en la legislatura, aunque ninguno de ellos se haya aprobado. En cuestiones económicas, el Puerto Rico de la década del cincuenta era casi socialista, con un veintiocho por ciento de todos los empleados del gobierno y de grandes empresas bajo el control gubernamental. Hoy huimos de eso. La Iglesia católica, que se ha centrado mayormente en erradicar la pobreza, se está adaptando al crecimiento de las iglesias pentecostales y evangélicas. Mientras que la Iglesia católica se alinea con el gobierno, la Iglesia pentecostal interviene mucho más en la vida de las personas. La gente da una décima parte de su sueldo a las iglesias pentecostales porque tienen un rol muy importante en todos los aspectos de su vida cotidiana. Desde la cultura hasta la economía, pasando por la fe personal, la cultura puertorriqueña está cambiando, al igual que su política.

Lo que esto significa para la política latina en Estados Unidos es una mayor necesidad de comprender el contexto y la cultura. Los cubanos y venezolanos que huían del socialismo y el comunismo llegaron justo cuando el Partido Demócrata estaba en medio de una batalla entre la izquierda y el centro, y el Partido Republicano era visto —con o sin razón— como conservador. Todo eso ocurre en un momento en que la desinformación es enorme, ya que las noticias viajan a través de las redes sociales en lugar de a través de los periódicos, las emisoras de radio o las cadenas de televisión. Cada vez más latinos leen las noticias en Facebook, YouTube y WhatsApp, por lo que la base del conocimiento sobre la que construimos nuestras suposiciones políticas está podrida la mitad del tiempo.

Donald Trump y sus aliados mienten, engañan y dicen medias verdades. Trump comenzó su candidatura presentándose como quién era. La gente dice que Trump es un hipócrita, pero no es verdad. En Nueva York lo conocemos desde siempre. Ha sido un ente de odio desde el principio, y se nos presentó tal cual.

Mi formación psicológica me ha ayudado a entender cómo establecemos la esencia de lo que somos y lo que irradiamos. Los votantes sienten por los candidatos. Por eso, mi socio, Roberto, dice que la política es una mezcla de arte y ciencia. Saber cómo se relaciona un candidato con su familia y amigos determina cómo se relacionará con los demás. Ese es el núcleo de la conexión con los votantes.

Por mucho que deteste todo lo que Trump representa, puedo entender que a los votantes —incluidos los latinos, que tienen todas las razones para repudiar su racismo y sus políticas— les resulte atractivo porque es decidido y entretenido. Da la impresión de que está al mando y que cuidará de todos. Sin embargo, no logra engañar a la mayoría de los votantes latinos, pero a una tercera parte de nuestros votantes, a quienes sí les gusta, hay que confrontarlos con los argumentos adecuados. Hay que calcular, en función de sus vecinos y grupos sociales, cuánto cuesta llegar a ellos e intentar captar a la mayor cantidad posible. Nuestro verdadero objetivo es esa masa que se encuentra en un punto intermedio, como los cubanos que votaron por Hillary Clinton y que necesitan saber que Joe Biden no es socialista. Los republicanos no necesitan una mayoría de latinos para ganar. Necesitan conseguir suficiente gente en los estados que son importantes para obtener los votos electorales. Y tenemos que luchar para evitar que eso ocurra, asegurándonos de que nuestros argumentos se ajusten a la realidad.

Lo que Trump ha revelado es el poder de las fuerzas destructivas en nuestro país. Como sociedad diversa, nos esforzamos por aceptar las diferencias, por superar las divisiones que estancan a la sociedad. Pero Trump desató la fealdad que todos llevamos dentro. Permitió una conversación que nunca debió producirse porque no conduce a nada bueno. Permitió que esa conversación se enconara. Para vivir en una sociedad pluralista, hay que abrirse a la conversación. Pero en su lugar, le dijo a un grupo de personas que se sentían atacadas que los Negros y los no blancos son los responsables de que sus hijos no puedan comprarse una casa como ellos lo hicieron. Y la pandemia del COVID-19 expuso nuestras divisiones económicas y raciales, además de esa terrible conversación que Trump permitió que tuviera lugar. Por eso necesitamos, más que nada, candidatos que tengan una clara brújula moral. Eso es central a todo lo que valoramos como comunidad y como país.

No obstante, también debemos ser sinceros con nosotros mismos para poder ser más eficaces cuando nos enfrentemos a Trump y a las fuerzas que lo respaldan. Llevamos mucho tiempo mostrando, a través de los medios de publicidad digital y televisiva, el vídeo de Trump lanzando rollos de papel toalla a la gente en Puerto Rico tras el huracán María. Decir que Trump es malo y que ese es un ejemplo de lo malo que es influyó en el ambiente en nuestra comunidad. Pero nunca dejó huella en el nivel más humano. Trump decía preocuparse por las comunidades que sufrían a causa de una economía rota. Sin embargo, cuando el desempleo aumentó al inicio de la pandemia del COVID-19, cuando nuestra comunidad empezó a verse afectada, se desentendió de lo que estaba ocurriendo. Su respuesta, junto con su falta de empatía por la miseria económica, fue mucho más impactante que verle lanzar rollos de papel toalla en Puerto Rico.

Trump utiliza un libro de texto fascista que ya hemos visto en la historia de los latinos en muchos países. Pretende representar a los trabajadores blancos pobres mientras presume de su riqueza porque sus seguidores quieren ser como él. Aspiran a que, algún día, un gran edificio lleve su nombre. Pero eso es una fantasía que distorsiona todo lo que rodea a Trump. Uno de nuestros sobrinos explicaba cómo la insurrección del 6 de enero había sido un malentendido. Se les fue de las manos, es todo. No me cabe duda de que mucha gente fue allí a manifestarse de forma pacífica. Pero como han revelado los juicios y los arrestos, muchos fueron a DC para intentar derrocar a nuestro gobierno. Trump aprovechó el momento para incitar a su multitud MAGA a detener el recuento de votos electorales para apoyar sus afirmaciones de que las elecciones habían sido robadas. Algunos ya se han alejado demasiado como para escuchar los argumentos, pero la mayoría no. Los latinos escuchan a la razón.

Texas es un magnífico ejemplo de cómo tenemos que hablarles a las distintas comunidades latinas en función de su contexto. El sur de Texas es muy diferente de San Antonio, Austin y Dallas. El mensaje económico puede ser el mismo en todo el Estado, pero el mensaje que debe ser diferente es el de la inmigración. A los que viven en la frontera, la llegada de un montón de gente a su ciudad les afecta de una forma mucho más directa. Si la economía marcha bien, a los republicanos les costará más trabajo convertir la inmigración en un problema real en las comunidades latinas. En un momento en el que hay tantos puestos de trabajo vacantes, es mucho más difícil convertir la inmigración en un tema importante para los votantes latinos que lo que fue durante los años de Trump.

Para las comunidades blancas, el asunto está más ligado al racismo y tiene menos que ver con la economía. Hoy la gente necesita dos empleos para sobrevivir, y los verdaderos problemas son la inflación y los salarios bajos. Mientras el debate político gire en torno a una economía en crecimiento, a la gente no le costará nada votar por los demócratas. Si se les pregunta a los latinos qué creen, en todo el país, dirán que los demócratas se preocupan más que los republicanos por las cosas que a ellos les importan. Aun así, tenemos que adaptar nuestro argumento económico a las distintas zonas del país. Los precios de la gasolina tienen más impacto en Texas y California que en la ciudad de Nueva York, donde el carro no se usa tanto como en otros lugares.

En Texas, la población mexicano-estadounidense se renueva constantemente con oleadas migratorias. Eso no ocurre en otras partes del suroeste de Estados Unidos. En Arizona, la población latina es más estable y crece más por las tasas de natalidad que por la llegada de nuevas oleadas. Esa dinámica tiene un impacto real en el comportamiento político de la gente.

Para tener éxito en las comunidades fronterizas de Texas, los demócratas deben aprovecharse de otra ventaja. Hillary Clinton obtuvo mejores resultados en el sur de Texas que Joe Biden porque ella es una estrella. Es una mujer inteligente, que estaba casada con un presidente al que los latinos adoraban, y daba la impresión de ser una persona normal y corriente. Su inteligencia y sus dotes de estrella lo son todo. En 2001, encontramos 220,000 votantes latinos en Nueva York que solo habían votado una vez en su vida y lo hicieron por Hillary Clinton. Votaron por la estrella. Esa es también parte de la razón por la que Trump les resulta atractivo a algunos de estos votantes. Él también es una estrella. Alexandria Ocasio-Cortez es una estrella. Puede hacer un tutorial de maquillaje en Instagram Live y utilizarlo para explicar cuestiones económicas de una forma sencilla. Como demócratas nunca tendremos suficientes Alejandras Ocasio-Cortez o Hillary Clintons. Tenemos que centrarnos en reclutar candidatos jóvenes, que entiendan los medios digitales como una forma directa de comunicarse con los votantes y que se preocupen por cómo los problemas económicos afectan a la gente común y corriente. Tenemos que conseguir que se elijan candidatos latinos para contar con representación en la mesa de decisiones. Más diversidad significa más poder y apoyo para todos.

No basta con que esos candidatos sean carismáticos. Tienen que hablar de las cuestiones económicas que les importan a los latinos y demostrar que a ellos también les importan. Beto O'Rourke en Texas es un buen ejemplo. Y ganó el voto latino. El lenguaje expresa lo que es importante. Si uno empieza cada evento latino diciendo algo en español —aunque apenas lo entienda— está haciendo una declaración de lo que le importa. Michael Bloomberg se salió con la suya en Nueva York porque sabía que solo tenía que hablar diez o quince segundos en español en la televisión. Beto podía hablar mucho más español, y eso era importante. Puede que a los miembros de las élites de nuestra comunidad les molestara que no fuera latino de verdad, pero lo cierto es que hablaba mejor español que muchos de ellos. Beto también tiene esa habilidad retórica de hablar *in crescendo*, como nuestros líderes latinoamericanos, que atrapan al público con su retórica y lo embarcan con ellos en su viaje. Dado que hablaba de temas que a la gente realmente le importaban —explicando la inmigración en términos de cómo esas personas realizan los trabajos que nosotros ya no hacemos— pudo conmover a los votantes latinos. Podía explicar lo que los republicanos no habían podido lograr en Texas respecto a la economía porque se han limitado a librar las guerras culturales para conseguir suficientes votantes blancos, y quizás convencer a suficientes latinos para impedir que los demócratas ganasen.

———

LAS COMUNIDADES LATINAS ESTÁN CAMBIANDO EN TODO EL PAÍS. En las ciudades del «Cinturón de Óxido» de Ohio y Pensilvania, cada vez son más los dominicanos electos para las alcaldías y las juntas escolares. Están a punto de llegar a las asambleas legislativas estatales a base de construir una plancha de representación electa.

En Chicago, la política está aún más segregada que en Nueva York. La comunidad latina está dividida en partes iguales entre mexicanos y puertorriqueños. Antes era un poco más puertorriqueña, pero ahora la comunidad mexicana es mayor. Sin embargo, los mexicanos y los puertorriqueños se parecen cada vez más en sus posturas políticas: son más progresistas en cuestiones sociales y económicas. Los líderes puertorriqueños de Chicago solían estar mucho más cerca de la izquierda. Incluso eran partidarios militantes de la independencia. Oscar López Rivera, el supuesto líder de las FALN, creció en Chicago. Las FALN fueron responsables de más de ciento treinta atentados con bomba en los años setenta y los ochenta, incluido el atentado de 1975 contra la Fraunces Tavern de Manhattan en el que murieron cuatro personas. A pesar de no estar directamente vinculado a ningún atentado, López Rivera fue encarcelado en 1981 y no fue puesto en libertad hasta 2017, cuando el presidente Obama conmutó su pena. Su hermano sigue siendo un líder de la comunidad puertorriqueña en Chicago, y amigo mío. Por eso Chicago es la única ciudad del país con dos enormes esculturas de la bandera puertorriqueña, ubicadas en el corazón de la comunidad puertorriqueña, en Humboldt Park. También tiene el único museo completamente puertorriqueño del país. La comunidad latina de la ciudad contó durante mucho tiempo con un liderato muy activo, progresista y de izquierdas.

Para la comunidad mexicana de Chicago, el asunto de la inmigración también es un asunto importante y, a medida que los puertorriqueños se casan con otros latinos, también ha cobrado importancia para nuestra comunidad. Pero nunca es lo primero en lo que pensamos. Hay que preguntarles a los puertorriqueños sobre la inmigración en específico para que digan que es importante.

Esas comunidades latinas se dedican al progreso económico y social de sus familias. Son lo bastante recientes como para que muchos de sus hijos sean la primera generación que va a la universidad. Esa es la prueba de fuego para la segunda generación. He envejecido en Washington Heights con muchos dominicanos que eran los dueños de todas las bodegas del barrio. Ellos no esperan que sus hijos se hagan cargo de las bodegas. Pretenden que sus hijos vayan a la universidad y se conviertan en profesionales. Para todos esos empresarios, su prioridad consiste en asegurarse de que sus hijos vayan a la universidad.

Esos pequeños cambios significan que tenemos que construir nuestras campañas políticas con variaciones más sutiles. La tecnología nos permite utilizar los anuncios que desarrollamos en Colorado y adaptarlos al público de Arizona. Los temas son similares, pero los acentos pueden variar. Por tanto, podemos poner a una mujer con acento español venezolano a hablar con una mujer con acento puertorriqueño, y publicar ese anuncio en Florida. Esos matices se basan en los fundamentos de las investigaciones realizadas en determinadas geografías. Aunque sigo creyendo que los latinos se definen mayormente por su país de origen, en lo que respecta a su postura política, entran en juego otros factores.

Algunos asesores políticos republicanos presuponen que un aumento en la prosperidad general, les permitirá ganarse el apoyo de los latinos. No estoy tan seguro de eso. Al igual que los judíos estadounidenses, los latinos se inclinan por los demócratas porque creen que estos se preocupan por la gente como ellos. Por eso es tan importante la cuestión de la cancelación de la deuda estudiantil. Tener que pagar matrículas universitarias es un gran obstáculo para que una familia progrese. Representa otra hipoteca que impedirá que a los niños les vaya mejor que a sus padres. Para la campaña de Biden, analicé grupos focales de jóvenes que se habían graduado de universidad hacía cinco o diez años. La cancelación de la deuda por los préstamos universitarios era una de las razones más contundentes para que votaran por Biden. Si se les cancelaba la deuda, podrían comprarse un apartamento, algo que de otro modo sería imposible. Ahora que los republicanos han acudido a los tribunales para frenar los esfuerzos de los demócratas por cancelar una parte de la deuda estudiantil, recordémosle a los jóvenes votantes y a sus padres que estuvimos muy cerca de proporcionarles algún alivio y que los republicanos lo impidieron.

La mayor diferencia cultural y política entre los latinos y los estadounidenses blancos es que nosotros creemos en la colectividad. La familia no es solo papá, mamá, niños y un perro. La familia incluye a mucha gente. Significa que uno abre su casa y ayuda a los demás. La idea de que la familia nuclear debe ser el principal objeto de progreso no es real en nuestra comunidad.

La delincuencia y la seguridad respecto a las armas de fuego son contiendas clásicas entre los votantes latinos inmersos en esas batallas culturales y políticas con los republicanos. La delincuencia es un gran problema para todos, incluso para mí en el *subway* de Nueva York. Los índices de delincuencia han bajado, pero las noticias hablan todos los días de tiroteos aleatorios. Los latinos se preguntan, ¿por qué permitimos que cualquiera posea cualquier tipo de armas? Nuestra comunidad entiende que no es una buena política. Ya no se trata de lo que era importante durante la Revolución Americana. Hoy en día eso es irrelevante. La gente dice que uno debería tener un arma si tiene una bodega. Es una buena razón cuando hay algo que proteger. Como en nuestra comunidad hay tanta delincuencia, la gente entiende que hay que hacer algo al respecto. La comunidad en general solo se consterna cuando se producen tiroteos aleatorios.

Sin embargo, puedo asegurarles que el noventa por ciento de nuestra comunidad, al igual que la mayoría del país, rechaza la idea de que la única forma de disuadir las masacres en nuestras escuelas es que los maestros vayan armados. El control de armas es una motivación importante para que los latinos salgan a votar precisamente porque no nos sentimos seguros, y esos casos extremos —esos sucesos supuestamente aleatorios— están apareciendo en las noticias todos los días. Beto entendió cómo canalizar nuestro dolor en rabia, que es la otra cara del dolor. Al menos lograba hacernos sentir que era posible tener otro resultado.

Por eso, los republicanos se verán sometidos a una presión constante para hacer algo en estados como Texas y Georgia, que parecían ser sus bastiones. El argumento de los republicanos es que la solución a la violencia armada son más armas. Eso no tiene sentido; eso solo crea un efecto multiplicador. Los latinos no se lo tragarán. En el pasado, los líderes demócratas eran reacios a hablar de armas, pero eso está cambiando. Puede que en Texas sea más complicado, pero en Georgia es inevitable. Georgia está cambiando a medida que más gente se traslada al estado desde otros lugares.

En el último ciclo a la mitad del cuatrienio presidencial, trabajamos en Latino Victory con tres candidatos en Georgia que representaban un buen barómetro de lo que está ocurriendo con los latinos en todo el país. Jason Esteves era un puertorriqueño típico, hijo de emigrantes, nacido y criado en Georgia. Era la viva estampa de Google Image de un latino puertorriqueño, corpulento y alto. El segundo, Phil Olaleye, de padre colombiano y madre inmigrante nigeriana, se identificaba como latino, aunque hablaba menos español que el candidato puertorriqueño. También se mostraba orgulloso de sus raíces afroestadounidenses. La tercera candidata, Michelle Schreiner, tenía unos antecedentes similares a los de mi esposa, Luz: latina mestiza (mitad mexicana, mitad puertorriqueña), nacida y criada en Georgia, que trabajaba como psicóloga clínica y poseía un doctorado.

Los tres candidatos de Georgia comunicaron un mensaje ligeramente distinto, pero con un denominador común, que funciona en nuestra comunidad: que el gobierno debe seguir desempeñando un papel importante en nuestras vidas para ayudarnos a prosperar. Es una falacia pensar que este país nos da la libertad de ser lo que queramos ser. Eso solo ocurre cuando hay factores atenuantes, y la ayuda gubernamental es una de esas variables importantes. No hay absolutamente nada malo en recibir ayuda del gobierno para cruzar al otro lado. Ese es un mensaje importante, y nuestra comunidad lo entiende. Es el contraargumento de la noción de que, de alguna forma mágica, un viaje en avión desde Puerto Rico nos da la libertad de «triunfar» en la sociedad. Fue refrescante oír a los tres candidatos hablar de eso. Freddy Ferrer habló de lo mismo cuando se postuló a la alcaldía hace veinte años. Tenemos que darle al gobierno los recursos necesarios para ayudar a la gente, y muchos de nuestros candidatos, como Freddy, son excelentes ejemplos de cómo hacerlo. Eso no significa que uno no se ayude a sí mismo. Pero sí significa que tenemos que permitir que el gobierno nos ayude a lograrlo.

El otro elemento que conectaba a los tres candidatos era que todos eran latinos sin lugar a dudas. No negaron su identidad, que les resultó útil en distritos con un gran número de votantes latinos. Uno tiene que ser capaz de hablar de su gente y situar a su comunidad en un contexto más amplio, en el que el gobierno y las escuelas desempeñan un papel importante.

Claro que la cultura latina ya es más conocida y aceptada, y eso ayuda a nuestros candidatos latinos. En la década del setenta, cuando llegué a Nueva York, mis amigos blancos me contaban que sus niñeras o asistentes domésticas eran latinas. Recuerdo que pensaba —y a veces decía— que eso no me parecía bien. Vengo de un lugar donde las mujeres no solo eran niñeras y asistentes domésticas, sino también doctoras y abogadas. Mi propia niñera, Mundi, era puertorriqueña, pero el abogado que firmó los papeles de mi divorcio también era puertorriqueño. Hoy en día, esa familiaridad y parentesco se están filtrando en la cultura.

Al mismo tiempo, se observa la propagación de la llamada teoría del reemplazo, es decir, que los latinos están aquí para reemplazar a los votantes blancos. Eso es lo que Trump ha amplificado y representado. Trump le dio permiso a todo el mundo de expresar esas ideas racistas a viva voz.

Ahora hay que librar esas batallas en las asociaciones de padres y en las juntas escolares, donde les venden la teoría del reemplazo a personas por lo demás normales y racionales.

Seguimos siendo una sociedad dividida por nuestras agrupaciones. A mucha gente no le gusta la idea de que su gente pueda ser desplazada por otra gente. A medida que crecen los grupos minoritarios, aumentan las probabilidades de que una persona perteneciente a una minoría sea electa para representar a su distrito. En esos momentos, en esos lugares, nuestra identidad latina puede dejar de ser un lastre para convertirse en una ventaja. Ese futuro, tan inquietante para las personas a las que Trump representa, ya está aquí.

CAPÍTULO 11

Jóvenes promesas

Las jóvenes promesas de la política tuvieron que abrirse camino para convertirse en estrellas. Barack Obama era un humilde senador estatal. Alexandria Ocasio-Cortez trabajaba en un bar. Tish James era abogada en la Asamblea del Estado de Nueva York. Si queremos aumentar la diversidad en nuestra política para reflejar la diversidad de nuestro país, tenemos que estar atentos a esa nueva generación y apoyarla lo mejor que podamos, incluso si eso significa postularse en contra del *establishment* demócrata.

La primera vez que oí hablar de Ricky Hurtado fue a través de un joven que conocí en Twitter. Tengo muchos amigos en Twitter, y ese muchacho me pareció infatigable. Me intrigó. Ricky se postulaba para la legislatura estatal de Carolina del Norte, intentando convertirse en el primer latino electo a un cargo en ese cuerpo. Me interesaba mucho Carolina del Norte y la forma en que estaba cambiando. Ricky me llamó un día y me habló de su distrito rural, donde los latinos —en su mayoría, mexicanoestadounidenses como él— representaban poco más del diez por ciento de los votantes.

Mi consejo fue que no intentara ocultar que era latino. Después de todo, su nombre lo delata. Pero como candidato, era latino. Su campaña debía girar en torno a su identidad como hombre rural que había nacido en ese lugar: un maestro en el distrito a donde todo el mundo envía a sus hijos, y donde su esposa también es maestra. Eran personas alegres y trabajadoras que vivían una vida feliz y normal en la zona rural de Carolina del Norte. No buscaban trabajos en el gobierno. Ricky tenía que presentarse empezando con su experiencia personal. Es cierto que, cuando lo conocían, identificaban su piel oscura con su nombre en español. Sabían quién era. Pero el mensaje que debía transmitir no era sobre la necesidad de aumentar la diversidad.

Acordamos apoyarlo en Latino Victory. Sin embargo, yo tenía muy claro que no había forma de que ganara sin el apoyo del Partido Demócrata en su estado. Era un candidato primerizo y, aunque la campaña no era costosa, necesitaba el apoyo del partido. Le ayudamos a recaudar veinte mil dólares de los cincuenta mil que necesitaba para hacer una campaña decente. Pero eso no era suficiente. Así que volé a Carolina del Norte para reunirme con el gobernador y el jefe del partido estatal. Yo había sido donante del gobernador un par de veces, así que quedamos en desayunar. Le hablé de un candidato fantástico que daba la casualidad que era latino. Lo conocían. Su experiencia era igual que la de la gente de su distrito, pero tenía un nombre en español y la piel oscura. Para las personas comprometidas con la diversidad en su estado, esa era su oportunidad de elegir a un cargo público al primer latino con el apoyo del gobernador y del Partido Demócrata. El gobernador estuvo de acuerdo.

Ricky es un tipo común y corriente con ideas progresistas, pero no hace alarde de sus posturas. Así no iba a ganar las elecciones en su distrito. Sin embargo, podía hablar de Medicare para todos —un plan de salud al que cualquier persona de cualquier edad puede acogerse— porque todos sus vecinos tienen problemas con la asistencia médica. Sus vecinos blancos no son gente acomodada. Todos luchan contra el costo de las medicinas y los médicos. Ricky hablaba su idioma. Si lo transportaran a Nueva York, estaría bastante de acuerdo con Alexandria Ocasio-Cortez sobre lo que hay que cambiar. Pero en Carolina del Norte era un tipo normal y corriente que quería hacer el bien a sus vecinos. Puede que estuviera más a la izquierda que la mayoría de ellos, pero tenía las mismas experiencias vitales y había cumplido su deber siendo un buen maestro para sus hijos. No tenía una red de personas que pudieran recaudar dinero para su campaña ni una red de funcionarios con contactos que lo vieran como uno de los suyos.

Ricky hizo historia en Carolina del Norte ganando las elecciones. La segunda vez perdió contra el mismo adversario. Ahora cuenta con el apoyo de su partido y puede recaudar sus propios fondos. Espero que vuelva a postularse. Pero esa primera contienda fue cuesta arriba.

El reto para quienes queremos aumentar la diversidad entre nuestros oficiales electos es cómo nacionalizar una contienda así. Otros candidatos y simpatizantes latinos quieren saber que hay alguien como Ricky en Carolina del Norte. Para ellos es importante saber que forman parte de una amplia red de futuros oficiales electos latinos; que están construyendo la plancha de los futuros jóvenes latinos en la política.

Ricky ganó, en parte, gracias al apoyo del diez por ciento de los votantes de su distrito, que son latinos. Hay que empezar por la base. Otros candidatos no aceptan esa idea y les va mal. Una vez trabajé con la perfecta candidata latina en Massachusetts. Era inteligente, totalmente bilingüe y muy interesante. Sin embargo, a su equipo le preocupaba hacer demasiada campaña en la comunidad latina, a pesar de que se postulaba en un distrito con un treinta por ciento de latinos. Yo le insistía en que se enfocara en ese treinta por ciento. Estaba postulándose contra una mujer blanca que tenía su misma ideología. Su ventaja estaba en que podía ganarse el apoyo abrumador de los votantes latinos, que votarían por ella antes que por una mujer blanca con ideas similares. Cuando la conocieran, podrían hablar con ella en español o en inglés. Podría simpatizarles por ser quien era. Con su rival no podrían hablar como con ella. Nuestra candidata era uno de los nuestros.

Sin embargo, se rodeó de asesores que la convencieron de que debía centrarse en ganar el voto blanco. Yo les decía que sí, que podía hacerlo. Pero los votantes blancos ya tenían una mujer blanca. ¿Por qué no apoyarse en lo que la distinguía?

A mi candidata no le iba bien en la campaña. Recluté un autobús lleno de voluntarios dominicanos para que la apoyaran porque era de origen dominicano. Tocaron puertas, pero sabían que no le estaba yendo bien. Era más difícil y costoso conseguir votos blancos que latinos. Perdió las elecciones.

Para ganar, primero hay que encontrar la fórmula para conseguir el mayor número posible de votos del grupo al que uno pertenece. A continuación, hay que calcular cuántos votos de los demás grupos se necesitan. Con Freddy, sabíamos que teníamos que sobrecompensar con el voto latino (y lo hicimos) para luego conseguir el veinte por ciento del voto blanco. No lo logramos y perdimos.

Hace cinco años, conocí a un joven abogado de Georgia que adoptó el enfoque ganador. Yo estaba haciendo campaña para otro candidato, tocando puertas en un barrio latino. La gente se sorprende cuando digo que quiero ir a tocar puertas, pero es verdad. Me interesa hablar con la gente y conocerla. Una de las personas que también estaba tocando puertas era Deborah González, que quería ser fiscal de distrito en su pequeña ciudad de Athens. No tenía una verdadera organización, pero sí mucho corazón e inteligencia.

Deborah era totalmente bilingüe y estaba comprometida hasta el tuétano con ganar. No le importaba tocar puertas, pero sabía que en el espectro político de su distrito estaba a la izquierda.

—Averigüemos qué es aceptable para tu distrito con relación a la justicia penal —dije—. No tenemos que hablar de ello si no queremos. Hablemos de las cosas que tienes en común con tus electores.

En primer lugar, necesitaba dinero, treinta mil dólares, para llevar a cabo una campaña exitosa. Le pregunté cuánto dinero podía recaudar, y me dijo que podía prestarle mil dólares a la campaña y quizás recaudar otros cuatro mil entre sus amigos. Logramos recaudar los otros veinticinco mil que le faltaban en nuestro primer intento. Nacionalizamos su carrera presentándola como la primera fiscal de distrito puertorriqueña de la nación, y recaudamos los fondos mediante una colecta virtual. Enviamos un correo electrónico a veinte amigos puertorriqueños de todo el país diciéndoles: «Tenemos la oportunidad de elegir a una fiscal en una pequeña ciudad. Tenemos que empezar por algún sitio, y ella es puertorriqueña. Es muy inteligente y muy progresista. Probablemente demasiado progresista para la gente a la que quiere representar, pero es alguien de quien nos sentiremos orgullosos».

En tres horas recaudamos el dinero. El correo electrónico se difundió entre otros puertorriqueños deseosos de ver triunfar a una candidata como Deborah.

Por su aspecto, nadie diría que es puertorriqueña. Deborah tiene la piel clara y el pelo rubio. Pero cuando habla español sin acento, se sabe que es puertorriqueña. Por supuesto, su nombre la delata. Pero se postuló como Deborah por Georgia. No se avergonzaba de ser quien era, pero tampoco anunciamos a voz en cuello que su apellido era González. Se había criado en la comunidad y trabajaba en ella. Sus vecinos la conocían, aunque no era de su mismo origen. Todos compartían las mismas experiencias. No era una desconocida.

Fox News envenena a la gente difundiendo propaganda racista de que los latinos y los Negros son diferentes y amenazantes. Y le alimenta ese veneno con cuentagotas las veinticuatro horas del día. Le dice a la gente que los latinos cruzan la frontera para violar y matar a sus hijos. Así que eso es lo que piensa la gente. Si no existieran Fox y otros medios de derechas similares, nuestra política sería muy diferente. Puede que haya un veinte por ciento de estadounidenses que piensen así, pero no el treinta y cinco por ciento que ahora piensan así. Eso marca una diferencia. En realidad, la mayoría de la gente es buena. Quieren a sus vecinos, aunque sus familias procedan de lugares distintos.

Para los republicanos es un cálculo político extraño. Los empresarios no tienen ganancias porque no hay suficientes trabajadores en esta economía. Por lo general, la inmigración llenaría ese vacío. En Puerto Rico, tras el huracán María, trabajamos con una coalición de organizaciones, liderada por la Federación Hispana, para reconstruir la industria del café. Pero no hay nadie que recoja el café en la isla, y el gobierno está intentando averiguar si podemos importar gente de Haití o México para hacerlo. Tengo amigos que son dueños de pequeños restaurantes y no encuentran a quién contratar. En mi barrio, no pueden abrir para servir desayuno. A algunos les cuesta abrir a la hora del almuerzo. Si el lunes es su día más flojo, cierran todo el restaurante porque no encuentran suficiente gente que trabaje.

Aun así, es un argumento político fácil que esgrimen los republicanos ante una amplia población blanca que no puede alcanzar sus aspiraciones como lo hicieron sus padres. En vez de hablar de la translocación económica en una economía cambiante —y en lugar de entrar en las difíciles formas de resolverla— es mucho más fácil decir: «Ese hijo de puta les ha quitado el trabajo». En realidad, no les ha quitado el trabajo. De hecho, la mayoría de los estadounidenses cree que los inmigrantes ocupan los puestos de trabajo que ellos no quieren ocupar. Nunca irían a recoger vegetales bajo un sol candente durante horas ni cuidarían a nuestros ancianos. Los latinos hacen ese trabajo solo porque tienen la esperanza de que sus hijos vayan a una buena escuela y alcancen una vida diferente.

La inmigración no es un tema sencillo para los demócratas, que a menudo asumen erróneamente que los latinos solo quieren más inmigración. Lo que quieren los latinos es un enfoque más humano de la inmigración. Se ve todo el tiempo en Univision o Telemundo. Prefieren entrevistar a personas en ciudades fronterizas donde la vida no debe ser fácil. Ven gente cruzar sus jardines o acampar en sus plazas. ¿Quién no se asustaría un poco si viera a una gente cruzar por la entrada de su casa? Ahora Nueva York está empezando a vivir eso, y muchos también están empezando a preocuparse. Cuando se entrevista a esas personas, siempre dicen que necesitamos una solución humana, que esto no puede seguir así. La gente se da cuenta de que si alguien camina cientos de millas con niños pequeños para llegar a la frontera después de viajar otras ochocientas millas en autobús y tren, es que las cosas están muy mal en su país de origen. Lo que he visto una y otra vez es que la gente quiere que ese asunto se resuelva para que podamos tener una transición ordenada y mover a la gente. Salvo los extremistas del otro lado de Trump, la gente entiende que los que ya viven aquí deben conseguir los papeles que necesitan para poder salir de las sombras. Ya son miembros productivos de la sociedad. Nunca he conocido a un latino que diga: «Devuélvanlos a su país en avión».

———

NADIE PENSABA QUE GREG CASAR PUDIERA GANAR LA CONTIENDA EN UN nuevo distrito congresional en Texas. La legislatura republicana de Texas estaba intentando manipular al estado y no sabía qué hacer con San Antonio y Austin, así que los conectó mediante una autopista para crear el único distrito demócrata nuevo con la forma más extraña del mundo. Greg es como Ricky y Deborah: ha trabajado en su comunidad. Habla español además de inglés, lo que es muy importante para atraer a los votantes latinos. La mitad de su familia está en México y la otra mitad en Texas. Incluso tiene parientes que van y vienen a través de la frontera. Así que podía cambiar de idioma para transmitir el mismo mensaje a todo tipo de votantes.

Sin embargo, Greg es de ideología socialista. Está a la izquierda de Alexandria Ocasio-Cortez y se enfrentaba a otro latino que llevaba una década o más en la legislatura estatal. Le ayudaba el hecho de tener un historial de servicio público bastante corto como antiguo concejal municipal de Austin. Es más fácil cuando tu historial se centra primordialmente en lo que dices, en vez de los difíciles votos que has tenido que emitir como funcionario electo. Pero su verdadera fuerza radicaba en su mensaje económico. Hablaba de temas económicos de una forma que le permitía conectar con la gente. Hablaba de cómo el salario mínimo debía ser de quince dólares para que la gente no necesitara dos trabajos para llegar a fin de mes. Hablaba de viviendas subsidiadas. Eso le permitió convencer a una parte de los progresistas de Austin, así como a las zonas mayoritariamente latinas de San Antonio. Fue una anomalía en Texas, y su política progresista le valió el apoyo de Bernie Sanders, lo cual le ayudó en Austin y no le restó apoyo latino en San Antonio. Ganó las primarias de forma contundente sin necesidad de ir a una segunda vuelta.

Con ese bagaje socialista, Greg no hubiera podido ganar en Florida entre los votantes latinos de origen venezolano o cubano. Hay que conocer el mercado. Podía haber ganado en Nueva York y, quizás, en Los Ángeles. ¿Pero en una comunidad inmigrante que huyó del socialismo en sus países? De ninguna manera.

Los republicanos entienden esa dinámica en lugares más conservadores como Texas, Florida y Georgia. Por eso buscan candidatos latinos que también hablen español, y por eso los latinos los eligen. Argumentan que no somos niños, que no necesitamos una ayuda gubernamental que cuesta miles de millones de dólares. Afirman que los demócratas se roban el dinero, que gastan dinero en nuestras comunidades, pero seguimos siendo pobres. Y que la única forma de prosperar es trabajar con ahínco.

Decir todo eso en español es aceptable. Así que tenemos que explicarles que a veces no nos alcanza el dinero para pagar la matrícula de nuestros hijos. No está mal que el gobierno ayude en eso. Al fin y al cabo, para eso están los impuestos: para ayudar a que nuestros hijos reciban una educación que de otro modo no podríamos permitirnos. La ayuda del gobierno no es degradante. Debería ser edificante. Es responsabilidad del gobierno echarnos una mano siempre que lo necesitemos. Como madre soltera, antes de casarnos, mi esposa dependía de los cupones de alimentos para poder terminar su doctorado.

Aun así, los republicanos se han dado cuenta de esas mismas tendencias entre los votantes latinos, y han bajado las expectativas. Los demócratas necesitan la mayoría del voto latino para ganar las elecciones, pero los republicanos, no. Solo necesitan entre un cuarto y un tercio de esos votos. Por tanto, los estados en que los demócratas obtuvieron buenos resultados en las elecciones legislativas de 2022 fueron lugares como Pensilvania, donde obtuvimos el setenta por ciento del voto latino en lugar del sesenta y seis. Logramos lo mismo en Georgia. Ahí está la diferencia entre elegir a un republicano o a un demócrata como senador. Trabajamos de sol a sol para aumentar el número de latinos que acuden a votar, de modo que podamos aumentar nuestras cifras por dos, tres o cuatro puntos.

Los demócratas estamos en una posición precaria porque hemos dado por sentado ese voto durante mucho tiempo. Los demócratas solían obtener suficientes votos blancos de la clase trabajadora, además de los votos Negros, como para ganar. Los latinos eramos un extra. Ahora que la coalición se ha roto, los latinos son mucho más importantes. Entramos en el juego, y los demócratas tienen que esforzarse para obtener porcentajes minúsculos en algunos lugares. Por eso, a menudo parecería que los demócratas estamos jugando a ponernos al día. No hemos sentado las bases políticas del voto latino para que se comporte como el voto afroamericano. Los republicanos pueden gastar y esforzarse mucho menos porque su meta es mucho menor. En Georgia, por ejemplo, identificamos ciento veintiséis mil apellidos en español en las listas de votantes, pero el setenta por ciento de ellos resultaron ser incorrectos. No hemos invertido en crear una infraestructura, como, por ejemplo, buenas listas de votantes. Tenemos que invertir mucho más para aumentar nuestro porcentaje por pocos puntos porque por muchos años no lo hicimos. En Nueva York es diferente porque hemos construido la infraestructura. Eso significa que cuando uno obtiene una lista de votantes latinos en Nueva York, el ochenta por ciento de los nombres son correctos.

La diversidad de identidades latinas también hace que el reto sea más complejo y costoso. En Pensilvania, podíamos dirigirnos a zonas puertorriqueñas, con algunos vecindarios dominicanos, de modo que lo que transmitíamos era un mensaje caribeño. La comunidad puertorriqueña allí es mucho más antigua, con verdaderas raíces en las comunidades. Pero en Georgia, hablábamos sobre todo con mexicano-estadounidenses y solo con un pequeño número de puertorriqueños. Ha habido mexicanos en Georgia desde hace mucho tiempo, pero muchos nunca llegaron a ser ciudadanos, y los ciudadanos mexicano-estadounidenses más recientes aún no participan en la política. Llevar el mensaje en estos dos estados requiere mucha reflexión y mucho trabajo. Hay muy pocas campañas dispuestas a hacerlo, entre otras razones porque conlleva invertir dinero en ello.

Las elecciones legislativas de 2022 pusieron de relieve los retos no solo para los demócratas, sino también para los republicanos. Según el análisis de Equis Research, que se especializa en estudiar la participación latina, los republicanos tenían que superar tres pruebas para construir una ola latina, y fracasaron en la mayoría de ellas. Los republicanos lograron más votos latinos en Florida, pero solo porque hubo una mayor participación de votantes, no porque los latinos se cambiaran de partido. Pero no lograron mejorar el apoyo a Trump en Nevada y Arizona, ni consiguieron ganar ningún distrito del sur de Texas, que votó por el presidente Biden. El gobernador de Texas, Greg Abbott, prometió ganar la mitad del voto latino en el sur de Texas, pero no logró mejorar los resultados de Trump en el Valle del Río Grande en 2022. Esos fracasos republicanos entre los latinos ayudan a explicar por qué los republicanos han obtenido peores resultados en elecciones clave en todo el país.

Sin embargo, vale la pena entender por qué los republicanos siguen ganando votos latinos en Florida. Los demócratas han perdido apoyo entre los votantes latinos de Florida desde la campaña de reelección del presidente Obama en 2012, tanto así que nuestros candidatos a senador y gobernador se quedaron hasta veinte puntos por debajo de él. Solo Hillary Clinton, en 2016, rompió esa tendencia superando por veinte puntos al candidato demócrata al Senado. Los republicanos de Florida han invertido de forma constante en el voto latino hasta el punto de que el gobernador Ron DeSantis, que perdió el voto latino en sus primeras elecciones, lo ganó en las segundas. El equipo de DeSantis nunca dejó de hacer campaña por los votantes latinos y, al cabo de cuatro años, vieron los resultados. El equipo de Trump hizo algo parecido durante sus cuatro años en el poder. Invertir en llegar a los latinos funciona, no importa qué partido sea el que le dedique el tiempo y el dinero.

Por otra parte, los republicanos no pueden escapar de sus profundos conflictos internos respecto a los latinos y, en especial, la inmigración. A pesar de todo lo que han ganado entre los venezolanos en Florida, los republicanos siguen tratando a los venezolanos como una ficha política en lugar de seres humanos. Cuando Ron DeSantis monta en un avión a docenas de migrantes venezolanos y los lleva a Martha's Vineyard, genera titulares en los medios alineados con Trump. Pero es difícil entender de qué forma los venezolano-estadounidenses piensan que eso puede ser beneficioso para personas como ellos, que escaparon de la miseria en su país de origen, sobre todo cuando engañaron a los migrantes sobre a dónde iban a llevarlos y por qué. Es posible que los republicanos no necesiten muchos votantes latinos para construir una coalición ganadora, pero corren el riesgo de alienar a sus votantes latinos.

Los temas más importantes para los votantes latinos son los económicos: inflación, empleo y salarios. Sin embargo, más allá de los titulares, existen diferencias significativas entre los hombres latinos y las mujeres latinas. Para las mujeres, el aborto y las armas ocupan un lugar similar al de la inflación, y más alto que el del empleo. La reforma de la inmigración ocupa un lugar muy inferior en la lista, a la par con el derecho al voto y la política exterior. ¿Por qué los votantes latinos se alinean con los demócratas? Las razones principales son proteger el Seguro Social y el Medicare, el derecho al aborto, el medioambiente y nuestra democracia. Esas pueden ser buenas razones para votar, pero no representan los problemas económicos apremiantes de los votantes latinos. Si los demócratas no mejoran su atractivo en relación con la economía, el voto latino seguirá siendo vulnerable.

Mientras tanto, los votantes latinos ya están cambiando el perfil del Congreso enviando a Washington a más funcionarios latinos que nunca. En las elecciones legislativas de 2022, los demócratas eligieron a nueve latinos nuevos en nueve estados diferentes, mientras que los republicanos solo eligieron a cinco latinos. El contraste entre ellos es notable. Entre los demócratas estaban Greg Casar, de Texas, y Maxwell Alejandro Frost, de Orlando (Florida), el miembro más joven del Congreso con solo veintiséis años. Entre los republicanos estaban Anna Paulina Luna, de Florida, quien hace poco decidió identificarse como latina, y George Santos, de

Long Island, Nueva York, un fabulista en serie brasileño-estadounidense cuyo verdadero nombre ni siquiera es George Santos.

LETITIA JAMES ES MI TIPO DE LÍDER. ME INTRIGÓ EL HECHO DE QUE ganara un escaño en el Concejo Municipal de Nueva York como candidata del Partido de las Familias Trabajadoras tras perder su lugar en la papeleta en las primarias demócratas. La conocí a través de mi socio Eddy Castell, que es de Brooklyn, como Tish. Letitia me fascinó. Era un poco rara en términos políticos, se inclinaba a la izquierda, como yo. Pero también era muy realista en las posturas que adoptaba y con las que se comprometía. Se presentó como candidata a Defensora del Pueblo en 2013 y nos pidió que dirigiésemos su campaña. Su campaña no tenía ni un centavo. Nos enfrentábamos a un candidato autofinanciado, procedente de una familia rica, y a otra candidata con un apellido en español por matrimonio, lo que llevó a una parte de los votantes latinos a presumir erróneamente que era hispana. Así que dependíamos de la cobertura mediática y de la capacidad de Tish de estar estupenda en el único debate público de la campaña. Ganó, y literalmente no teníamos dinero para celebrar la victoria.

Cuando se abrió la vacante de fiscal general del estado de Nueva York tras la dimisión en desgracia de Eric Schneiderman, Tish dijo que estaba interesada. Solo teníamos setenta y dos horas para decidirnos, así que pasé un buen rato negociando con el entonces gobernador Andrew Cuomo para que estuvieran juntos en la misma plancha. No era una posición fácil ni para Tish ni para mí. Pero vivo en el mundo real. Había visto las encuestas. Andrew Cuomo obtuvo más apoyo de los afroestadounidenses que la propia Tish. Por supuesto, todo eso fue antes de que Cuomo renunciara en desgracia. Pero la gente decía que Tish no podía apoyar a Cuomo por su política centrista. Ella era la candidata del Partido de las Familias Trabajadoras, que era de izquierda. La contrincante de Cuomo era Cynthia Nixon, que interpretó a Miranda en *Sex and the City*. Era una actriz famosa, pero no tenía ninguna posibilidad de derrotarlo.

Así que Tish aunó fuerzas con Cuomo, pero yo sabía a quién estábamos eligiendo. Tish no es el tipo de persona a la que ayudas a salir electa y luego es incondicional tuya por el resto de tu vida. Esa no es Tish James. Así que cuando surgieron las acusaciones sexuales contra Cuomo y a Tish le encargaron la investigación, hizo lo correcto. Pudo haber sido gobernadora en ese momento si hubiera querido postularse. Pero no le interesaba.

Habría sido una gobernadora más poderosa que Kathy Hochul, quien sucedió a Cuomo. Hochul estuvo a punto de perder las elecciones en 2022; eso no le habría ocurrido a Tish James. Tish tiene unos principios. Es una de ocho hermanos, hija de un conserje de una escuela de Brooklyn. Su vida se forjó en la realidad. Esa es su columna vertebral. No es muy flexible en sus creencias. No se deja doblegar por política. Trabaja en el mundo real y tiene posturas realistas sobre esas cuestiones. También es una oradora capaz de inspirar y conmover a una sala llena de gente.

Representa lo que los demócratas necesitan en sus nuevas generaciones de candidatos: alguien que sabe quién es y que no se rige por los números de las encuestas.

No es fácil saber quién podría ser el primer presidente latino de Estados Unidos, o la primera presidenta latina. Supongo que será alguien como uno de los hermanos Castro, Julián o Joaquín, de San Antonio, Texas. Son de un estado electoral inmenso con muchos latinos, lo que les da una sólida base de votos. Son conocidos, son buenos comunicadores y han cumplido con su deber. Sus políticas son correctas, lo cual es importante para ganar la nominación demócrata sin enajenar al centro.

Tenemos que unir a las facciones ideológicas del partido, así como a las distintas identidades minoritarias. A menudo, esos retos se solapan. Barack

Obama convenció a los afroestadounidenses de dejar a un lado sus diferencias. Los latinos tenemos más diferencias ideológicas y culturales, y tenemos que superarlas todas. Cuando dirigí la campaña de Freddy Ferrer por la alcaldía, los latinos representaban alrededor del veinte por ciento de la población de la ciudad, pero solo el doce o trece por ciento de los votos. Había demasiados jóvenes y demasiados no ciudadanos. Para llegar al mágico cuarenta por ciento de los votos y ganar las primarias, necesitábamos un sólido apoyo afroestadounidense, más representación del voto latino y un veinte por ciento del voto blanco. Superamos nuestros objetivos con los afroestadounidenses y los latinos, pero no pudimos atraer el voto blanco. Freddy fue ejemplo de un candidato de centro-izquierda que convenció a los votantes de las minorías de unirse a pesar de sus diferencias. Necesitamos a alguien así para la presidencia. De hecho, necesitamos a alguien que pueda convencer a los latinos del centro-derecha de unirse a la coalición más amplia.

Una latina puede tener más posibilidades de ganar el voto latino. En nuestra comunidad votan más mujeres que hombres. También están en el lado correcto en cuestiones como el derecho al aborto y el control de armas. Eso significa que alguien como Rochelle Garza puede emerger como una aspirante a considerar. Rochelle es joven, inteligente y trabajadora. Ganó las primarias demócratas para fiscal general de Texas con el apoyo masivo de los latinos. Pero la clase dirigente demócrata de su estado y de todo el país no invirtió en su carrera contra el ahora impugnado fiscal general de Texas, Ken Paxton. Era tal nuestra confianza en ella que Lin-Manuel fue a Texas para hacer campaña por ella. Recuerden esto: Rochelle va a llegar lejos. Ella es el futuro del Partido Demócrata.

En mi opinión, el primer presidente latino no será republicano. Un candidato republicano no podría convencer a los latinos de dejar a un lado sus diferencias ni a los republicanos de dejar a un lado sus prejuicios. Bastan treinta segundos para echarle un vistazo a la plataforma del Partido

Republicano antes de iniciar una verdadera discusión con un candidato latino de ese bando. ¿Cómo pueden defender esa ideología y seguir creyendo en el multiculturalismo? Pertenecen a otro tipo de partido en cuyo estado actual no somos bienvenidos.

Espero vivir para verlo. Estoy seguro de que hay alguna persona joven por ahí que se convertirá en nuestro primer presidente latino o nuestra primera presidenta latina. Puede que estén en algún Concejo Municipal o en la legislatura estatal. Todos vimos cómo Obama ascendió a la victoria desde una posición humilde en Illinois. Fue impulsado por jóvenes comprometidos con conseguir los votos necesarios. En nuestra familia, como en tantas otras, fueron nuestros hijos quienes nos sirvieron de motivación.

En todas las demás elecciones, mis hijos participaron en el proceso político porque yo los motivé a hacerlo. No tenían opción. Pero esas elecciones fueron diferentes. Mi hijo estaba entusiasmado con Obama. Mi hija estaba entusiasmada con Hillary Clinton.

Nuestro primer presidente latino o nuestra primera presidenta latina cambiará este país. Ella o él serán la respuesta perfecta a Donald Trump y a toda la fealdad que ha desatado. Cambiaremos el curso de la historia, como ya hemos cambiado el rumbo de este país. Porque somos incansables.

CAPÍTULO 12

Fin

H A SIDO UNA VIDA BIEN VIVIDA. HA LLEGADO EL MOMENTO, EN ESTE capítulo final, de planificar mi funeral. Lo hago en parte porque soy controlador, pero también porque quiero compartir con mi familia y amigos mi visión (por morbosa que suene) de lo que quiero para mi último adiós a las muchas personas que amo. No sé si podemos experimentar lo que pasa en el mundo después de nuestra muerte. No sé si estamos en otro lugar y sabemos lo que está pasando, pero no podemos verlo. Sea lo que sea que experimentemos en la muerte, si mi familia y amigos siguen esta receta, no importará dónde esté porque mis últimos deseos se habrán cumplido.

¿Podrían hacer una celebración en mi honor en el magnífico teatro United Palace en Washington Heights? ¿Podrían poner un simple ataúd cerrado, pintado por grafiteros del vecindario en el vestíbulo? Me gustaría que vistieran mi cuerpo con una guayabera de hilo. Puesto que seré incinerado, su hermosa simplicidad me parece el estilo apropiado para el final.

Antes de abrir las puertas a quienes quieran venir a mi último adiós en el vestíbulo del United Palace, me gustaría estar un rato a solas con mi familia. No me importa si cantan, se miran fijamente, rezan o conversan. Quiero que estén todos juntos para que permanezcan juntos aun cuando yo ya no esté de cuerpo presente. Me preocupa mucho que, debido a que paso mucho tiempo tratando de ser el pegamento que une a una familia separada por la geografía y los ajetreos de cada cual, se separen cuando yo ya no esté presente. Necesito a Luz, a Cita y a Luis, a Lin-Manuel y a Vanessa, y a Miguel y a Landa. No podría haber vivido sin ellos. Me han dado algo de qué preocuparme, algo que amar, algo por lo que vivir. Necesito a mis nietos. No sé cuántos años tendrán (¡espero que ya sean viejos!) cuando yo muera, pero se están convirtiendo en seres humanos extraordinarios. Cada uno de mis nietos está siguiendo su propio camino, que es único: desde las personalidades muy diferentes pero extravagantes y grandiosas de Frankie y Sebastián hasta la actitud reflexiva ante la vida de Hunter; desde la gracia de Luis y la seriedad de Alejandro hasta la exuberancia teatral de D. Javier. También quiero que mi hermano, Elvin, y mi hermana, Yamilla, estén allí. A pesar de haber vivido cincuenta años separados por 1,614 millas, han estado presentes en mi experiencia de vida. Y, por supuesto, sus familias: Rosita, Kevin, Camila y Daniela. En esa última reunión familiar conmigo, asegúrense de que mi cuñada, Jackie Bilotta, y su maravilloso esposo, Bob, también estén.

Quiero estar un rato con mi familia y con los miembros de mi familia escogida. Todos deben estar presentes, empezando por Michael Stolper, mi hermano de Nueva York. Recurro a él en mis momentos de necesidad y me encanta compartir con él y la familia que trajo a mi vida:

Fin

Melissa, Rianna, mi ahijado, Jack y Carlos. Lorraine Cortés-Vázquez es mi hermana de Nueva York. Me hace reír y siempre tiene buenas ideas. JJ, John Antonio James, dedicó una parte de su vida profesional a dirigir un documental sobre mí. Qué extraordinario, ¿verdad? Y sé que se preocupa por mí y por mi bienestar. Quiero a Owen Panettieri y Sara Miller como si fueran mis hijos. Me han respaldado durante décadas. Luego está Roberto, mi socio, o mi otra esposa, como lo llama Luz. John Gutiérrez y Niria Leyva-Gutiérrez son personas buenas, brillantes y leales que han sido una parte especial de mi vida desde 1990. Nathalie Rayes me protege como un halcón y ha traído mucha alegría a mi vida. Quiero asegurarme de que María Calle, nuestra fiel ama de llaves y amiga, esté presente. Durante décadas ha cuidado a tantos de nosotros. También deben estar David Ocasio, mi entrenador, y George Díaz, quienes han cuidado de mi cuerpo (a medida que envejece) y mi pelo (gracias a Dios me queda algo) por décadas.

¿Es posible legislar que todas esas personas maravillosas continúen reuniéndose al menos una vez al año para celebrar la relación que tuvieron conmigo y la que tienen entre sí? Mi funeral debe ser la primera de esas reuniones anuales.

Pero me estoy apartando del tema. Volvamos a los detalles de mi funeral.

Después de ese momento íntimo, dejen que la gente entre al teatro. ¡Y que empiece la celebración! «Amanecer Borincano» de Alberto Carrión debe encabezar la lista de canciones que se escucharán. Lin-Manuel puede hacerse cargo de la elaboración de esa lista. Cuando no tenía dinero, me regalaba cintas grabadas el Día de los Padres, y fueron los regalos más preciados que recibí de él.

Aquí algunas peticiones de canciones: «Soy de una raza pura» de Lucecita Benítez; «Ojalá que llueva café» de Juan Luis Guerra; «How Far I'll

Go», «Dos oruguitas», «Paciencia y fe», «Almost Like Praying», «One More Time» y «Yorktown» de Lin-Manuel; «Perla marina» de Haciendo Punto en Otro Son; «I Believe in You and Me» de Whitney Houston; «Tonight» de *West Side Story*; «I'll Never Say No» de *The Unsinkable Molly Brown*; y «Corner of the Sky» de *Pippin*. Creo que mi familia puede conversar para completar la lista.

Después, entremos todos en la sala y que comience un breve concierto. Sé que puede ser mucho trabajo juntar una banda y un coro, y que se aprendan la música del concierto. Tal vez les pida a los genios musicales, Alex Lacamoire y Tommy Kail, que se hagan cargo de eso. Ellos conocen a suficientes músicos y cantantes para montarlo todo. No tiene que ser la Filarmónica; solo tiene que sonar hermoso. Sé que si Alex y Tommy están a cargo, será fantástico. Junten un coro: unas voces bonitas que armonicen un último adiós. Puedo cerrar los ojos y ver las caras hermosas y las voces angelicales de los amigos de Lin-Manuel que cantaron en su boda o los estudiantes gloriosos de la Escuela Libre de Música de Puerto Rico que cantaron en la boda de Cita. Si se hace en las bodas, seguro que también se puede hacer en mi funeral.

Entre canción y canción, varias personas deben hablar. Empecemos por la canción «Preciosa» de Rafael Hernández. Quiero que Luz les dé la bienvenida a todos después de esa canción. Sé que es una mujer fuerte y que puede decir un par de cosas sobre mí. Yo tenía veinticuatro años cuando comencé mi viaje con ella. Nadie me conoce mejor. Nadie me extrañará como ella. Oigan, sé que le encanta que me vaya de viaje o la deje sola en la casa para disfrutar de sus programas y sus rompecabezas sin que nadie le recuerde que está perdiendo un tiempo valioso. Incluso extrañará mis constantes recordatorios de ponerse metas para la hora siguiente, el día siguiente y el resto de nuestras vidas. Pero esta vez, mi viaje será por el resto de su vida. ¡Ella va a estar bien! La extrañaré hasta que nos volvamos a encontrar en otro lugar.

Para la siguiente canción, antes de que Nathalie Rayes y Frankie Miranda hablen sobre mi trabajo, mi amor por la política y mi pasión por la comunidad, quiero que Lin-Manuel elija una canción de *Hamilton*. No importa si me muero mañana o dentro de dos décadas, *Hamilton* cambió nuestras vidas. En primer lugar, nos proporcionó a Lin-Manuel y a todos nosotros una plataforma desde donde destacar nuestras causas y pasiones. También cambió nuestra vida, de una familia de clase media a una con recursos adicionales para apoyar nuestro trabajo político y comunitario. Frankie y Nathalie son bastante jóvenes y les queda mucho tiempo por aquí. A Frankie le he confiado uno de mis legados más importantes, la Federación Hispana, y Nathalie ha apoyado mi trabajo político por los latinos en todo el país.

Entonces habrá llegado el momento de que Michael y Roberto hablen de lo que fue soportarme porque quisieron hacerlo. Hemos hecho un viaje muy largo juntos, y ellos pueden destacar lo que quieran. Ojalá que Roberto hable un poco sobre nuestro trabajo. Libramos muchas batallas codo con codo. Reunimos un ejército de gente valiente e inteligente con grandes líderes como Eddy Castell, Catherine Torres, John Emrick, Melissa Mark-Viverito y Tony Reyes. Michael puede hablar de ese ejército de amigos. Nunca aprendí a separar el trabajo de la vida. El trabajo es la vida y la vida es la familia. Sin límites, se logra más.

Cuando las empresas de Lin-Manuel se concretaron, poco a poco reunimos otro ejército de gente divertida e inteligente responsable de muchos logros a través de la filantropía y el entretenimiento. Sara puede subir al escenario y compartir algo de la magia que pudimos lograr bajo la batuta de Lin-Manuel. Ella puede hablar de cómo, en todo lo que hicimos, la integridad y el amor fueron nuestro norte. Estoy seguro de que hablará sobre cómo el agente de mi hijo, John Buzzetti, la abogada Nancy Rose y el agente Brian Liebman dirigieron el escuadrón de protección con un gran sentido del humor y humanidad, y aprendieron que la equidad y la inclusión hacen que un espacio brille más. El equipo de Lin-Manuel en 5000 Broadway fue extraordinario. Aunque fue algo pequeño, logramos hacer algo muy grande.

Lin-Manuel cerrará esa procesión de amigos y música. Ojalá se prolongara hasta la eternidad, pero la brevedad causa una impresión mejor y más duradera. Y entonces habrá llegado el momento de iniciar el viaje para dejar algunas de mis cenizas en esos lugares que sirvieron como hermosos escenarios a lo largo mi vida: Venecia, Vega Alta, Montauk y una urna en mi lugar de descanso en Nueva York.

Al cerrar este libro de mi vida, me siento feliz. Estoy terminando este último capítulo mientras vuelo a casa con Luz, Sara y Hugo Wehe, el miembro más reciente de mi escuadrón de personas muy especiales, después de recibir un premio Icon Award de Latinx House en Aspen, Colorado. Allí le dije a una sala llena de personas que el trabajo debe continuar en nombre de nuestra comunidad y nuestro país. La celebración no había terminado cuando salí corriendo a casa porque hoy mi nieto mayor, Luisito, cumple dieciocho años.

¿SERÁ POSIBLE ENCAPSULAR UNA VIDA EN UN PÁRRAFO? INTENTÉMOSLO. Lo mejor que hice en mi vida fue emigrar a la ciudad de Nueva York. Fue un acto impulsivo, pero intencional. Cuando estaba a punto de cerrar ese capítulo y regresar a Puerto Rico, hice otro acto impulsivo, pero intencional: casarme con Luz y convertirme en papá instantáneo, un papel que se expandió cuando le dimos la bienvenida a Lin-Manuel y a Miguel a nuestras vidas. Nos mudamos al Alto Manhattan, lo que permitió que mi familia se convirtiera en defensora de nuestro territorio en la ciudad de Nueva York y de nuestra comunidad extendida de vecinos: los latinos. Mi pasión por el servicio me llevó a la más noble de las carreras: servir, abogar y construir. No hubo un área en la que no me aventurara: el gobierno, el sector independiente, la filantropía, la industria privada. Como escribió Paul Anka en su letra en inglés de una canción francesa: «Lo hice a mi manera».

Ha sido una gran vida, y mi mayor privilegio ha sido compartirla con tanta gente linda y luchadora.

Agradecimientos

¿CÓMO EMPEZAR A AGRADECER A TODAS LAS PERSONAS QUE CONOZCO —Y a las que no— que han contribuido a forjar a la persona que soy, que han dado forma al modo en que pienso y me han proporcionado el apoyo que me ha ayudado a seguir adelante? ¿Me detengo en aquellos que han influido en mi vida en el aspecto personal, o incluyo también a los que han inspirado a mis seres queridos e, influyéndolos a ellos, han marcado mi vida? ¿Me limito a los que están vivos? Esas preguntas tienen tantos matices que he dejado esta última sección del libro para después de haberlo terminado. Podría escribir una larga sección de agradecimientos porque amo a muchas personas, pero reduciré mi lente. Este es mi intento de darles las gracias a algunas de las muchas personas que cambiaron mi vida, tanto las que han estado en ella por poco tiempo como las que han estado por décadas, pero cuya presencia ha influido para siempre en quién soy:

Ningún otro grupo de personas ha influido más en mi vida que mis hijos (Cita, Lin-Manuel y Miguel), mi compañera de vida (Luz), mis padres (Eva y Güisin), mi madre postiza (Mundi), mi hermano (Elvin), y mi hermana (Yamilla). Me alimentan constantemente de amor, ideas, energía para hacer cosas, problemas que resolver o soluciones a los problemas. No sé quién sería sin ellos.

He tenido la suerte de que Cita, Lin-Manuel y mi hermano Elvin encontraran parejas —Luis Crespo, Vanessa Nadal y Rosa Arroyo— que los completan y me alegran la vida.

Mis nietos Hunter, Luisito, Alejandro, Dylan Javier, Sebastián y Francisco, cuyo ingenio, inteligencia y talento me mantienen joven y esperanzado sobre el futuro.

Siempre agradecido a Mamá Suncha (Asunción Vega), Titi Juanita y Titi Sarita (Juanita y Sara Concepción) y a los padres de Luz (Pedro y Mimi Towns), todos fallecidos, por prestarnos el dinero para el pago inicial de nuestra casa en el Alto Manhattan. Sin ellos, gran parte de nuestra vida familiar, filantrópica y reivindicativa habría tomado otra forma, ¡y probablemente no habría existido un musical llamado *In the Heights*!

Mi profesora de música, Raquel Rodríguez, cuya coreografía de «Do-Re-Mi» de *The Sound of Music* despertó mi amor por el teatro y la música, algo que nunca me ha abandonado después de tantos años. Mis tíos, Ernesto y Rodolfo Concepción, y mi tía, Elsie Moreau, alimentaron ese amor y lo convirtieron en una pasión vital.

Hay cinco personas que cambiaron la trayectoria de mi vida: Bernie Kalinkowitz y mi tía, Abigail Díaz de Concepción, quienes me mostraron la ciudad de Nueva York como el destino de mi vida; Norma Stanton, quien hizo de la ciudad de Nueva York un lugar acogedor y familiar; Lou Cassotta, quien me ayudó a procesar mi vida con herramientas para el futuro; y Esmeralda Díaz Santiago, quien, cuando estaba a punto de regresar a Puerto Rico, me preguntó: «¿De verdad que vas regresar cuando te estás enamorando de Luz?».

Hubo un grupo de estudiantes que fue mi grupo de apoyo durante esos primeros años difíciles en Nueva York. Nydia Velázquez se convirtió en mi hermana, y me consoló durante mi divorcio cuando tenía veinte años. Jeannette Roselló y Lillian Pérez fueron los «angelitos» que me ayudaron a navegar entre el idioma y las expectativas sociales. Además, Anita Soto y Jorge Colberg (ambos fallecidos) siempre estuvieron a mi lado cuando los necesité.

Aspira de Nueva York y la Asociación Comunitaria de Dominicanos Progresistas fueron modelos organizacionales en la defensa, la organización y el cambio comunitario. Las personas que conocí en esas instituciones —María Irizarry, Guillermo y Evelyn Linares, Ernesto Loperena, y Felicidad y Viterbo Peguero— me transformaron. Esas instituciones fueron los laboratorios donde adquirí las destrezas que necesitaba para desarrollar la Federación Hispana y cultivar mi pasión por las organizaciones sin fines de lucro como fuerza motora para el cambio social.

Jack Olivero, Roberto Ramírez, Guillermo Linares, el exalcalde Ed Koch y Fernando Ferrer me acercaron a la política por su impacto transformador.

Al puñado de personas que formaron parte del equipo original para desarrollar la Federación Hispana las llevo siempre en mi corazón: Nereida Andino, John Gutiérrez, Doris Peña, Mariano Guzmán, Tony Reyes, Carlos Santiago, y Michael Stolper. Los líderes que les siguieron —Lorraine Cortés-Vázquez, Lillian Rodríguez López, José Calderón y Frankie Miranda— son la razón por la que, treinta y cuatro años después, la institución sigue prosperando.

La presencia de héroes y heroínas a lo largo de mi vida es admirable. Cuando conozco a alguna persona que me llega al corazón (y es inteligente), la llevo conmigo para siempre: Stan Brezenoff y Diane Coffey durante la administración de Koch; Terry Baker y el difunto Anthony Alvarado en la Junta de Educación; Carol Morning, quien me llevó al Consejo Nacional de Acción para las Minorías en Ingeniería; y Raulito Alarcón, quien ha sido mi amigo desde que me contrató en la estación radial Mega en 1989.

Mis socios del Grupo MirRam, Roberto Ramírez, Catherine Torres, Eduardo Castell, John Emrick y mi hija, Cita, han sido capaces de crear y hacer crecer una empresa con fines de lucro y una misión que me sobrevivirá.

Adoro a John James y a su familia, no solo porque es un alma cariñosa, sino también porque fue el primero en ver la historia de mi vida como una que valía la pena compartir y creó *Siempre, Luis*.

Agradecimientos

El equipo de Sunshine, liderado por Kenny Sunshine, ha estado con nosotros desde el primer día: Blake Ross y Jessica Berger, Charlie Guadano (a quien nos «robamos» y trajimos a trabajar directamente para nuestro equipo), Jason Lee y Alex Cutler. Todos nos ayudan a navegar por el complicado mundo de las relaciones públicas y las comunicaciones.

Mis amigos y vecinos de Global Strategy Group: Jef Pollock, Jon Silvan, Jeff Plaut y Marc Litvinoff, que siempre están ahí cuando los necesito. Hemos librado muchas batallas políticas codo a codo.

He encontrado a muchas personas buenas en el camino, a algunas hace más de treinta años: Sara Elisa Miller, que me da los trabajos más divertidos del mundo; Owen Panettieri, una constante en mi vida que se preocupa profundamente por nuestra familia y nos apoya; Niria Leyva-Gutiérrez, quien se ha convertido en una pieza clave de mi vida personal y profesional; Javier E. Gómez, quien trabaja 24/7; John Buzzetti y Nancy Rose, cuyos consejos valoro infinitamente; Jill Furman, Jeffrey Seller, Kevin McCollum y Sandy Jacobs, quienes, por su gran apoyo y por creer en mi hijo Lin-Manuel cambiaron también mi vida; Carrie Catapano, cuya dedicación e influencia han dado forma a la trayectoria de Miguel; Nathalie Rayes, quien me protege y ha sido una aliada en el desarrollo de Latino Victory y la Federación Hispana; y Hugo Wehe, que entró en mi vida hace cinco años y, aunque es lo bastante joven como para ser mi nieto, se ha convertido en un consejero de confianza.

Por último, este libro nunca se habría publicado sin el trabajo constante y el empuje de Whitney Williams y su equipo. Ella encontró a mi colaborador, Richard Wolffe, quien se ha convertido en un faro para escribir *Relentless/Incansable*; a mi abogado, Bob Barnett; y a nuestra casa editora, Hachette, y que se ha convertido en un faro de luz en el proceso de creación de *Relentless/Incansable*, y que ha guiado todo este proceso con gran atención y delicadeza.